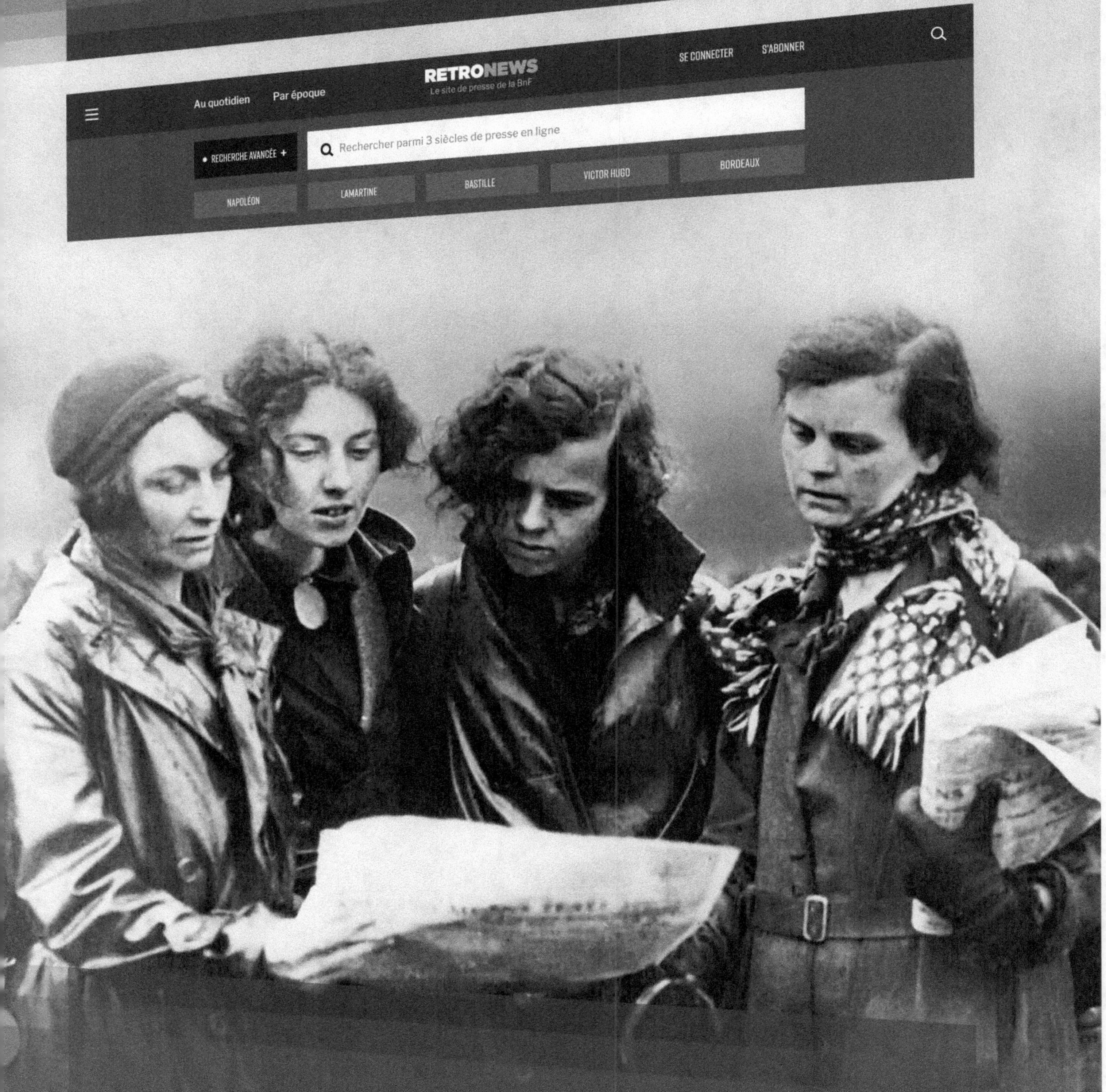

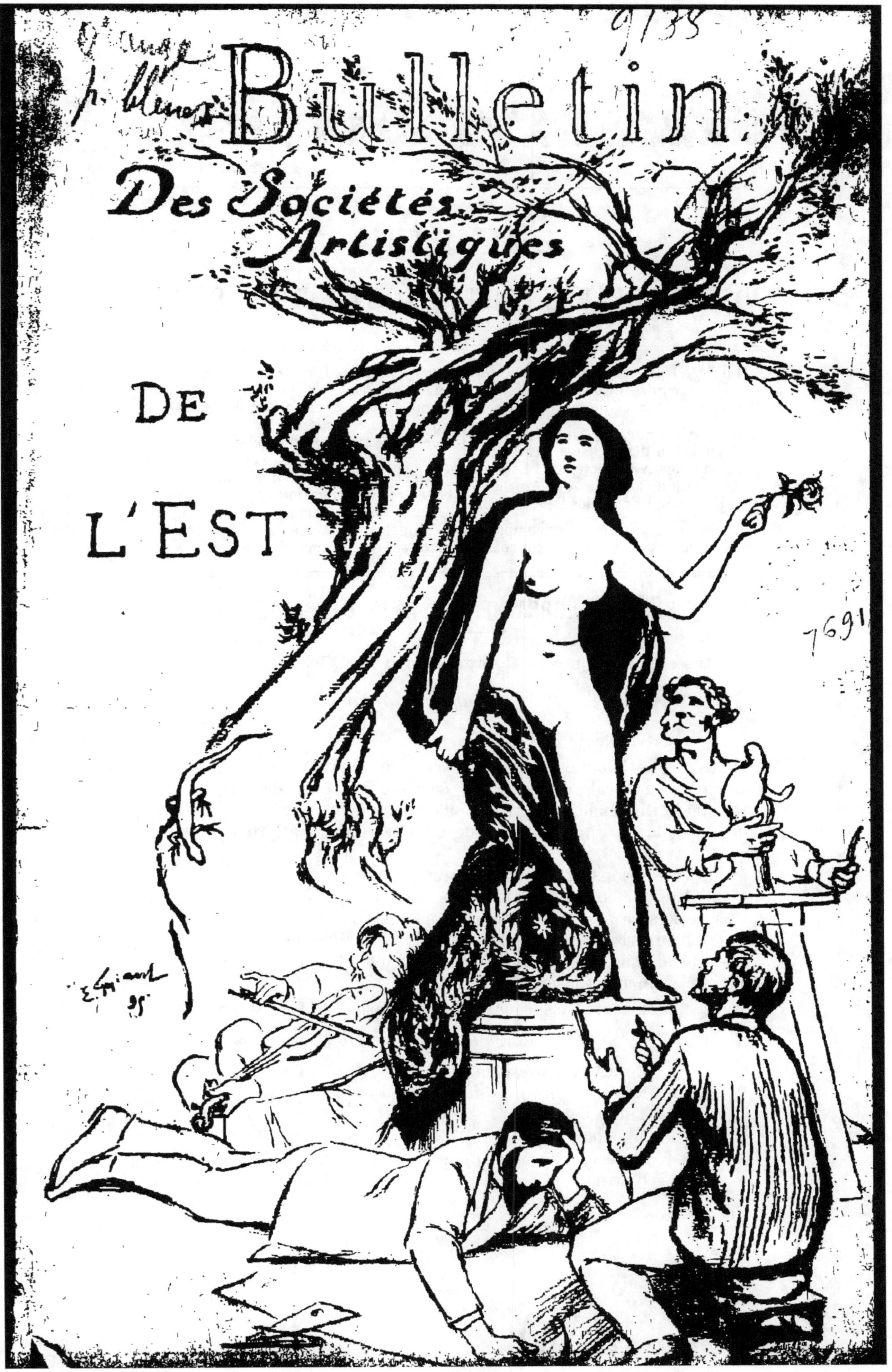
Bulletin
Des Sociétés Artistiques
DE
L'EST

N° 1. Janvier 1895.

BULLETIN

DES SOCIÉTÉS ARTISTIQUES DE L'EST

Le *Bulletin des Sociétés artistiques de l'Est*, paraissant chaque mois, est l'organe des associations suivantes :

- Société lorraine des Amis des Arts,
- Association des Artistes lorrains,
- Société des Architectes de l'Est,
- Association amicale des anciens Élèves de l'École des Beaux-Arts.

Ces sociétés y insèrent les comptes-rendus de leurs séances, convocations, circulaires, règlements d'exposition, rapports, etc. Le *Bulletin* sera complété par des informations artistiques, notices sur les arts en Lorraine, travaux des membres des sociétés, gravures, dessins, etc.

Tous les adhérents des quatre Sociétés recevront gratuitement le *Bulletin* et ses suppléments.

En dehors des Sociétés, l'abonnement est de 2 francs par an.

SOCIÉTÉ LORRAINE DES AMIS DES ARTS

Lettre adressée par la Commission à MM. les Sociétaires

Nancy, le 4 janvier 1895.

Monsieur,

Nous avons l'honneur de vous prier de vouloir bien assister à l'Assemblée générale de la *Société lorraine des Amis des arts*, qui aura lieu le Dimanche 27 janvier 1895, à deux heures de l'après-midi, dans la salle de l'Agriculture, rue Chanzy (Conservatoire de musique).

Nous vous prions également de prendre note de ce que le numéro du Bulletin, qui contient cette lettre, étant envoyé à tous les sociétaires, il ne sera pas fait d'autre convocation pour l'assemblée.

Vous trouverez ci-dessous les documents habituellement publiés, c'est-à-dire la situation financière de la Société et la liste des achats faits à la dernière exposition.

Agréez, Monsieur, l'assurance de notre considération distinguée.

Le Bureau :	*La Commission :*
Em. Adam, *président.*	Bourgon.
Roussel, *vice-président.*	Ganier.
Thomas-Mallarmé, *secrétaire.*	Hannequin.
Mercier, *trésorier.*	Marx (Roger).
Moreau, 2e *secrétaire-archiviste.*	Quintard.
Bertier.	Wiener.

ORDRE DU JOUR :

1° Réception des comptes du trésorier.

2° Fixation de la date de la prochaine exposition.

3° Proposition émanant d'un groupe de sociétaires, relative au mode de tirage de la tombola.

4° Proposition émanant d'un groupe de sociétaires, relative au prélèvement d'un droit sur le prix de vente des tableaux.

5° Communications diverses.

6° Renouvellement du tiers des membres de la commission.

Les membres sortants (MM. ADAM, BERTIER, GANIER et Roger MARX), sont rééligibles.

Le vote par correspondance est admis, sous double enveloppe : l'enveloppe intérieure contiendra le bulletin de vote ; l'enveloppe extérieure portera la signature du sociétaire et sera adressée à *M. le Président de la Société des Amis des Arts, au Conservatoire de musique, rue Chanzy, Nancy.*

Situation financière au 31 décembre 1894

RECETTES

Encaissement de 2 cotisations 1893........		20 »	
Encaissement de 825 cotisations 1894........		8 250 »	
Subvention de l'État....................		600 »	
Subvention de la Ville....................		150 »	
Intérêts des fonds en banque............		6 65	
		9.026 65	9.026 65
Produit de l'Exposition	8 abonnements à 3 fr	24 »	
	229 abonnements à 1 fr....	229 »	
	4.841 entrées à 0 fr. 50.....	2.420 50	
	Vente de 787 catalogues à 0f50	393 50	
		3.067 »	3.067 »
TOTAL DES RECETTES.......			12.093 65

DÉPENSES

Solde débiteur des années antérieures

Capital dû à la Société Nancéienne..........	417 30	
Intérêts jusqu'au jour du remboursement...	4 60	
	421 90	421 90
A reporter.....		421 90

Report.....		421 90

Achat et entretien de matériel

Achat d'une armoire pour les archives......	33 »	
Achat d'un matériel de loterie.............	64 80	
Achat d'une sacoche d'encaissement.........	5 45	
Confection de timbres monogrammes de la Société..........................	18 »	
Réfection des socles pour sculptures.......	225 05	
Achat de satinette pour tenture............	20 35	
Réparation des mâts et oriflammes (1893 et 1894)............................	163 90	
Boîte aux lettres et cadre d'inscription......	11 20	
	541 75	541 75

Frais d'administration

Fournitures de bureau....................	32 90	
Achat de timbres-quittances..............	6 10	
Frais de poste...........................	123 60	
Frais d'imprimés.........................	178 30	
Frais d'encaissement de 827 quittances.....	151 50	
Frais de scribe..........................	28 30	
Frais de réunions........................	13 »	
	536 70	536 70

Frais d'exposition

Port, aller et retour, des envois de Paris...	471 70	
Port, aller et retour, des envois de province.	484 45	
Déballage, accrochage, décrochage et emballage des tableaux dans l'exposition.......	550 »	
Note de l'emballeur de Paris..............	712 »	
Location des tentures et mobilier..........	300 »	
Location de plantes d'ornement............	200 »	
Traitement du contrôleur..................	200 »	
Frais d'entretien.........................	85 »	
Frais de chauffage........................	84 »	
Frais de police...........................	99 10	
Réparation de glaces et cadres............	25 »	
Pose d'affiches...........................	53 60	
Pose et enlèvement des mâts (1893 et 1894)..	160 »	
Réparations au pavage des rues............	37 50	
Frais d'impression du catalogue...........	379 »	
	3.841 35	3.841 35
Achat de tableaux et œuvres d'art........	6 310 »	6.310 »
Total des dépenses.......		11.651 »
Solde créditeur à reporter à l'année 1895....		441 95
Balance des recettes.....		12.093 65

Liste des acquisitions faites par la Société

Nos du catalogue.		Noms des artistes.	Titres des œuvres.
49	M	Charbonnier........	Forge.
57	M.	Chepfer...........	Général et son escorte.
82	M.	Demange	Place Stanislas.
85	M.	Descelles..........	Un passage difficile.
87	M.	Desch............	Sous bois (Epinal).
94	M.	Didier-Pouget......	Lande yourie.
211	M.	Licourt	Un matin à Vilosnes-sur-Meuse
231	Mme	Maréchal.........	Dans la forêt de Fontainebleau.
254	Mlle	Neukomm........	Fruits.
276	M.	Petitjean..........	Paysage à Fresnes-en-Saintois.
336	M.	Rovel............	Bateaux (Poissy).
342	M	Royer............	Les Lapins.
353	M.	Paul Saïn	Le soir sur la Marne.
357	M.	Saintin...........	Gelée blanche.
363	M.	Schiff............	Un coin de verrerie.
366	M.	Schuller.	Brume du matin.
372	M.	Tattegrain.........	Dans les Garennes
400	M.	Vierling...........	Bords fleuris.
407	M.	Voirin.	Temps d'orage.
418	M.	Wielhorski (Jules) .	Tête d'enfant.
425	M.	Wittmann.........	Un chemin dans les Vosges.
450	M.	Brisgand	Près de la mare aux Fées.
518	M.	Jouas	L'Oued-Gabès.
606	M.	Loiseau-Rousseau ..	Buste de nègre (terre cuite).
608	M.	Finot.............	L'Oiseau malade (plâtre).
631	M	Aubry............	Jardinière Louis XV (faïence).
643	M	Daum............	Chicorée sauvage (vase verre).
»	MM.	Keller et Guérin ..	Vase (faïence).
»	M	Finquencisel.......	Polichinelle (terre cuite).

SOCIÉTÉ DES ARCHITECTES DE L'EST DE LA FRANCE

Assemblée générale du 1er décembre 1894

Éloge funèbre de M. Léopold-Amédée HARDY

Architecte du Gouvernement, Officier de la Légion d'honneur, Officier de l'Instruction publique et du Mérite agricole, Chevalier de l'Ordre de Léopold, de la Couronne de Chêne, et Officier de la Couronne d'Italie,

Prononcé par M. Ferdinand GENAY, Inspecteur des édifices diocésains de Nancy.

CHERS CONFRÈRES,

Un des membres les plus éclairés et les plus dévoués de la *Société centrale des Architectes français*, membre également de notre Société de l'Est, vient de s'éteindre dans le Loiret, à Châtillon-sur-Loing; notre éminent et serviable confrère Hardy est mort le 4 septembre dernier, âgé seulement de 65 ans C'est avec un sentiment de profonde tristesse que tous nos collègues et tous ceux qui ont travaillé sous ses ordres, dans notre région, ont appris la pénible nouvelle. Déjà nous regrettions sa nomination à un autre poste qui rendait moins fréquentes ses bonnes visites à Nancy, et aujourd'hui, hélas ! c'est le dernier adieu que nous lui adressons.

A l'atelier de Nicolle, à l'école des Beaux-Arts, M. Hardy fut un des plus laborieux de ce groupe d'élèves qui, à la suite du maître et avec une absolue confiance, évitaient les sentiers battus. On les traitait d'idéalistes pour ne pas employer un qualificatif plus ironique; mais, pleins d'espoir et d'ardeur, ils dédaignaient les railleurs, poursuivant résolument leur voie et accusant crânement dans les concours, leurs tendances par des œuvres originales, bien personnelles, naturellement fort critiquées, mais qui forçaient quand même l'attention par l'ampleur des dispositions, l'harmonie et la poésie des formes. la recherche et la nouveauté des détails.

En ces termes, je ne suis que l'écho de notre maître, M. Daumet, de l'Institut, qui, dans son touchant adieu sur la tombe de notre tant regretté confrère, a su si bien rappeler l'indépendance de l'enseignement reçu à cette époque par M. Hardy et ses camarades.

Vous connaissez ses travaux de Nancy et l'œuvre capitale qui devait être le couronnement de sa noble et féconde carrière, le Sanctuaire de Lourdes, où s'est révélé principalement l'artiste profondément chrétien, donnant toute son âme, avec sa science et son talent.

L'église du Rosaire, bâtie sur le rocher et les rampes d'accès, offre avec la Basilique, un ensemble des plus harmonieux et des plus grandioses, unique en ce genre.

Hélas ! il n'a pu achever son rêve ! Les clochers octogones qui encadreront la flèche élancée et l'intérieur du Rosaire, dont les décorations étaient projetées dans le goût de celles de Saint-Marc de Venise.

Le superbe groupe du Rosaire exécuté par Maniglier est un don de l'architecte qui voulut être aussi un des plus généreux bienfaiteurs de l'œuvre.

Architecte-adjoint de l'Exposition française de Londres en 1862, M. Hardy fut le directeur principal des constructions à l'Exposition universelle de 1867 et l'architecte en chef de celle de 1878. En 1889, il n'édifia que le pavillon du canal de Suez.

Dans la direction et l'exécution de ces immenses travaux, M. Hardy se montra un puissant administrateur et un organisateur hors pair, et dans la construction des Palais, où il pût donner libre cours à son originalité personnelle, il surprit tous les artistes et tous les gens de métier par ses créations et le judicieux emploi des matériaux.

Il y déployait ses qualités maitresses, la connaissance parfaite des moyens d'exécution et une pratique raisonnée.

Homme d'une modestie et d'une aménité rares, il était certainement le chef aimé dont on se montrait fier de suivre les instructions et d'exécuter les ordres ; en devenant son collaborateur, on recevait sa meilleure récompense.

Le savant et doux artiste, en dehors des travaux que j'ai eu l'honneur de vous signaler, a donné de nombreuses preuves de son robuste talent.

Je vous citerai des œuvres réalisées :

Le collège de Romans (Drôme).

La maison des Amis de l'enfance, à Paris,

L'église de Colmey, en Meurthe-et-Moselle,

La façade de l'église de Presle (Seine-et-Oise),

L'autel de l'église de Cambrai,

Les restaurations d'Albi et de Limoges,

La restauration des anciens pavillons de l'Ecole de Pharmacie.

La construction des nouveaux bâtiments de l'Institut agronomique de Paris,

Et en cours d'exécution, les chapelles de Tarbes et des Quatre-Chemins, près de Paris,

Le lycée Lamartine, etc..

Le prix Bailly, fondé par feu l'illustre président de notre *Société centrale des Architectes français*, et à décerner pour la première fois, était attribué par l'Académie des Beaux-Arts à M. Hardy, peu de temps avant sa fin si prématurée, pour ses remarquables travaux de Lourdes. Cette haute distinction devait être le suprême hommage de ses pairs qui rendaient ainsi, à l'unanimité, justice au confrère et à l'ami ; comptant tous encore sur cette pleine maturité qu'affirmaient toujours la force extraordinaire de travail et la persévérante activité de notre regretté maitre.

J'ai eu l'insigne bonheur d'être en constantes relations pendant plus de vingt années avec M. Hardy et de le connaître intimement. Froid au premier aspect, il vous séduisait bien vite par son extrême simplicité de manières, la douceur de sa conversation et un tour d'esprit tout particulièrement attirant. Et sa correspondance, toujours charmante, enjouée, pleine d'intérêt, abondait en instructions claires et précises, en conseils pratiques, en recettes et méthodes.

Avec quelle franche gaîté il assistait, ici, à nos réunions amicales des anciens élèves des Beaux-Arts, à nos joyeux ébats et à nos saynètes improvisées. Il aimait notre caractère lorrain, il admirait le calme de nos entrepreneurs et ouvriers : « *Ils ne s'emballent jamais, me disait-il, ils ne se vantent pas et sans rien dire, exécutent consciencieusement et correctement ce qu'on leur a demandé.* » Aussi n'a-t-il quitté le diocèse de Nancy que bien malgré lui et après une sérieuse résistance ; mais il ne pouvait refuser les deux postes importants que le Ministère lui confiait : Albi et Limoges. Je ne puis songer sans un serrement de cœur, à la première visite de M. Hardy, en 1873, dans son nouveau diocèse, visite qui aurait pu être aussi la dernière.

Nons suivions la corniche extérieure de la haute-nef de la cathédrale, pour examiner l'état des couvertures et des contre-forts, il fit un faux pas et se balançait dans le vide, au moment où un de nos entrepreneurs put le retenir à temps et le repousser dans une lucarne qui se trouvait heureusement à sa portée. Quand, à l'abri du danger et se rendant compte de l'épouvantable chute évitée, il remerciait son sauveteur, il était certainement moins ému que nous tous.

Notre cher maître passe à la postérité, il laisse à l'admiration du monde un prodigieux exemple de ce que peut une âme d'artiste guidée par une pensée chrétienne.

Nous aussi, Messieurs, nous conserverons le précieux et pieux souvenir de cet homme d'honneur, d'une intégrité à toute épreuve, qui fut un grand cœur et un architecte de haute valeur. A tous ces titres, il méritait l'hommage de la société dont je suis fier d'être ici l'interprète. Le nom de M. Hardy restera inscrit au livre d'or de nos défunts confrères, au milieu des meilleurs, parmi les plus dignes.

Que ce sincère et respectueux hommage, trop faible témoignage de nos douloureux regrets, parvienne à sa désolée compagne, à sa famille et à tous ses amis.

ASSOCIATION DES ARTISTES LORRAINS

Dans ses dernières réunions du 20 décembre 1894 et du 3 janvier 1895, l'*Association* a discuté la forme d'un vœu à présenter à la *Société des Amis des arts*, afin que cette société prélève, comme presque toutes les associations similaires, un droit de 10 p. 100 sur les œuvres vendues, lors de ses expositions, par les exposants qui qui ne sont pas membres de la société et n'acquittent pas la cotisation de dix francs.

Presque tous les artistes de notre région payant en effet, depuis plus ou moins d'années, cette cotisation qui est employée aux frais de l'exposition, il paraît équitable que tous les vendeurs supportent également ces frais.

Désirant contribuer à cette augmentation des ressources de la *Société des Amis des arts*, les artistes lorrains membres de cette société ou de l'*Association* s'offrent à payer, de leur côté, un droit de 5 p. 100 sur leurs œuvres vendues.

Ce vœu devant être présenté à l'assemblée générale de la *Société des Amis des arts*, le 27 janvier, il est important que tous les membres de l'*Association des Artistes lorrains*, assistent à la prochaine réunion de l'*Association* qui aura lieu le jeudi 17 janvier, à huit heures et demie du soir, (salle réservée du premier étage de la Grande-Brasserie, 47, rue des Dominicains), afin de discuter définitivement les termes de ce vœu.

Nouveaux adhérents de l'Association, inscrits en Décembre 1894 :

MM. Corda, lieutenant au 8e d'artillerie,
Petitjean, Edmond, artiste-peintre,
Berger, artiste-peintre,
Mlle Villemin, à Saint-Nicolas-de-Port,
Semélé, directeur d'assurances,
Leblanc, Henri, antiquaire.

Le nombre des adhérents s'élève actuellement à 152.

Le banquet annuel de l'*Association des Artistes lorrains* est fixé au 26 janvier 1895. Il aura lieu au restaurant Walter (Baudot), place Stanislas, 9.

La cotisation est de 6 francs.

Tous les adhérents sont instamment priés de ne pas manquer à cette fraternelle et amicale réunion, et de se faire inscrire chez M. R. Wiener, trésorier, rue des Dominicains.

M. Friant a bien voulu composer pour ce *Bulletin* un frontispice décoratif qui lui servira de couverture à partir du prochain numéro.

L'Exposition de Saint-Dié

Voici la liste des acquisitions faites à la dernière exposition de Saint-Dié :

1° ACQUIS PAR DES AMATEURS

ARBEIT (Mlle Antoinette), *Fraises.*
ARBEIT (Eugène), *Bords de la Doller.*
ENSFELDER (Charles), *Dans les Vosges,* aquarelle.
— — *Le Cloître de Saint-Dié,* aquarelle.
FRANÇAIS, *Souvenir de Bougival.*
FRANCE (Charles), *Moine priant.*
— — *Chasseurs à pied.*
KREYDER, *Fraises.*
— *Groseilles.*
— *Roses à cent feuilles.*
LICOURT, *Vislosne-sur-Meuse.*
— *Une Mare à Mont-sur-Meurthe.*
— *Sous bois.*
MARLIER, (Mlle Marie), *Sous bois.*
PETITJEAN, *Environs de Nancy, matin.*
— *Village vosgien près Mirecourt.*
RENAUDIN, *Iris,* aquarelle.
ROVEL (Henri), *Alsaciens fuyant devant l'ennemi.*
— *Schlitteur.*
— *Le Cloître de Saint-Dié.*
— *Le Service obligatoire.*
— *Neufchâtel.*
— *Une Rue à Lusse.*
— *Un Coin de Valfroicourt.*
— *La Plage de Wissant.*
— *En Forêt.*
SCHIFF, *Un Vannier.*
SIMON, *Chevreuil près d'une mare,* fusain.
— *Bords de la Sarthe,* fusain.
— *Un Torrent,* fusain.
— *Lac de Gérardmer,* fusain.
VOIRIN, *Chevaux au bain.*
WEISS (Georges), *Bureau Louis XIII.*

2° ACQUIS PAR LA COMMISSION

BAZELAIRE (Mlle Léonie de), *Sous bois d'automne.*
CHARBONNIER (Ernest). *Place de la Cagnotte.*

CHEPFER, *Clairon de chasseurs.*
DESGRANGES, *Ratelier improvisé.*
GÉROLDSECK (W. de), *Pavots.*
GOSSEREZ, *Vieux moulin à Pont-à-Mousson.*
PAQUIN, *Les Oies de Zoé.*
PECCATTE (Charles), *Le Matin.*
REINHART, *Sous bois près Ventron.*
RENAUDIN, *Villa arabe sur les bords du Nil.*
ROVEL, *Bords de mer à Wissant.*
SCHIFF, *Nature morte.*
VOIRIN, *Artillerie montée.*
CARL (Jules) *Japonaise*, terre cuite.
— *Buste de Pierre de Blarru* (souscription).

Ainsi, sur trois cent dix œuvres exposées, quarante-huit ont été vendues, représentant une somme d'environ 14,000 francs, c'est-à-dire 300 francs pièce en moyenne.

Un si remarquable résultat est dû surtout, on l'a déjà reconnu dans la presse artistique, au dévouement du Comité de Saint-Dié, composé d'amateurs éclairés, très actifs et jaloux du succès de leur œuvre, qui, dans une ville où l'industrie règne en souveraine, ont su maintenir le goût des arts et ont osé l'affirmer, depuis huit ans, par des Salons triennaux. Sous l'habile et dévouée direction de son président, M. Queuche, ancien maire, ce comité a organisé, rapidement et avec une sévère économie, le local, le matériel et le service, de sorte que le total des dépenses, 1,658 francs, est presqu'insignifiant par rapport à la somme d'achats.

L'Association des Artistes lorrains, qui s'est donnée pour but principal d'organiser des expositions chaque année dans la plupart des villes de Lorraine, a donné son concours à cette exposition en prenant tous ses frais à sa charge, en cas d'insuccès, et en se chargeant de la centralisation à Nancy, de l'emballage et de l'expédition, aller et retour, de toutes les toiles qui ne provenaient pas de Saint-Dié même. Les exposants lorrains n'eurent donc aucuns frais et aucune autre formalité à remplir que le libellé de leur bulletin d'envoi. Les cent cinquante toiles de Nancy furent expédiées et retournées dans une voiture capitonnée et de ce chef une notable économie de transport et d'emballage fut réalisée.

Enfin la *Société philomatique vosgienne*, toujours dévouée aux arts lorrains, subventionna généreusement l'exposition ; la municipalité de Saint-Dié en fit autant et donna le local ; puis le ministère des Beaux-Arts, montrant son intérêt pour cette manifestation artistique à notre extrême frontière, la dota libéralement de 300 francs.

Les entrées rapportèrent 1,300 francs, la tombola 1,550 francs ; la commission disposa donc pour ses achats d'un excédant de recettes de 1,900 francs employés à l'acquisition de quatorze toiles pour la tombola.

Un droit de 5 p. 100 ayant été retenu sur les toiles vendues, pour être consacré à des œuvres de solidarité artistique en Lorraine, rapporta à l'Association environ 400 francs.

Les précédentes expositions de Saint-Dié avaient eu déjà un grand succès, mais on peut juger de celui qui attend les prochains salons par cette progression des sommes d'achats :

En 1887 : 6,000 francs ; en 1891 : 8,600 fr. ; en 1894 : 14,000 fr.

Le nombre des œuvres exposées s'accroît parallèlement :

En 1887 : 198 ; en 1891 : 252 ; en 1894 : 310.

Enfin le prix moyen atteint par les toiles vendues est de :

En 1887 : 156 francs ; en 1891 : 200 francs ; en 1894 : 295 francs.

Nous espérons donc que ces expositions triennales continueront régulièrement dans l'avenir à affirmer le goût artistique des Déodatiens et nous souhaitons que d'autres villes lorraines prennent exemple sur cette aimable cité libérale.

ASSOCIATION AMICALE LORRAINE

DES

ANCIENS ÉLÈVES DE L'ÉCOLE NATIONALE ET SPÉCIALE DES BEAUX-ARTS

Dans sa dernière séance du 14 décembre 1894, les membres présents ont procédé au renouvellement du bureau qui était constitué comme suit :

Président .... MM. Bourgon, architecte, non rééligible.
Vice-Présidents ..... Majorelle, peintre ; Bussière, statuaire.
Secrétaire-Trésorier. Rolland, architecte.

Ont été nommés pour l'exercice 1895 :

Président .... MM. Charbonnier, peintre.
Vice-Présidents..... Majorelle, peintre ; Bussière, sculpteur.
Secrétaire-Trésorier. Gruber, peintre.

M. Save, délégué de l'*Association des Artistes lorrains*, a donné communication des statuts du *Bulletin des sociétés artistiques de l'Est*. Ces statuts ont été adoptés et, à l'unanimité, des remerciements ont été adressés à M. Save.

CONVOCATION

Vous êtes prié d'assister à la réunion du vendredi 11 janvier 1895, qui aura lieu à la Grande-Brasserie (salle réservée), à 8 heures 1/2 précises.

ORDRE DU JOUR :

Présentation des comptes de l'année 1894 ;
Installation du nouveau bureau ;
Questions diverses.

Le Secrétaire-Trésorier,
JACQUES GRUBER.

P. S. — Le Secrétaire porte à la connaissance des membres de l'Association qu'à partir de ce jour, les convocations de réunions se feront par le présent bulletin.

CHRONIQUE

Quelques prix, à la vente Henri Garnier : *La Herse*, de Millet : 75,000 fr.; *Les Moutons* : 35,500 fr. et *Les Oies*, du même : 38,200 fr ; *L'Automne*, de Rousseau : 6,000 fr.; *Les bords de l'Oise*, par Daubigny : 20,000 fr.; *Les Laveuses*, du même : 50,000 fr.; *Les bords de la Touque*, par Troyon : 30,000 fr.; et son *Paysage normand* : 27,000 fr.; un Corot est monté à 17,500 fr.; *Le Dante*, par Meissonnier : 14,000 fr.; un David a été acquis par le Louvre 12,000 fr.

Le Musée de Toul vient de s'enrichir de la grande toile de Friant, *Le Pain*, si remarquée aux derniers salons de Paris et de Nancy. Ce musée de formation récente, possède une très belle collection d'œuvres modernes, dans laquelle l'école lorraine est brillamment représentée, et la commission touloise a toujours montré dans ses acquisitions un goût éclairé que les artistes et les amateurs ont déjà reconnu en plusieurs occasions. *La Moselle* du 22 décembre, journal de Toul, dit à ce sujet : « C'est ainsi que la magnifique œuvre de Friant a été enlevée dans des conditions de bon marché incroyables, étant donnés les prix qu'ont atteints les Friant aux dernières ventes de Paris ; mais il s'agissait d'un musée très remarquable comme ensemble, tout à fait dans la note moderne et Friant lui a pour ainsi dire donné sa toile *gratis pro arte.* »

Le Gérant : G. MERCIER.

N° 2. Février 1895.

BULLETIN

DES SOCIÉTÉS ARTISTIQUES DE L'EST

Le *Bulletin des Sociétés artistiques de l'Est*, paraissant chaque mois, est l'organe des associations suivantes :

Société lorraine des Amis des Arts,
Association des Artistes lorrains,
Société des Architectes de l'Est,
Association amicale des anciens Élèves de l'École des Beaux-Arts.

Ces sociétés y insèrent les comptes-rendus de leurs séances, convocations, circulaires, règlements d'exposition, rapports, etc. Le *Bulletin* sera complété par des informations artistiques, notices sur les arts en Lorraine, travaux des membres des sociétés, gravures, dessins, etc.

Tous les adhérents des quatre Sociétés recevront gratuitement le *Bulletin* et ses suppléments.

En dehors des Sociétés, l'abonnement est de 2 francs par an.

SOCIÉTÉ LORRAINE DES AMIS DES ARTS

Procès-verbal de l'Assemblée générale du 27 janvier 1895

La *Société lorraine des Amis des arts* s'est réunie en assemblée générale le 27 janvier 1895, à deux heures de l'après-midi, dans la salle de l'Agriculture, rue Chanzy, sous la présidence de M. Mercier, trésorier, assisté de MM. Bertier, Hannequin, Quintard et Wiener, membres de la commission.

Environ soixante membres de la Société assistent à la réunion.

M. Mercier exprime à l'assemblée les regrets de M. Adam, président de la Société, retenu par la maladie, et expose les motifs divers par suite desquels, se trouvant le seul membre du bureau présent, il lui échoit le grand honneur de présider l'assemblée : il déclare ensuite la séance ouverte et prie M. Bertier, membre de la commission, de vouloir bien remplir les fonctions de secrétaire.

Le procès-verbal de l'Assemblée générale du 25 février 1894 est lu et adopté.

Le trésorier donne ensuite lecture du compte rendu financier de l'exercice 1894, communiqué à tous les sociétaires par la voie du *Bulletin artistique*, et qui se solde par un excédant de recettes de 441 fr. 95 à reporter à l'exercice 1895.

M. Hannequin, membre de la commission, prenant pour cette circonstance la présidence de l'assemblée, propose d'approuver les comptes du trésorier. Cette proposition est adoptée à l'unanimité.

M. Mercier reprenant la présidence, M. le colonel Delarue présente deux propositions : l'une demandant que la liste des acquisitions faites par la Société mentionne, comme cela s'est fait pendant un certain temps, le prix auquel les œuvres ont été achetées ; l'autre exprimant le désir qu'il soit mis en vente des catalogues annotés.

Le Président répond : sur le premier point, que la divulgation des prix payés par la Commission aux artistes présente de multiples inconvénients que l'expérience a révélés, et que s'il s'agit seulement du contrôle des comptes du trésorier, celui-ci est toujours prêt à justifier de l'exactitude de la somme totale portée dans le compte général. Sur le second point, que la Société ne peut pas mettre en vente de catalogues annotés, mais que le contrôleur de l'exposition se charge d'en fournir aux personnes qui en désirent, moyennant une modeste rétribution.

Suivant l'ordre du jour, le Président propose de fixer la date de la prochaine exposition, et fait remarquer à ce sujet que l'expérience faite des expositions en automne ayant donné de bons résultats, il y aurait lieu d'en fixer définitivement la date à ce moment de l'année ; il met en conséquence aux voix la proposition suivante : « L'exposition de peinture s'ouvrira chaque année le dernier dimanche du mois d'octobre et se clôturera le premier dimanche du mois de décembre. » Cette proposition est adoptée à l'unanimité.

Le Président donne lecture d'une pétition signée par soixante membres de la Société, accompagnée d'une lettre signée par M. le colonel Delarue et M. de Sobirats, demandant que la Commission ne fasse plus d'achats de tableaux, mais que, pour la tombola annuelle, les numéros gagnants reçoivent un bon d'une somme déterminée et soient libres de choisir eux-mêmes, dans toute l'exposition, les œuvres qui leur plairaient, jusqu'à concurrence de la somme déterminée par le bon reçu.

M. le colonel Delarue appuie cette demande, en invoquant surtout cette raison que ce nouveau mode donnerait complète satisfaction aux gagnants qui auraient toute liberté dans leur choix, et qu'au surplus il n'est pas démontré que ce procédé serait plus défavorable aux artistes lorrains que celui actuellement pratiqué.

M. de Courteville combat la proposition présentée et développe principalement cette considération que le mode proposé ne donne satisfaction à aucun des buts pour lesquels la Société a été créée ; en conséquence il propose le maintien du système actuel.

M. de Sobirats est partisan du nouveau mode de tombola proposé ; mais, trouvant la question insuffisamment étudiée et difficile à résoudre *ex-abrupto* par l'Assemblée, il demande la nomination d'une commission spéciale pour l'étude de la question.

Le Président répond, sur la proposition de nomination d'une commission spéciale, que la Commission composée de douze membres, qui est la représentation de la Société, a été nommée pour examiner et discuter toutes les questions intéressant la Société, y compris celle qui est en discussion ; que les membres qui la composent ne pourraient pas accepter une seconde commission fonctionnant à côté d'eux, et que si cette seconde commission était instituée, ils croiraient de leur devoir de se retirer et de lui céder la place ; que d'ailleurs la question en discussion n'est pas nouvelle, qu'elle fait depuis deux ans, après un premier échec, l'objet de conversations entre les membres de la Société, et que la Commission existante, après mûr examen, a émis à l'unanimité des membres présents un avis défavorable : la question est donc étudiée, chacun la possède, et elle peut parfaitement être résolue par l'Assemblée.

Abordant les considérations de fond, le Président expose que le système des achats par la Commission, pratiqué depuis soixante ans, a donné à la Société la force morale qui lui a permis de constituer les manifestations de l'Art qui se sont succédées sans interruption pendant ce long laps de temps. La Commission, ne faisant qu'une seule liste d'achats et ne motivant pas ses décisions, peut tenir compte de toutes les considérations qui doivent la guider, sans que les intéressés en aient connaissance et ainsi toutes les dignités sont sauvegardées.

Par le système proposé, chaque gagnant se préoccupera exclusivement de ses convenances personnelles ; l'encouragement aux arts passera à l'arrière-plan ; la Société sera réduite au rôle de banquier, et son but sera complètement manqué.

En un mot, les signataires de la proposition considèrent la tombola comme la partie essentielle et le but suprême de la Société ; la Commission pense au contraire que la tombola n'est qu'un accessoire destiné à constituer un attrait pour les sociétaires, mais qui doit rester subordonné aux devoirs à remplir et au but à atteindre.

Personne ne demandant plus la parole sur la question, le Président met aux voix la proposition suivante :

« Le système d'achats par la Commission, pratiqué jusqu'à présent, est maintenu. »

Cette proposition est votée à mains levées par l'Assemblée, à une très grande majorité, soit par environ cinquante membres.

Au moment de passer à la contre-épreuve, M. de Sobirats demande qu'elle ait lieu sur la nomination d'une commission spéciale pour étudier la question. Le Président, déférant à ce désir, met aux voix par mains levées, la nomination d'une commission spéciale ; sept membres de l'Assemblée lèvent la main pour appuyer la proposition : en conséquence celle-ci est rejetée.

M. Butte demande la parole pour déclarer que, quoique signataire de la pétition, il a cependant voté contre, parce que son avis a été modifié par la discussion qui vient d'avoir lieu.

Le président annonce qu'un groupe de sociétaires propose de prélever un droit sur le prix des tableaux vendus aux amateurs pendant la durée des expositions. Il donne l'avis de la Commission qui n'est pas favorable à la mesure proposée : la Société en effet, depuis sa fondation, a rempli généreusement l'office d'intermédiaire entre les artistes et les amateurs, sans jamais rien demander ni aux uns ni aux autres. Il ne parait donc pas que cette modification soit opportune aujourd'hui où la Société est en pleine voie de prospérité. Les signataires de la proposition, par l'organe de M. Save, déclarant s'en rapporter à l'avis de la Commission, il n'est pas donné suite à ce projet.

Lecture est donnée d'une lettre de la Société d'ethnographie et d'art populaire de Paris, demandant des adhérents.

Le Président rappelle que c'est à l'intervention de M. Roger Marx que la Société doit la subvention de 600 fr. qui lui a été accordée cette année par l'Etat, ainsi que les gravures qui ont été envoyées pour la tombola et propose à l'assemblée de lui voter des remerciements.

Cette proposition est adoptée à l'unanimité.

Il est ensuite passé au vote pour le renouvellement statutaire de la commission.

A ce sujet, le Président annonce qu'il a reçu une protestation d'un membre de la Société, s'étonnant d'avoir reçu un bulletin de vote portant cinq noms, alors que l'ordre du jour de l'assemblée ne comporte que quatre membres à remplacer.

Le président explique que M. Roussel, vice-président, par une lettre dont lecture est faite, a donné sa démission de membre du comité, mais à une date postérieure aux convocations faites pour l'assemblée : son remplacement n'a donc pas pu figurer à l'ordre du jour.

Malgré cela, des bulletins de vote portant cinq noms ont été envoyés ; mais comme la Société est restée complètement étrangère à cet envoi, elle n'en est pas responsable et n'à à se préoccuper que de son ordre du jour.

Il va donc être procédé, conformément à cet ordre du jour, au remplacement des quatre membres de la commission sortants. Au cas où des bulletins de vote porteraient plus de quatre noms, il leur sera appliqué la règle suivie en pareil cas dans toutes les élections, c est-à-dire que les quatre premiers noms portés sur le bulletin seront comptés, et les noms supplémentaires laissés de côté. Quant au cinquième membre à nommer en remplacement de M. Roussel, la Commission usera du droit que lui donne l'article 7 des statuts pour se compléter.

Cette procédure régulière est approuvée par l'assemblée, et il est procédé dans ces conditions au scrutin qui donne les résultats suivants :

Nombre de suffrages exprimés : 191.

Ont obtenu :

MM.	Adam	190	voix.
	Bertier	187	—
	Larcher	186	—
	Marx (Roger)	168	—
	Schuler	32	—
	Save	2	—
	Roussel	2	—
	Ganier	1	—

En conséquence, MM. Adam, Bertier, Larcher et Roger Marx ont été proclamés membres de la Commission.

L'ordre du jour étant épuisé et personne ne demandant plus la parole, le président déclare la séance levée.

Le Secrétaire, Bertier. *Le Président*, Mercier.

Modifications à la liste des sociétaires survenues pendant le mois de janvier 1895.

Inscriptions nouvelles.

Mme Delsart, rue du Square des Ecoles, 3 *bis*, Remiremont.
Mme Bronsvick (A.), place Thiers, 5, Nancy.
M. Grandgérard, peintre, rue du Grand-Verger, 11, Nancy.
M. Leblanc (Léon), artiste peintre, rue Proudhon, 11, Besançon.
M. Trémolières (Raoul), artiste peintre, place Victor Hugo, 9, Besançon.

Radiations.

Mme D'Assonviller, place d'Alliance, 8, décédée.
Mme de Condé, rue du faubourg Saint-Jean, 43, démissionnaire.
M. Duperelle. percepteur à Dammartin, démissionnaire.
M. Ponton, conseiller à la Cour, rue de Serre, 12, décédé.

Nombre de sociétaires au 1er janvier 1895... 832
Membres inscrits pendant le mois......5
Membres radiés pendant le mois.......4
Nombre de sociétaires au 1er février 1895... 833

SOCIÉTÉ DES ARCHITECTES DE L'EST DE LA FRANCE

Assemblée générale du 1er décembre 1894

Etaient présents : MM. Chenevier, président ; Couty fils, Macron et Schuler, vice-présidents ; et MM. Biet, Bourgon, Demoget, Genay, Grandidier, Gutton, Jasson, Médard fils, Mougenot et Rougieux.

Le procès-verbal de la dernière assemblée générale est lu par M. Gutton et adopté après observation de M. Bourgon sur la motion qu'il avait faite au sujet du diplôme. M. Bourgon se réserve de présenter à nouveau cette motion en détail à la prochaine assemblée.

M. le Président se lève alors et prononce le discours suivant :

Mes chers Confrères,

Ma première parole, en ouvrant cette assemblée générale que vous m'avez appelé à l'honneur de présider, doit être pour vous remercier de la précieuse marque de confiance et de sympathie que vous m'avez donnée, en me confiant la garde des intérêts de la Société, en me chargeant de maintenir notre association dans la route que lui ont tracée déjà mes dévoués et distingués prédécesseurs et en me plaçant à la tête de tant de confrères qui méritaient, plus et mieux que moi, cette distinction dont j'apprécie tant le prix.

Vous savez que mon plus cher désir et le but vers lequel je dirigerai mes efforts c'est l'union solide et compacte de toutes nos volontés pour maintenir notre groupement au-dessus des petits froissements d'affaires qui peuvent se produire entre confrères ; pour rendre notre profession plus appréciée du public, plus forte et plus considérée et enfin, augmenter, dans toute la région, l'influence salutaire que doit exercer notre action au double point de vue du relèvement des études artistiques et de la défense de nos intérêts professionnels.

Je sais pouvoir compter sur votre concours, dont j'ai besoin pour m'aider dans cette tâche, mais c'est surtout votre appui sympathique qui me permettra d'y réussir.

Je vais vous rendre compte des événements qui marquent les principales étapes du chemin parcouru depuis notre dernière assemblée générale de Verdun.

Nous avons tout d'abord à déplorer la perte de l'un de nos membres correspondants les plus éminents, M. Hardy, et à consacrer un souvenir ému à sa mémoire. Notre confrère, Genay, vous dira plus longuement tout à l'heure, quelle belle carrière artistique ce maître a fourni et le vide que sa mort a causé parmi les architectes français.

On m'annonce à l'instant que notre confrère Mougenot vient d'avoir la douleur de perdre son père qui était, ainsi que lui-même, membre de la Société.

Je suis assuré d'être votre interprète en offrant à son fils l'expression de nos plus sincères compliments de condoléance et en déplorant la perte de ce regretté confrère.

La notice nécrologique concernant M. Mougenot père sera préparée par les soins de notre secrétaire général pour être lue dans l'assemblée générale de juin prochain.

Nous avons, d'autre part, accueilli un nouveau membre titulaire, M. Médard fils, de Verdun, architecte et ingénieur civil (École centrale Paris), auquel je suis heureux de souhaiter la bienvenue et qui est pour notre Société une excellente recrue.

Les distinctions accordées aux architectes sont rares ; j'ai cependant le plaisir de mentionner les palmes d'académie qui viennent d'être remises à notre confrère Mougenot, à l'occasion de l'inauguration du monument de Bruyères qu'il a construit et de lui adresser nos cordiales félicitations.

Notre ordre du jour vous indique les différentes questions qui vont être soumises à votre appréciation ; je n'insisterai que sur les articles qui ont à mes yeux une grande importance.

Le premier concerne la demande d'établissement d'une série contradictoire des travaux de peinture par la Chambre syndicale des entrepreneurs de Nancy.

Je vois, dans cette démarche, une reconnaissance tacite de l'influence que peut et doit exercer notre Société sur le règlement du prix des travaux de bâtiment et je serais désolé que cette affaire n'aboutit pas, ou que la section de Nancy n'attachât pas assez d'importance à sa réalisation; car nous perdrions ainsi tout ascendant moral sur les entrepreneurs de cette ville qui espéraient trouver dans nos confrères ce que nous devons être tous : c'est-à-dire, des artistes amoureux de la forme, mais aussi des administrateurs soucieux de garantir les graves intérêts qui leur sont confiés.

La deuxième affaire concerne le rétablissement du bulletin mensuel ou trimestriel.

J'estime que cette publication est d'un intérêt vital pour la Société qui doit à ses membres de leur faire connaître ce qui se passe dans les assemblées trimestrielles et de les tenir au courant de tout ce qui les intéresse et doit leur être communiqué entre chaque réunion.

Enfin, je tiens beaucoup aussi à ce que la médaille de la Société soit frappée et offerte, ainsi que nous nous y sommes engagés par notre assemblée de Verdun, aux écoles d'arts de la région.

J'espère, mes chers Confrères, que sur ces trois points vous penserez comme moi et que vous consentirez les sacrifices de temps et d'argent qui pourront devenir nécessaires pour les faire aboutir.

Il ne faut pas oublier que la dissolution de la Société régionale ne nous rend pas seulement le chemin plus libre, mais qu'elle nous impose le devoir de nous affirmer par des actes et par des résultats qui montreront notre utilité professionnelle.

C'est cette utilité qui fera notre force et, si nous la multiplions par la cordialité des relations qu'engendrent nos réunions et par la bonne volonté sympathique que nous témoignons tous quand il s'agit de l'intérêt de la Société, nous pouvons préparer à notre association un avenir aussi heureux que long et lui forger une histoire qui sera peut-être glorieuse un jour.

Une salve d'applaudissements accueille ce discours. M. le Président donne ensuite connaissance des lettres d'excuses envoyées par MM. Bœswilwald, Lucas, Morize, Martin, Médard père, Perron, Royer et Saladin.

M. Guinot, lieutenant-colonel du génie de Verdun, remercie la Société des sentiments qu'elle lui a exprimés par la lettre de son président, M. Chenevier.

M. Genay a la parole pour lire l'éloge funèbre de M. Hardy (inséré dans notre dernier numéro).

M. le Président exprime, au nom de la Société, tous les regrets de la mort M. Mougenot père, il prie M. Gutton de vouloir bien recueillir les documents nécessaires pour une notice nécrologique.

La parole est donnée à M. Rougieux, trésorier, pour le compte rendu annuel.

Les recettes sont de.	1.265 25
Les dépenses de.	540 85
Reste en recettes	724 40

Après quelques explications, les comptes présentés par le trésorier sont adoptés.

(A suivre.)

ASSOCIATION DES ARTISTES LORRAINS

Dans sa séance du 17 janvier 1895, l'*Association* a discuté les propositions mises à l'ordre du jour de l'Assemblée générale de la *Société lorraine des Amis des arts*, fixée au 27 janvier.

La première proposition, supprimant le choix, par la Commission, des œuvres destinées à la tombola, paraît devoir amoindrir la portée artistique des expositions de Nancy qui sembleraient alors n'avoir plus d'autre raison d'être que le tirage de la loterie.

Le caprice du choix des gagnants ne saurait donner aucun résultat profitable à l'art, et surtout à l'art lorrain ; tandis que l'on peut compter sur les choix éclairés de la Commission pour répartir équitablement les achats et être utile à quelques jeunes artistes dont les débuts méritent d'être encouragés.

Les choix des particuliers, au contraire, n'étant que l'expression de leur goût personnel, seraient rarement inspirés par le programme d'encouragement et le développement artistique régional, qui est le but de la *Société lorraine*.

Il s'en faut de beaucoup que les artistes lorrains accaparent, comme on l'a prétendu, les faveurs de la Commission et, sans cesser de l'approuver dans son impartiale direction, on reconnaîtra que les achats aux lorrains et aux étrangers sont à peu près équivalents. Les artistes non régionaux sont nombreux au Salon et avantageusement placés. La Société leur transporte gratuitement leurs envois. Une somme de 1.668 fr. 55 a été consacrée cette année à ces frais de transport dont ne jouissent pas les exposants locaux.

Quand les artistes lorrains exposent au dehors, ils paient le plus souvent, en plus de ces transports, un droit de 10 °/₀ sur leur vente, tandis que les étrangers ne paient rien à Nancy.

Enfin presque tous les artistes lorrains font partie de la Société et leurs cotisations viennent ajouter, chaque année, environ 850 fr. à ses recettes, tandis qu'aucun peintre non régional, même de ceux à qui l'on achète souvent, n'a jugé équitable de prendre part aux frais d'exposition.

Malgré ces conditions d'infériorité, les peintres de l'Est ont toujours approuvé la Commission dans ses égards hospitaliers pour leurs confrères des autres provinces ou de Paris, et le maintien du *statu quo* leur paraît préférable, aussi bien pour leurs concurrents du dehors que pour eux-mêmes. Les quatre-vingt-cinq membres de l'*Association* sont donc priés de voter contre cette proposition de modifier les statuts.

La réunion discute ensuite la seconde proposition, émanant celle-ci de l'*Association* et demandant le prélèvement d'un droit de 10 % sur les ventes, dans le but d'augmenter les ressources des *Amis des arts* et de mettre ses expositions sur le même pied que celles des sociétés similaires. Il est décidé que cette proposition ne sera présentée que sous forme de vœu et qu'on s'en rapportera préalablement à l'avis de la Commission de la *Société des Amis des arts*.

M. Jules Queuche, président du Comité de l'exposition de Saint-Dié, venant d'être nommé officier de l'Instruction publique, la réunion décide à l'unanimité qu'il lui sera adressé l'expression de ses compliments sympathiques pour la distinction si bien méritée dont il a été l'objet.

M. Gridel, de Baccarat, membre de l'*Association*, venant d'être nommé officier d'Académie, des compliments sincères et très sympathiques lui sont égalements votés à l'unanimité.

M. R. Wiéner, trésorier de l'*Association*, donne lecture du rapport sur la gestion financière pendant l'exercice 1894. L'*Association*, approuvant ces comptes, remercie son trésorier du dévouement qu'il apporte à la gestion de ses intérêts et décide que le compte-rendu sera publié dans le Bulletin. (Voir plus bas.)

Comme il doit être procédé, à l'assemblée générale du 27 janvier, au renouvellement de quatre membres de la Commission des *Amis des arts*, MM. E. Adam. Bertier, Roger Marx et H. Ganier, et ce dernier ayant refusé, malgré les instances de tous, de se présenter de nouveau, l'*Association* (dont quatre-vingt-cinq membres sont électeurs à cette assemblée) décide de maintenir MM. E. Adam, Bertier et Roger Marx, et de donner ses suffrages, comme nouveau membre, à M. Larcher, directeur de l'école des Beaux-Arts et conservateur du Musée de peinture.

Pour les élections du 27 janvier, les 85 membres de *l'Association*, faisant partie de la *Société des Amis des arts,* adressèrent à leurs collègues de cette société une circulaire et des bulletins de vote contenant cinq noms. Le cinquième était destiné à remplacer un membre du Comité dont la démission n'était parvenue qu'après l'envoi de la convocation et, pour cette raison, cette dernière élection ne put se faire, n'ayant pas été portée à l'ordre du jour. Malgré cela, le cinquième candidat présenté, M. Schuler, architecte du gouvernement, a obtenu non seulement les 32 voix mentionnées au procès-verbal, mais encore un grand nombre d'autres qui n'ont pu lui être comptées, étant attribuées au cinquième membre dont l'élection a été ajournée.

ASSOCIATION DES ARTISTES LORRAINS

Bilan au 31 décembre 1894, lu à la séance du 17 janvier 1895

DÉPENSES

Frais d'encaissement des quittances.........	29 90	
Souscription pour une couronne à M. Carnot avec les autres sociétés....................	10 »	
Frais de bureau, d'élections, divers.........	63 70	
— exposition Saint-Dié..................	45 85	
Abonnement au *Journal des Artistes*.........	10 »	
— *Revue des Arts décoratifs*.......	28 50	
Solde au 31 décembre 1894.................	2.248 65	
TOTAL.............	2.436 60	2.436 60

RECETTES

Solde au 31 décembre 1893..................	765 20	
Encaissement de 109 quittances à 5 fr........	545 »	
Remboursement par M. Goutière-Vernolle, souscription Claude Gellée................	800 »	
Exposition de Saint-Dié et envoi de M. Rovel.	314 70	
Remboursements, ports divers.............	11 70	
TOTAL...............	2.436 60	2.436 60

BANQUET DES ARTISTES LORRAINS

Si nombreux, les artistes lorrains, à leur banquet amical, joyeux rendez-vous annuel, qu'il a fallu mettre des rallonges et envahir un salon voisin.

Table élégamment dressée, corbeilles fleuries, artillerie de cristal, menu suggestif :

Potage Croûtes
Marine au bleu de Prusse
Selle de sculpteur
Raclures de palette
Blaireaux à la Rubens
Paysage de chic-ons
Pointillé au beurre
Glacis de blanc d'argent
Nature morte

—

Pagny en tubes
Saint-Estèphe en vessie
Jaune d'or mousseux

le tout encadré d'un décoratif dessin de Gruber symbolisant la Nymphe des Epinards sortant de sa marmite où mijotent de vertes études et distribuant largement, aux paysagistes altérés, son verdoyant bouillon.

Au dessert, l'aimable président d'honneur de ce joyeux festin, Friant, se lève et, avec cette inénarrable finesse de débit, flegmatique et pince-sans-rire, qu'on lui connait, « prononce » ce mandement que nous nous sommes hâtés de sténographier, afin que les absents en profitent :

« Mes chers Confrères,
« Mes chers Amis,

« Je tiens à vous dire que je suis très sensible à l'honneur que vous m'avez fait et au témoignage de sympathie que vous m'avez donné en me priant d'accepter la présidence de ce banquet.

« Je veux bien vous dire quelques mots, à la condition toutefois que vous ne me lanciez pas de boulettes de pain à la figure, ce qui pourrait m'empêcher de suivre le fil de mon discours.

« Je vais vous parler d'art, ou plus particulièrement de peinture, puisque la peinture vous intéresse tous plus ou moins... les peintres naturellement, du moins je le suppose ; les architectes, comme tout ce qui concerne le bâtiment ; et les sculpteurs parce que ce sont eux qui parlent le plus souvent de la couleur..

« La couleur !... Vous n'avez jamais entendu un sculpteur vous parler de la couleur ?

« Il en a plein la bouche...

« Je dois dire aussi qu'en revanche, certains peintres chassent sur les terres de l'art éminemment plastique en ayant l'air de ne s'occuper que de la *Forme*... ou bien encore de la *Construction*, ce qui est du domaine de l'architecture.

« Hé bien, je vais donc vous déballer un petit stock d'idées nouvelles que j'ai rapportées de Paris, la Ville Lumière.

« Autrefois, — il n'y a guère que quinze ans, mais cela paraît bien loin cependant, — les grands peintres du morceau d'atelier retenaient l'attention de ceux qui se piquent d'être dans le mouvement.

« Mouvement perpétuel, celui-là.

« Puis la peinture en plein air a rayonné d'un vif éclat (c'était pourtant du nouveau à ce moment-là, bien que cela semble drôle maintenant).

« La moindre pochade faite sous le ciel était une audace digne des plus grands éloges.

« Ce fut l'affaire de trois ou quatre ans.

« Le mysticisme battit son plein en même temps que l'impressionnisme, sorte de naturalisme coloriste-luministe, puis le néo-impressionnisme....

« Qu'est-ce que c'est ? Je n'en sais rien.

« Le pointillisme, le virgulisme et enfin le petitpipisme. Ce mot demande une explication.

« Le petitpipisme est l'art de remplacer les points par de petites pipes. Il paraît que ça faisait très bien à ce moment-là.

« Nous avons eu l'art littéraire décadent, plus sérieux vraiment que les derniers en *isme*.

« Maintenant, on en est à l'art décoratif utilitaire.

« Des peintres, célèbres par de superbes toiles, déclarent que les œuvres d'art ayant la prétention de former un tout, telles que tableaux ou statues, qu'on peut placer ou accrocher n'importe où, ne présentent plus d'intérêt. Aussi se mettent-ils avec ardeur à composer des ornements pour tapisseries, coussins, couvertures de voyage, etc.

« C'est un mouvement excellent, je ne dis pas non, qui nous débarrassera peut-être des objets d'un goût déplorable qui sont si répandus dans le commerce ; mais je suis vraiment peiné de penser qu'un Titien, un Rembrandt, un Holbein, un Vélasquez, un Raphael, un Michel-Ange, sont choses de mauvais goût et parfaitement inutiles, puisqu'on ne peut ni manger, ni s'asseoir, ni se coucher dessus.

« Ne croyez pas cependant, messieurs des Arts décoratifs, que vous soyez dans la vraie bonne voie, car vos vases, vos reliures se mettent dans des vitrines et ne servent à rien.

« Nous voulons maintenant des ustensiles exquis de forme, mais utiles, surtout utiles, c'est le dernier cri.

« Si la recherche des belles proportions d'un cuveau ou d'un manche à balai ne vous tente pas, messieurs, nous n'êtes plus dans le mouvement, voux êtes... gâteux. C'est comme çà.

« Maintenant, rapprochons, si vous le voulez bien, de ces idées jeunes, très jeunes... une vieille idée, mais qui porte, ma foi, gaillardement son grand âge.

Elle est d'Eugène Delacroix :

« Recette pour avoir du génie
(selon ses moyens)
« *Suivez toujours aveuglement vos instincts.* »

C'est consolant...

« Maintenant, je déclare, mes chers amis, que si j'avais suivi mes instincts, je me serais passé de présider et j'aurais, tout en écoutant parler un camarade, mangé une mandarine de plus. »

Après un ban tonitruant, M. Ganier, président de l'*Association*, remercie notre cher camarade Friant de sa présence et de sa charmante allocution. Il félicite aussi les artistes lorrains de leur fraternelle union. Puis M. Demange nous lit de beaux vers alertes, de sa composition :

Camarades ! que les jaloux
Montrent les dents comme des loups !
Qu'importent les antagonistes
Aux artistes ?
Tendons-nous franchement les mains
Pour affronter les lendemains,
Restons, sans peur d'être utopistes
Des artistes !

Puis vient un des monologues les plus empoignants par leur finesse naturaliste que Friant ait recueillis et que personne ne saurait débiter comme lui : « Ça, c'est la caserrne ! » Enfin MM. Renauld, Chepfer, Daimée chantent leurs plus amusantes romances, accompagnés par M. Barotte, et la soirée se prolonge fort tard, animée par l'entrain le plus cordial.

Le Gérant : G. MERCIER.

N° 3. Mars 1895.

BULLETIN

DES SOCIÉTÉS ARTISTIQUES DE L'EST

Le *Bulletin des Sociétés artistiques de l'Est*, paraissant chaque mois, est l'organe des associations suivantes :

Société lorraine des Amis des Arts,
Association des Artistes lorrains,
Société des Architectes de l'Est,
Association amicale des anciens Élèves de l'École des Beaux-Arts.

Tous les adhérents des quatre Sociétés reçoivent gratuitement le *Bulletin* et ses suppléments.

En dehors des Sociétés, l'abonnement est de 2 francs par an.

Rédaction : 1, place Saint-Jean.

Annonces : 0 fr. 50 la ligne, par an.

SOCIÉTÉ LORRAINE DES AMIS DES ARTS

La Commission de la Société lorraine des Amis des arts s'est réunie le 1er mars 1895, et conformément à l'article 7 des statuts, s'est complétée en nommant, par un vote unanime, membre de la Commission, M. Salle, lieutenant-colonel d'artillerie en retraite.

Elle a procédé ensuite à la nomination de son bureau pour l'année 1895 ; ont été nommés :

Président, ...	MM. ADAM.
Vice-Président	QUINTARD.
Trésorier	MERCIER.
Secrétaire	Thomas MALLARMÉ.
Secrétaire archiviste . . .	MOREAU.

SOCIÉTÉ DES ARCHITECTES DE L'EST DE LA FRANCE

Suite du Procès-verbal de la dernière réunion.

Plusieurs sociétés d'architectes envoient leurs tableaux à la Société et à cette occasion M. le Président demande que le secrétaire fasse imprimer une lettre destinée à accuser réception des publications qui sont envoyées à la Société.

L'échange des publications avec la Société lorraine de photographie est votée à l'unanimité.

M. le Président communique une lettre de M. Peltier, architecte du Jura, demandant des renseignements sur la manière dont les architectes sont rémunérés en ce qui concerne des travaux communaux.

A ce sujet, M. Bourgon demande que la Société fasse une démarche auprès de M. le Préfet de Meurthe-et-Moselle pour obtenir d'une façon générale : 1° des frais de déplacement ; 2° une plus-value pour les travaux de peu d'importance. Cette motion est approuvée.

Une question de mitoyenneté est présentée par M. Biet, et a trait à la question de la clôture forcée dans les villes et les faubourgs.

Après discussion, la Société décide qu'il n'y a qu'à s'incliner devant la jurisprudence constante qui indique que la clôture forcée doit être entendue simplement comme l'abandon de la moitié du terrain servant d'assiette au mur.

M. Demoget est chargé de faire une note sur cette question.

La Société décide ensuite :

1° L'impression du tableau pour 1895. — La section de Nancy devra faire les démarches nécesaires pour cela ;

2° L'établissement d'un livre d'or de la Société indiquant les noms des architectes faisant ou ayant fait partie de la Société, avec leurs titres et quelques mots de notice ; elle charge MM. Rougieux et Gutton de ce soin ;

3° La frappe d'une médaille de 60 millimètres, dont le dessin a été demandé à M. Bourgon qui s'excuse de ne pas l'avoir encore fait ;

4° La cessation de l'Annuaire du bâtiment qui n'a pas donné pour la première année des résultats permettant de continuer les frais considérables qu'il entraîne ;

5° Elle accepte la proposition faite par M. Schuler de joindre son bulletin à celui de la Société des Amis des arts et de la Société des Artistes lorrains, et demande un bulletin spécial pour les procès-verbaux.

La question de l'enseignement des beaux-arts en province entraîne une longue discussion à laquelle prennent part MM. Mougenot, Schuler, Demoget, Jasson, etc. La Société estime qu'il est bien difficile de faire en province autre chose que des écoles préparatoires qui pousseront les études plus ou moins loin, mais qui ne devront pas donner de diplômes. Elle décide que la question demande une étude spéciale et nomme MM. Demoget, Jasson et Schuler pour étudier la question et faire un travail à ce sujet.

Le bureau tout entier est nommé à nouveau à l'unanimité, puis la séance est levée.

Le Secrétaire,

H. GUTTON.

Composition du bureau pour l'année 1895.

	MM.
Président.............	Chenevier (Meuse).
Vice-présidents.......	Couty fils (Ardennes).
—	Schuler (Meurthe-et-Moselle).
—	Macron (Vosges).
Secrétaire-archiviste...	Gutton (Meurthe-et-Moselle).
Secrétaire-adjoint....	Rolland —
Secrétaires de sections.	Racine fils (Ardennes).
—	Médard (Meuse).
—	Mougenot (Vosges).
Trésorier............	Rougieux (Meurthe-et-Moselle).

ASSOCIATION DES ARTISTES LORRAINS

Nouveaux adhérents inscrits en janvier et février

MM. ROSFELDER, professeur de dessin à Neufchâteau.
GRANDGÉRARD, peintre, rue du Grand-Verger, à Nancy.
GILBERT, conservateur du musée de Toul.
KLEIN, rue de Metz, à Nancy.
BOURGON, architecte, à Nancy.
QUEUCHE, président du Comité de l'exposition de St-Dié.
FRANCK, membre du Comité de Saint-Dié.
RONGA, orfèvre, rue Saint Georges, à Nancy.
HUEL, statuaire, rue Bergnier, à Nancy.
le Vicomte Raoul de LUDRES, à Art-sur-Meurthe.

Nombre de sociétaires au 1er mars : 156.

EXPOSITIONS PROCHAINES

SALON DES CHAMPS-ÉLYSÉES. — Ouvert du 1er mai et 30 juin. Envois du 14 au 20 mars, pour les peintures (deux seulement), du 14 au 16 pour les dessins (deux seulement). On ne recevra que 1.800 tableaux et 600 dessins. Le jury décernera 40 médailles, de 3 classes, et 40 mentions honorables. Envois de sculpture, du 1er au 5 avril ; d'architecture, du 2 au 5.

L'ART DÉCORATIF est admis enfin aux Champs-Élysées, formant une section indépendante. Les œuvres devront porter la signature de leur auteur. Elles seront soumises à l'examen d'un jury composé de 4 peintres, 4 sculpteurs, 4 architectes, 2 graveurs. Elles devront être déposées du 14 au 16 mars, de 11 heures à 5.

Catalogue illustré des Champs-Élysées. — Les exposants qui désirent que des reproductions de leurs œuvres figurent dans ce catalogue, doivent envoyer leurs dessins avant le 25 mars, à l'éditeur, 3 bis, rue d'Athènes, à Paris. Les dessins à la plume (encre bien noire, papier très blanc), ne doivent pas excéder 15 centimètres sur 25. Ceux sur papier Gillot, au crayon Conté, 12 centimètres sur 20. On peut aussi dessiner au crayon Conté sur papier torchon, 15 centimètres sur 25. Les artistes touchent 30 0/0 sur les bénéfices.

Salon du Champ de Mars. — Ouvert du 25 avril au 30 juin. Envois du 18 au 20 mars. Tout exposant s'engage formellement à ne faire figurer aucune de ses œuvres dans une exposition publique d'une autre société légalement constituée (art. 8.).

Exposition de travaux féminins d'art décoratif. — Elle s'ouvrira le 25 avril, au Palais de l'Industrie. 1° Travaux de l'aiguille ; 2° du pinceau et du crayon ; 3° sculpture et gravure ; 4° travaux divers

Salon des artistes indépendants. — En avril et mai, au Champ de Mars. Palais des Arts libéraux.

Exposition de Narbonne. — Du 19 mai, au 21 juillet. Envois du 20 mars au 25 avril, *franco.* Commission de 10 0/0 sur les ventes.

Exposition d'Ostende. — En juillet, internationale et par invitation. S'adresser à M. Emile Spilliaert, secrétaire du Cercle des Beaux-Arts.

Exposition d'Angers. Du 12 mai au 1er septembre.

Exposition de Blois. De juillet à septembre.

Exposition de Châlons-sur-Marne. De juillet à septembre.

Exposition de Douai. De juin à juillet.

Exposition de Genève. Du 1er mai au 15 octobre.

Exposition de Grenoble. Du 1er juillet au 30 septembre.

Exposition de Lyon. Du 9 avril au 9 juin.

Exposition de Roubaix. — De septembre à octobre.

Exposition de Reims. De septembre à octobre.

Exposition de Valenciennes. — Du 1er mai au 16 juillet.

Salon de la Rose-Croix. 5, rue de la Paix, du 20 mars au 20 avril.

Exposition de Charleville (Ardennes). Du 9 juin au 14 juillet. Les envois de Nancy devront être déposés franco avant le 15 avril, chez M. V. Perrin, 5, place Stanislas, à Nancy. Transport aller et retour aux frais de l'Union artistique des Ardennes (président : M. Racine père). Droit de 5 0/0 sur les ventes, excepté celles de la tombola.

Expédition de tableaux aux expositions de Paris. — M. Olivier, encadreur, rue Saint-Dizier, 43, se charge de toutes les formalités de transport et dépôt aux Salons de Paris, et du retour des toiles qui lui sont confiées.

CHRONIQUE

La Société d'Archéologie lorraine se propose de faire ériger, sur l'emplacement de l'ancienne ville de La Mothe, un monument commémoratif des sièges soutenus par l'héroïque cité en 1634 et 1645. La maquette, due à M. Genay, architecte, figure un obélisque terminé par un lanternon gothique et décoré des armes de France et de Lorraine. La souscription a déjà recueilli des sommes importantes, mais sans avoir encore atteint le total nécessaire.

Le Monument Gustave Lévy, confié au sculpteur Alphée Dubois, sera inauguré au printemps au cimetière Montmartre. Il manque encore 500 francs pour compléter la souscription. Le Comité adresse un dernier appel aux amis et admirateurs du maître-graveur lorrain.

Le sculpteur lorrain Aubé vient d'être nommé membre de la Commission administrative des Beaux-Arts pour la période triennale 1895-1897.

Le Buste de M. Félix Faure, destiné aux mairies, a été confié à M. de Saint-Marceaux, sa médaille à M. Chaplain et son portrait en gravure au burin à M. Jacquet, ces deux derniers de l'Institut.

M. Emile Toussaint, architecte, élève à l'Ecole des Beaux-Arts et notre compatriote, vient d'obtenir une médaille et un prix de 200 francs au Concours des trois arts réunis. Le sujet à traiter était une torchère en bronze pour la lumière électrique. Le projet devait être exécuté en six jours à l'Ecole des Beaux-Arts. Nous félicitons vivement notre distingué concitoyen, ancien élève de notre école des Beaux-Arts et de M. Lanternier, architecte, pour ce nouveau succès. Un autre élève de l'Ecole, M. Jacquot, a obtenu une mention au même concours.

Le Schlitteur vosgien de M. Rovel, tableau intitulé *Le passage difficile* et qu'on a remarqué au dernier Salon de Nancy, vient d'être exposé, chez Durand-Ruel, à l'exposition de l'Association amicale des élèves de l'atelier Cormon.

M. Henri Royer vient d'exposer récemment à la Galerie des Artistes modernes, 5, rue de la Paix, une série de ses œuvres, parmi lesquelles la femme au cimetière et celle qui coud près d'une fenêtre, qui ont figuré au Salon de Nancy.

Le Journal des Artistes, dans son numéro du 24 février, reproduit un article de la *Lorraine-Artiste* dans lequel un passage du toast de M. Friant, au banquet de notre Association, est absolument défiguré par la suppression de trois phrases sur six.

Loin d'être *hostile* à l'art décoratif utilitaire, M. Friant a déclaré que *c'est un mouvement excellent qui nous débarrassera peut-être des objets d'un goût déplorable qui sont si répandus dans le commerce*, et il a eu soin de distinguer les inutiles bibelots de vitrine des ustensiles vraiment utiles.

En supprimant ces passages essentiels, et d'autres, en dénaturant le texte que nous avons donné, pour trouver prétexte à critique, l'auteur de ce vain « attrapage » non signé paraît obéir à un mobile bien mesquin. G. S.

Les Statues de Jeanne-d'Arc et de Jules Ferry, par Antonin Mercié, destinées à Domremy et à Saint-Dié, figureront au prochain Salon, mais seulement à l'état de maquettes... définitives, espérons-le. Pour le moment, l'agneau qui retenait Jeanne par la robe a été remplacé par un chardon lorrain, tandis que Jules Ferry, qui avait les deux mains derrière le dos, a relevé la droite sur sa poitrine. Le petit écolier et le jeune Tonkinois qui ornent le socle du monument Ferry sont, nous dit-on, d'une composition fort heureuse.

Le paysagiste Français vient d'être nommé membre du Comité de l'exposition centenaire de la lithographie. On sait que le maître lorrain est un des premiers artistes dont le crayon s'exerça sur la pierre et que les amateurs recherchent ses magnifiques et rares lithographies.

L'Exposition de la Libre Esthétique, à Bruxelles, ouverte depuis le 23 février jusqu'au 1er avril, a un grand succès et contient des œuvres très remarquables. Son catalogue mentionne ainsi l'exposition de MM. *Daum frères et Cie*, de Nancy.

(Jean-Antonin Daum, Jacques Gruber, collaborateurs.)

Cristaux et verreries d'art ciselés, intaillés et gravés :

Ronces et épines (flacon plat ciselé).

Pensées tristes, pensées folles (gourde en pâtes ciselées).

« L'âme du vin », Baudelaire (fiole ambrée à cabochons).

« Le deuil violet des colchiques », Gaston Deschamps (vase mauve).

Aurore, coupe d'orchidées.

Clématites mauves.

Le Chevalier au cygne (Rêve d'Elsa, Lohengrin, 1er acte).

Etude de flammé.

Lampe japonaise.

Iris et sagittaire.

Violettes coupées (flacons à parfums).

Ombelles (étude de flammé).

M. René Wiener expose au même salon de la Libre Esthétique :

Les Médailleurs de la Renaissance (reliure en mosaïque de cuir, carton et collaboration artistique de L. Guingot).

L'Art gothique (reliure en mosaïque de cuir et cuir ciselé, carton de E. Grasset, exécution artistique de René Wiener).

La Mer (reliure en cuir incisé, composition et exécution artistique de A. Lepère).

Les Relieurs français (reliure en cuir repoussé et mosaïque de cuir).

Etude sur les filigranes lorrains (reliure en cuir repoussé, reproduction d'une enveloppe du XVIIe siècle).

Procès Latasse contre la Société des Amis des Arts. — Mardi, au début de l'audience du tribunal civil, M. George, procureur de la République, a déposé ses conclusions dans le procès intenté par M. Latasse contre la Société des Amis des Arts.

M. le Procureur de la République a conclu au rejet de la demande de M. Latasse, parce que ce dernier n'a pu faire la preuve du préjudice qui lui a été causé.

Le Musée lorrain vient de recevoir en don, de M. Duval, un petit monument gallo-romain, fort curieux, trouvé à Scarpone. On y voit trois personnages debout, en ronde bosse, avec des costumes qui semblent plutôt religieux : longues robes recouvertes d'une autre plus courte. Les deux premiers sont l'un devant l'autre, de chaque côté d'une enclume ; l'un tient un gros marteau et l'autre une masse indistincte posée sur cette enclume, mais qui ne peut être un coin de monnayeur, ni une pièce de forge.

Le troisième, placé derrière les deux autres, tient devant lui une table carrée, posée debout, sur laquelle on distingue des lignes régulières figurant comme une croix recroisettée. L'interprétation de ce groupe n'a pu encore être donnée.

L'Ecole des Beaux-Arts de Nancy a fait récemment l'acquisition d'environ 200 dessins, croquis et études du maitre décorateur Galland. Cet ensemble important formera 20 châssis qui seront constamment exposés à l'école, comprenant des études de plantes, avec leur stylisation et leur adaption à l'ornement décoratif ; des croquis de premier jet ; des ensembles de compositions diverses, exécutées par Galland ; des études de figures décoratives, notamment pour sa décoration du Panthéon ; l'esquisse et les études des détails et des figures de son diplôme de l'Exposition de 1889 ; des maquettes d'un fond d'appartement, montrant avec quel soin le décorateur doit étudier tous les détails ; enfin le tracé perspectif d'un grand jardin décoratif, etc.

Tous les procédés d'exécution ont été employés dans ces dessins : fusain, sanguine, pierre noire retouchée de blanc, aquarelle, gouache, lavis, frottis, hachures, jusqu'au fin pinceau du miniaturiste, montrant toute la variété des moyens d'interprétation dans l'art décoratif. La peinture finie ou ébauchée a été seule écartée de cette collection de compositions, tant parce que nos musées contiennent assez de modèles en ce genre, que pour remplir le but même de l'enseignement : l'étude de la composition primant l'exécution.

Cette importante collection vient s'ajouter à un ensemble déjà considérable d'objets d'art décoratif, constituant le musée de l'école et l'une des bases indispensables de son enseignement. Il est à désirer que l'on continue dans cette voie et qu'au moyen d'acquisitions et de donations des particuliers, ce musée si utile puisse s'accroitre. C'est tout autre chose en effet pour les élèves, de pouvoir étudier de près et prendre en main les objets dont le maître leur démontre la forme et la composition, ou de n'en avoir qu'un vague et rapide aperçu derrière les vitrines de nos musées. Les artistes et les généreux donateurs qui ont bien voulu déjà consacrer quelques-uns de leurs bibelots à un rôle si utile, rendent donc de précieux services à l'art en aidant à la constitution de ce musée d'études.

Le Musée de peinture de Nancy va exposer prochainement les nouveaux envois qui lui sont adressés en ce moment du Ministère. Ils se composent d'abord de la nymphe de Royer, cette grande figure debout, d'une tonalité claire, avec un remarquable effet de lumière, que l'on a admirée l'an dernier. Cet envoi n'est fait qu'à titre de dépôt, simple formalité qui en réserve la propriété à l'État, dans un but de contrôle pour la conservation.

Le reste de l'envoi se compose d'un certain nombre de toiles, dessins et ivoires, provenant du legs testamentaire de M. Rivot, petit-fils ou descendant du célèbre Girardet. M. Rivot, au lieu de léguer au Musée de Nancy l'ensemble de cette importante collection contenant plusieurs portraits peints par Girardet et si intéressante pour la Lorraine, en a fait don au musée du Louvre, en le priant de renvoyer au musée de notre ville les œuvres dont il ne voudrait pas. Le Louvre a donc écrémé la collection, prenant le meilleur qui va être perdu dans son immense et magnifique ensemble, ou peut-être même restera ignoré dans ses magasins, jusqu'à ce qu'un jour quelque musée du Nord, ou du Midi, ou de l'Ouest, reçoivent en dépôt ces toiles lorraines. Il nous reste les œuvres dont le Louvre n'a pas voulu et l'on peut déjà prévoir que leur importance ne saurait être considérable, diminuant en tous cas de beaucoup la valeur d'un ensemble qui eut pu faire honneur à la mémoire du regretté donateur, dans son pays, et surtout à celle de son illustre ancêtre, Girardet, qui n'est représenté dans le musée de sa ville natale que par six toiles d'une importance médiocre. Puisse l'exemple de M. Rivot inspirer aux générosités futures un souci plus respectueux de nos gloires lorraines et de leur propre mémoire. Nous décrirons cet envoi dans notre prochain numéro.

D'ici peu, le Musée de peinture va être aménagé définitivement et pourra montrer au public une vingtaine de tableaux que l'on n'a pas encore vus, entre autres les diverses toiles léguées par Mlle Déodor-Balbâtre. Nous étudierons ici ces nouvelles acquisitions.

———————

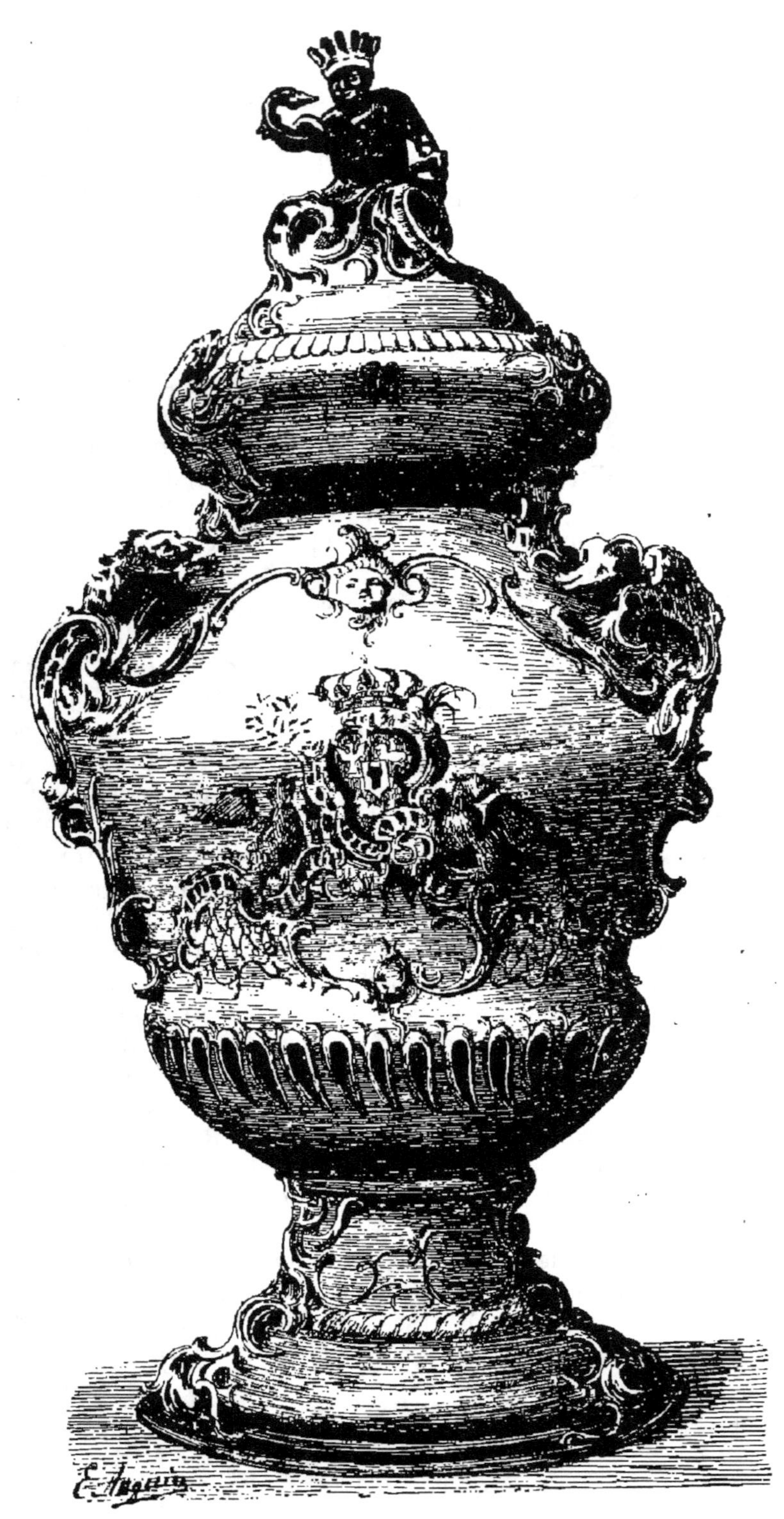

Vase de Niederviller
au Musée lorrain
Dessin de M. E. Auguin.

LE VASE DE SAINT-CHARLES

La pièce la plus importante de la céramique lorraine, véritable chef-d'œuvre du style rocaille, c'est cette paire de vases donnés par Stanislas à l'hospice Saint-Charles, avec une centaine d'autres, décoration de pharmacie comme il n'en existe point ailleurs.

Fabriquée à Niederviller, sous la direction de M. de Beyerlé, cette pharmacie fut probablement composée sur les dessins de Cyfflée. Les grands vases sont formés de trois pièces superposées, le pied, la panse et le couvercle, de forme ample et large, plutôt trapue, comme il convient à des pièces d'apparat destinées à renfermer de précieux remèdes. Le corps du vase est entièrement fait au tour et les ornements, finement moulés, y sont appliqués avec des jours, formant une décoration légère sur une armature puissante. Plusieurs de ces rocailles se terminent à leur extrémité par de légers filets qui se fondent eux-mêmes dans la peinture, formant ainsi un tout d'une unité remarquable.

La majeure partie du fond étant constituée par cet émail blanc laiteux qui fut le triomphe de Strasbourg et de Niederviller, les tons du décor ont été choisis, pour s'harmoniser avec la note dominante, dans les colorations pourpres et violettes que le voisinage du vert pré et du jaune brillant viennent surexciter.

Le sujet choisi pour le décor est approprié à la fonction du vase : les bêtes à venin, dragons, crocodiles et serpents, rampent à travers les rocailles enchevêtrées vers un dompteur de serpents indien qui domine la composition, écrasant l'éternel symbole des misères humaines. Puis, à la place d'honneur, les armes de Pologne, soutenues par deux aigles et surmontées de la couronne royale, rappellent la libéralité de Stanislas.

Ces vases sont un trésor pour la Lorraine et pour le Musée lorrain, comme l'a dit si justement M. Auguin dont nous reproduisons le dessin remarquable tirée de la *Lorraine illustrée*, la splendide publication de la maison Berger-Levrault, éditée avec tant de soin, de goût et de luxe. Ce volume, avec ses 445 gravures est, pour les artistes et les amateurs, la publication qui fait le mieux connaître et aimer notre province si riche en œuvres d'art et c'est à ce recueil d'estampes curieuses, de spirituelles esquisses et de charmants dessins qu'il faut avoir recours pour étudier l'art lorrain. S.

LE SALON DE BERLIN

La Société des Champs-Élysées et celle du Champ-de-Mars ont été invitées par les Allemands à participer au Salon de Berlin, le 1er mai prochain. La première a refusé poliment, donnant pour raison que le court délai de deux mois lui semblait insuffisant pour préparer des œuvres sérieuses. Mais la Société du Champ-de-Mars, qui s'intitule *nationale*, a accepté cette invitation l'unanimité moins une voix, celle de M. Injalbert.

On se souvient qu'à l'invitation d'exposer à Paris, en 1889, les Allemands répondirent par un refus qui semblait dire : nous sommes trop patriotes pour contribuer à un succès, même pacifique, des ennemis de la patrie germanique. Aussi, deux ans après, l'impératrice Frédéric étant venue à Paris pour engager nos artistes à exposer à Berlin, il ne s'en trouva que dix pour accepter (peut-être par politesse exagérée), cette aimable invitation : MM. Bouguereau, Davigny, Dumaresq, Dupré, Girardet, Guigné, Jacquet, de la Touche, de Villefroy et Mme Lemaire. Dans une lettre rendue publique, Puvis de Chavannes avait conseillé l'abstention.

La question a-t-elle été changée depuis quatre ans et quelques artistes français rechercheront-ils cette année les médailles ou décorations prussiennes qu'ils ont repoussées naguère ? Nous en doutons. La presse a exposé déjà les excellentes raisons qui nous tiennent à distance de la patrie du bleu de Prusse, mais il y en a une qu'elle a négligé de faire valoir.

On sait qu'une très importante exposition se prépare en ce moment à Strasbourg, avec section des Beaux-Arts, et certes, s'il n'avait dépendu que du Comité alsacien, les Français auraient été invités à y participer ; mais le gouvernement s'y est opposé et a même menacé les comités des arts modernes et rétrospectifs de les supprimer s'ils admettaient des œuvres lorraines venant de France. Ainsi il nous est permis d'exposer en Poméranie, mais non chez nos voisins immédiats. Ce procédé indique ce que vaut l'invitation des Allemands : c'est un piège destiné à faire croire aux Alsaciens que nous méprisons leur exposition, tandis que nous serions fiers de nous exhiber à Berlin.

Si Messieurs du Champ-de-Mars y avaient réfléchi, ils auraient répondu « oui, nous exposerons en Allemagne ; mais, avant les bords de la Sprée, prenons pour étape les bords du Rhin. » Avant de crier : à Berlin, ils auraient dû penser à Strasbourg.

LES PEINTRES EN PROVINCE

M. René Bazin, dans la *Revue des Beaux-Arts*, fait une légère et piquante critique des amateurs et des expositions de petite ville :

« Il faut savoir, Madame, que l'amateur de province, — il en existe, — n'aime pas ou n'achète pas les tableaux qui sont chers. Son maximum est 300 fr. S'il va jusqu'à 350, il se croit protecteur des arts. Encore faut-il certaines dimensions ou des sujets qui le flattent. Comme il cherche souvent des vis-à-vis et des pendants, s'il trouve ce petit trente-trois sur trente-sept qui ferait bien dans la salle à manger, il offrira le grand prix. A 700 fr. la paire : pour une fois, on fait des folies. Le dessin le séduit moins que la couleur. Il est coloriste. Il laisse le tableau de genre, démodé, fini, les soubrettes apportant le chocolat, les buveurs au nez rouge, les leçons de chant suspectes, les chasseurs trop bien guêtrés sur des ponts trop moussus, thèmes désormais abandonnés aux enlumineurs de chromos. Il aime les fleurs avec des pétales en reliefs, les marines quelquefois, et, presque toujours, les croquis plus ou moins authentiques, de paysages étrangers. Nous en tenons tous pour l'explorateur.

« Vous me direz que le portrait doit aller, en province. Non, Madame, il ne vas pas, il se meurt, il est mort. Les jolies femmes se font peindre à Paris, les autres goûtent peu le portrait. Restent les tantes complaisantes, qui souffrent qu'on « pioche » leurs rides, et qu'on expose le tableau sous le titre de « Tête de vieille » ; les parents éloignés qui consentent au simple crayon noir, moitié par charité, moitié pour posséder, à bon compte, une image flatteuse dans un cadre doré ; les officiers d'académie, qui retardent un peu, et tiennent à conserver, pour leur postérité, le trait violet de la palme ; les chanoines fatigués, directeurs de communautés, depuis longtemps sollicités de prendre place au milieu de leurs prédécesseurs, tous représentés en camail, sur des toiles égales, dans la salle blanche du parloir.....

« L'ouverture de l'Exposition est une solennité. Cela se passe dans la grande salle, naturellement, le soir, au feu des lampes à pétrole. Toutes les notabilités ont été convoquées. Elles se promènent un moment, parlant à voix basse, émettant des jugements vagues et provisoires, en honnêtes notabilités, qui savent que ce n'est pas ouvert. Les palmiers nains lèvent tous leurs doigts autour de la statue centrale. Les tentures tombent bien. La pile de catalogues est là, sur une table. On forme le cercle, instinctivement, dès que le groupe des habits noirs est entré. Ce sont les hauts fonctionnaires qui doivent « ouvrir » l'Exposition.

« D'abord, le délégué du ministre.

« Celui-là n'y croit pas beaucoup, aux expositions de province. Il en a tant vu ! Mais il les protège, il est officiellement chargé de s'y intéresser. Et, très beau, familier comme il convient, heureux de l'accueil qui lui est fait et du banquet dont il sort, avec l'aisance d'improvisation d'un homme qui a « ouvert » bien des fois, il dit combien le gouvernement central est disposé à favoriser les œuvres de décentralisation ; de quel œil paternel M. le Ministre, de très loin, suit le développement rapide et constant de cette exposition des Beaux-Arts ; il dit qu'aucune ville n'était mieux désignée, pour une si généreuse entreprise, que celle de Carpentras, ou d'Elbœuf, ou de Saint-Flour ; il dit encore, en y mêlant des digressions et des souvenirs de voyage, les larges horizons de l'art, la vie intellectuelle multipliée par l'effort, le progrès indéfini.

(A suivre.) René Bazin.

Le Gérant : **G. MERCIER.**

N° 4. Avril 1895.

BULLETIN

DES SOCIÉTÉS ARTISTIQUES DE L'EST

Le *Bulletin des Sociétés artistiques de l'Est*, paraissant chaque mois, est l'organe des associations suivantes :

Société lorraine des Amis des Arts,
Association des Artistes lorrains,
Société des Architectes de l'Est,
Association amicale des anciens Élèves de l'École des Beaux-Arts.

Tous les adhérents des quatre Sociétés, au nombre de 1.200, reçoivent gratuitement le *Bulletin* et ses suppléments.
En dehors des Sociétés, l'abonnement est de 2 francs par an.

Rédaction : 1, place Saint-Jean.
Annonces : 0 fr. 50 la ligne, par an.

Pour éviter toute confusion, nous avons l'honneur de rappeler à tous ceux qui reçoivent notre Bulletin, que cet abonnement leur est servi gratuitement et de droit, comme à tous les membres des quatre Sociétés artistiques de l'Est.

SOCIÉTÉ LORRAINE DES AMIS DES ARTS

La *Société lorraine des Amis des arts* ne possède pas dans ses archives les catalogues des expositions organisées pendant les années 1864, 1862, 1860, 1853, 1851, 1849, 1847, 1845, 1843, 1841, 1839, 1835, 1833 et enfin la première exposition, qui a dû être faite en 1831 ou 1832, avant la constitution définitive de la Société.

La Commission ayant besoin de consulter ces ouvrages pour terminer un travail statistique, serait reconnaissante aux membres de la Société qui auraient en leur possession un ou plusieurs de ces catalogues, de vouloir bien en donner avis au président, M. Adam, rue Victor-Hugo, 27.

Les exemplaires qui seront demandés en communication seront soigneusement rendus à leurs propriétaires, auxquels il sera du reste délivré, par le trésorier, un reçu des ouvrages prêtés.

SOCIÉTÉ LORRAINE DES AMIS DES ARTS

Le trésorier de la Société a l'honneur d'informer MM. les Sociétaires que le recouvrement des cotisations de l'année 1895 aura lieu à la fin de ce mois et au commencement de mai, au moyen d'encaisseurs qui se présenteront à domicile pour Nancy, sa banlieue et les principales villes de la région, et par la poste pour les localités les plus éloignées.

LES PANNEAUX DE M. FRIANT

AU GRAND SALON DE L'HOTEL-DE-VILLE

L'ensemble décoratif de la magnifique salle des fêtes de notre Hôtel-de-Ville est enfin terminé et parfait. M. Friant l'a complété par deux grands panneaux décoratifs, occupant la paroi du fond et s'harmonisant merveilleusement par leur lumineuse clarté avec l'ensemble clair de la décoration générale, qu'un somptueux éclairage rend plus brillante encore pendant les soirées de fêtes.

Ces deux panneaux, très rapprochés, n'en forment qu'un comme sujet, et l'artiste, sous ce titre : *Jours heureux*, y a figuré une scène charmante de bonheur rustique, de joie en pleins champs, de calme douceur au milieu de la poétique nature.

D'un côté, la prairie et les champs ensoleillés, de l'autre l'ombre fraîche des grands arbres, au fond les montagnes, l'horizon et le ciel vibrants d'une lumière intense. Dans les prés, où de grandes nappes de floraisons jaunes se courbent sous le vent léger, folâtrent des enfants et de gracieuses jeunes filles. L'une d'elles, à l'opulente chevelure d'or, couronne de fleurs une fillette dont le rire, suprême expression de la joie de vivre, éclate avec une franchise si nature qu'elle devient communicative, comme nous l'avons remarqué sur mainte jeune spectatrice. Deux autres jouent parmi les grandes végétations fleuries, baignant leurs bras blancs dans les effluves de soleil ; un bambin se plonge béatement dans le bain des hautes herbes ; c'est la moisson des fleurs, le pillage du parterre diapré dont la terre se pare dans sa joie printanière, c'est comme un chant de bonheur qui s'exhale de toutes les corolles parfumées, de toutes les lèvres roses. Et en face, sur la lisière du bois, dans l'ombre bleue, la famille se repose. La jeune mère admirant son enfant endormi sur ses genoux, avec cet ineffable sourire d'amour qui la donne toute à son petit, couve tendrement de ses regards émus, cette fleur de son sang si merveilleuse, tandis que la vieille aïeule debout, dans sa sculpturale attitude de sybille antique, rêve à l'avenir des siens. Derrière, le père et le fils sont étendus sur l'herbe ; contemplant cette scène muette, l'un dans le calme de sa force robuste, l'autre avec la douce sentimentalité de son jeune cœur. Et, dans un coin, fume la marmite qui va terminer tout à l'heure, par un joyeux repas sur l'herbe, cette heureuse journée en pleine nature.

Toute la robuste et saine poésie de cette composition s'est empreinte délicatement dans son exécution : lumière, couleurs vibrantes dans de claires tonalités, comme un chant de fête printanière, ombres fraiches reflétant le brillant azur du ciel, harmonie très douce des fleurs et des chairs dorées par le gai soleil de mai, tout est, en un mot, du meilleur Friant et, pour nous, c'est aussi son chef-d'œuvre dans la gamme lumineuse du plein air.

Ces deux panneaux, qui figureront au prochain Salon du Champ-de-Mars, y seront-ils aussi bien dans leur jour, sans l'entourage si clair dans lequel et pour lequel ils ont été peints ? Nous le souhaitons, mais il faut les avoir vus à leur vraie place pour juger de tout leur effet, dans cette galerie de trente mètres où ils sont admirables à toutes distances.

Si la décoration de cette salle des fêtes n'a pas eu, dès ses débuts, l'heur de plaire à tout le monde, nous constatons du moins, avec tous, qu'elle s'est terminée par un coup de maître et, de ce grand succès final, il convient de féliciter aussi nos mécènes municipaux.

Z.

Le sculpteur ROGER de Rambervillers

Quand un vaillant artiste, après toute une existence de luttes couronnées de succès, tombe, terrassé par la maladie, dans la plus dure misère, ce n'est point ajouter à son infortune que d'en présenter au public le tableau navrant, quand cette misère dépasse les bornes supportables. Il est bon que l'on sache à quelle terrible extrémité peut être réduit un artiste d'élite, quand un accident vient lui arracher l'outil des mains et le clouer sur un lit de douleurs, sans aucune ressource. C'est même un devoir, quand on espère que ce cruel tableau pourra augmenter le nombre des cœurs compatissants à son affreuse situation.

François Roger, né en 1843 à Rambervillers, était le fils d'un sculpteur fort habile qui ne lui laissa en héritage que le germe d'un talent dont les rapides progrès se révélèrent à presque tous les Salons de Paris, depuis 20 ans. En 1877, son *Élégie de la feuille* eut un succès sérieux qui appela l'attention sur lui et lui valut de nombreuses commandes de bustes. En 1880, son *Joueur de Bilboquet* obtint une troisième médaille ; en 1881, il exposa *la Douleur*, *la Muse d'Alfred de Musset* ; en 1882, le buste de *Lalande* et celui de Mme V. ; en 1883, celui de Mlle V., de Cherbourg ; en 1884, ceux de Mme Leblanc et de M. Le Breton ; en 1885, celui de M. M. E. ; en 1886, *le Temps découvrant la Vérité* ; en 1887, il sculpta la statue de la *Ville de Besançon* pour un des frontons de l'Hôtel-de-Ville de Paris ; en 1888, il composa les frontons des bas-côtés du théâtre de Cherbourg ; en 1889, il fut chargé de la décoration d'un des pavillons de l'Exposition universelle, et contracta, sur les échafaudages, exposé à toutes les intempéries, cette paralysie qui le tient depuis ce temps cloué sur son grabat.

Après un séjour à l'hospice des vieillards d'Ivry, où il ne put s'acclimater, il voulut retourner dans son pays natal et, près de la gare de Rambervillers, il se fit construire, avec quelques planches, une logette en bois. C'est là que nous l'avons revu, venant de traverser ce terrible hiver avec 30 degrés de froid, la bise sifflant par ses cloisons disjointes, la neige pénétrant jusqu'à son lit par la porte que les rafales ouvraient et qu'il ne pouvait fermer. Au dégel, c'est l'eau qui traverse les tuiles, c'est une mare sous son plancher posé à même sur la terre, c'est un bain d'humidité glaciale détrempant son grabat et les loques dont sont à peine couverts ses pauvres membres inertes. Qu'on ne croie pas que nous exagérons ; cet état des lieux est facile, autant que navrant, à vérifier. Et le malheureux perclus ne veut point quitter cette baraque : il refuse d'entrer à l'hôpital ou de vivre dans une maison habitée, car la souffrance rend sauvage et c'est la solitude absolue qu'il veut, pour n'avoir point de témoins des terribles douleurs nerveuses qui lui arrachent des gémissements et des cris. Il ne voit qu'un instant dans la journée, une voisine qui lui fait son lit, ses commissions et lui apporte une nourriture à laquelle il touche à peine. Il est pourvu à ses besoins par la pension que lui sert l'*Association des Artistes lorrains*, secondée par la *Société des Artistes français* ; mais cette pension, dans laquelle la nourriture entre déjà pour 500 fr. par an, ne représente que le strict nécessaire, chauffage, éclairage, nettoyage, pharmacie juste de quoi ne pas mourir, et le malheureux n'a en ce moment, ni vêtements, ni chaussures présentables. Est-ce là le sort mérité par un artiste qui a si bien honoré son pays, d'en être réduit, quand un ami vient le voir, à cacher douloureusement ses habits en lambeaux et des restes de savates qu'un chiffonnier ne ramasserait pas ?

Certes, nous l'affirmons, l'*Association des Artistes lorrains* fait largement son devoir et tant qu'elle aura un sou en caisse, Roger ne manquera jamais du nécessaire. Mais les caisses les plus généreuses sont celles qui s'épuisent le plus vite, et rien que parmi les artistes vosgiens, il y en a trois que cette caisse lorraine soutient au même titre. L'art, cela est bon et grand, en pleine sève de jeunesse, et les jeunes artistes, qui se font les soutiens dévoués de leurs anciens, quand l'âge et la maladie, sombres revers de leurs médailles, les accablent, gardent discrètement le secret de ces misères ; cela ne sort pas de la famille. Mais ici le cas est différent. Et sans faire aucun appel au public, même ami des arts, on peut se demander s'il n'y a pas des corps constitués, comme le Conseil général des Vosges, les Conseils municipaux d'Epinal et de Rambervillers, les comités d'administration des principaux musées de Lorraine qui, lorsqu'ils connaîtront la triste situation d'un des artistes lorrains les plus recommandables, ne trouveront pas urgent de compléter l'aide que lui fournit l'*Association* ? En se partageant cette généreuse initiative selon leurs moyens, il suffirait, au moyen de modestes allocations, d'acheter au malheureux artiste, pour les divers musées de Lorraine, les modèles en plâtre de ses principales œuvres qui sont restés enmagasinés au Dépôt des marbres, rue de l'Université, 182. Car, excepté la magnifique statue de *la Défense de Rambervillers*, qui orne la principale place de cette ville, aucune œuvre de Roger n'existe dans notre province. Epinal, Nancy, Saint-Dié, Rambervillers même qui possède un petit musée, complèteraient ainsi leur collection d'œuvres locales et, disons-le avec tristesse, sans grands frais, car le malheureux artiste abandonnerait ses statues à des prix qui se ressentent de sa situation et si bas que nous n'osons les avouer. Est-ce que l'*Association vosgienne* de Paris, qui s'occupe avec tant de dévouement et de générosité du rapatriement de ses compatriotes, ne consentirait pas aussi à se charger du rapatriement des œuvres du sculpteur vosgien ? C'est une bonne action que ne refusera pas d'appuyer, nous en sommes certains, M. Méline, son dévoué président.

Enfin, dussions-nous paraître abuser de toutes les voies de solidarité, il est un autre secours auquel Roger croit avoir droit, et que la presse artistique parisienne nous aidera, nous l'espérons, à obtenir pour lui. Roger a fait autrefois partie de l'*Association des artistes* fondée par le baron Taylor et lui a versé plusieurs cotisations qu'ensuite le besoin l'a forcé d'interrompre. Il aurait donc quelque droit de participer aux 118.404 fr. de rentes que possède et que distribue si généreusement la florissante association. Car, d'après l'article 8 de ses statuts, le rachat des cotisations arriérées étant fixé à 100 fr. et même, d'après l'article 6, le comité pouvant accorder un secours à un artiste malheureux, étranger à l'Association, nous espérons que lorsque la situation de Roger sera connue par les membres du comité Taylor, ils lui viendront aussi en aide, si peu que ce soit.

Et maintenant, qu'on nous pardonne ce triste article et cet appel public, aux autorités et aux associations lorraines. En leur dévoilant cette suprême misère qui dure depuis cinq ans, discrètement cachée et si patiemment supportée jusqu'alors, ce n'est point une aumône que nous réclamons, puisque Roger peut compter sur l'aide fraternel de ses confrères lorrains, c'est l'entrée de ses œuvres dans nos musées qu'elles honoreront, puisqu'elles ont obtenu des médailles aux Salons de Paris. Ses statues, ses maquettes, resteront-elles, comme lui, oubliées, perdues dans un coin ignoré, vouées à une prompte destruction ? Au moins, si le malheureux artiste, qui leur a donné toute son existence, n'a plus rien à attendre de la vie, que son œuvre ne soit point perdue. Elle appartient à la Lorraine. G.

LA DONATION BALBATRE AU MUSÉE DE NANCY

Les tableaux légués par Mme Déodor, née Balbâtre, à notre musée de peinture, où très prochainement ils vont prendre leur place, sont au nombre de 14.

1° *Une kermesse flamande*, non signée, mais que l'on peut attribuer à Pierre Breughel le vieux. Cette importante peinture sur bois contient près de 300 figures très intéressantes par leurs costumes, cavaliers, bourgeois, paysans, bouffons, joûteurs, arbalétriers, femmes de tout état, enfants, occupant une vaste place où se voient un hôtel de ville, une église, des auberges, des jeux de toutes sortes, un théâtre en plein vent ; puis, derrière un canal où se font des joûtes nautiques, s'étend une ville occupée encore dans ses avenues par des baraques de kermesse. L'auberge de droite, à l'enseigne de la fleur de lis est pavoisé d'une grande bannière rouge portant les armes d'une gilde d'arbalétriers. Celle de droite semble le rendez-vous de la bourgeoisie. On remarque aussi un fou avec sa marotte, et l'inévitable mannekenpiss. Cette foule bariolée est assez habilement distribuée en groupes, sans confusion.

2° Un *Saint-Jérôme au désert*, panneau sur bois de l'ancienne école flamande, peut-être rhénane, d'un style un peu barbare, peinture très usée.

3° Un *Paysage* de Jules Parcelles, école hollandaise, sur bois. Sur un tertre s'élève, à droite, une ruine auprès d'une fontaine, devant laquelle se tiennent quelques personnages. La touche est légère et fine, mais peu solide de facture par suite de l'abus des glacis de bitume. Le ciel surtout a beaucoup perdu.

4° Une grande *Marine* de Pierre Molyn, dit le Tempesta, parce qu'il excellait dans les effets d'orage, dit aussi *de Mulieribus*, pour l'abondance de ses épouses. Dans une baie, bordée à droite de hautes falaises rocheuses, de grands vaisseaux sont battus par une mer furieuse. Vigoureusement peinte, quoique poussée au noir, cette marine est d'un grand caractère.

5° *Le Sauveur du Monde*, grande toile, ancienne copie d'après Van Dyck, avec des repeints maladroits qui lui donnent un modelé très lâché ; la poitrine et le bras gauche sont cependant d'une bonne exécution.

6° *Sainte-Agathe* (?) martyre, aux mains de ses bourreaux. Fragment découpé dans une grande toile de l'école italienne, probablement bolonaise. Le nettoyage a fait reparaître une figure de bourreau qui avait été recouverte.

7° *Judith* portant la tête d'Holopherne, toile d'une facture agréable, dans la manière de Domenico Féti.

8° Petit *Paysage* de Louis Moreau, école française de 1830 ; au second plan, un coin de forêt, lointain boisé.

9° et 10° Deux petits *Dessus de porte* de Claudot, paysages inférieurs à ceux que le musée possède déjà de ce peintre.

11° Grand *Portrait* d'un personnage du siècle dernier, daté de mars 1727, sans signature, ni indication, passait à tort autrefois pour le portrait de Dalembert. Assis à une table et écrivant une lettre, derrière lui sont rangés, dans une bibliothèque, de nombreux portefeuilles portant les dates 1700, 1710, 1711, etc. Il s'agit probablement d'un fermier général ou d'un intendant. La facture rappelle celle de Largillières.

12e *Régulus*, au pied de la statue de Neptune, composition classique d'un élève de David (Gérard ou Regnault?) dont le style et les dimensions rappellent les tableaux de concours pour le prix de Rome.

13° *Tête d'homme* à longue barbe blanche et large bonnet de velours; auteur inconnu, peinture très usée.

14° *Adam et Eve*, petite peinture sur bois qui semble un pastiche dans le style du XVIIIe siècle ; peintre inconnu.

En somme, il y a, dans cette donation, d'excellentes toiles qui tiendront une place honorable dans notre musée, et d'autres moins importantes qui serviront du moins de points de repère dans la série des peintres de second ordre. La généreuse donatrice de cet ensemble a laissé ainsi un souvenir impérissable de son goût pour les arts et de l'intérêt qu'elle portait à notre musée. Il faudrait à cette collection, encore si incomplète, quelques donations semblables pour en faire un ensemble moyen de toutes les écoles, et nous ne doutons pas que l'exemple de Mme Balbâtre ne trouve de généreux émules. Il est remarquable du reste que notre musée, fondé, pour ainsi dire, par l'impératrice Joséphine, ait trouvé, parmi les femmes, tant de libérales donatrices, comme MMmes Balbâtre, de la Bigottière, Dubois, baronne Fabvier, Faivre, de Golbéry, Guérard, baronne Jankowitz, Louis-Larose, de Nettancourt, Pétion de Villeneuve, Poirel, comtesse de Sommariva, Thiers, etc. Puisse cette série, témoignage du goût des dames lorraines, croître et embellir... notre musée.

L. - S.

L'INSTITUT SÉROTHÉRAPIQUE DE L'EST

Le nouveau monument qui s'élève en ce moment au coin des rues de Bitche et Lionnois, intéresse toute notre province qui a contribué à sa fondation par une coopération généreuse. La construction, commencée il y a peu de semaines, est en ce moment à la hauteur du rez-de-chaussée et l'on peut déjà juger de l'espace qui sera occupé, ainsi que de la distribution générale.

Dans un vaste terrain de 1.000 mètres carrés, l'angle des deux rues, avec un pan coupé, sera occupé par un bâtiment d'aspect très simple, s'ouvrant sur la rue de Bitche par un portail d'une architecture sévère, portant cette inscription : *Institut sérothérapique de l'Est*. Le fronton qui le surmonte à l'étage supérieur, portera ce titre : *Fondation Osiris*, pour rappeler la part importante prise par ce généreux donateur à la souscription. Ce portail s'ouvre sur un large vestibule qui dessert, à droite, le logement du concierge ; à gauche, une grande salle de conférences, de 11 mètres sur 6 mètres, et au fond l'escalier montant au premier étage où se trouvent un grand laboratoire, le cabinet du directeur, et un petit laboratoire. Cet étage a 4m,20 d'élévation et le rez-de-chaussée 3m,80. La distribution intérieure a été combinée pour pouvoir s'adapter à un agrandissement du bâtiment de chaque côté, si cela devenait nécessaire.

Dans la vaste cour, plantée d'arbres, est disposée une piste ovale pour les chevaux ; à sa droite s'élève l'écurie contenant 3 box et les annexes nécessaires ; à gauche se trouve le logement du garçon d'écurie.

L'agencement de ce plan habilement distribué, ainsi que l'aspect simple et large des façades, d'une sobriété d'architecture voulue, font grand honneur à l'architecte de la ville, M. Jasson, qui les a composés.

Dans la bibliothèque de l'Institut, sera déposé un Livre d'or contenant les noms de tous les souscripteurs de la fondation, classés par ordre alphabétique des communes.

Enfin, dans le vestibule, une grande plaque de marbre portera une inscription commémorative de la souscription résumant la part prise à cette fondation par les départements lorrains.

Z.

UN NOUVEAU LIVRE SUR CLAUDE LE LORRAIN

Le célèbre paysagiste lorrain a déjà donné lieu à de nombreuses études artistiques. Parmi les travaux français, il faut citer ceux de Denon, de Charles Blanc, du comte de Laborde dans les *Archives de l'Art français*, de Victor Cousin dans *du Vrai, du Beau, et du Bien*, de Del Tal dans la *Gazette des Beaux-Arts*, de 1861, de Charles Héquet dans le *Journal de la Société d'archéologie lorraine*, de Meaume dans le *Peintre-graveur français*, de 1871, enfin de Emile Michel dans la *Revue des Deux-Mondes*, de 1884.

Mais les Anglais ont voué un véritable culte au célèbre lorrain, comme le prouvent les magnifiques ouvrages de Earlom (*Liber veritatis*), Chamberlaine (gravures d'après les originaux), Boydel (idem), Smith (Catalogue), Lewis (100 dessins du Livre d'études), Hamerton (Etude), Sweetser (Biographie), et surtout Mme Pattison, aujourd'hui Lady Dilke, qui a apporté des documents inédits en y joignant un grand luxe de gravures.

Toutes ces publications sont dépassées comme intérêt par le volume de M. Gorges Grahame, qui vient de paraître, formant le nº 15 (mars 1895) du *Portfolio* (1), luxueuse publication illustrée, consacrée aux monographies d'artistes et qui a donné, il y a juste un an, la mono-

(1) Librairie Calignani, 224, rue de Rivoli, Paris, Prix du volume : 12 fr. 50.

graphie d'un autre lorrain, Bastien Lepage, orné de gravures merveilleuses de finesse.

Dans un volume de 88 pages de format 0m,26 sur 0m,18, sur un papier de grand luxe comme épaisseur et satiné, sont tirées dans le texte une infinité de reproductions des principales œuvres de Claude, par le procédé de photogravure si délicat et si fin de Braun, Clément et Cie, beaucoup occupant la page entière, avec un grain de gravure tellement fin qu'à peine on peut le distinguer à la loupe et qu'il l'emporte en délicatesse sur la plus belle phototypie.

De plus, quatre planches admirables en héliogravure reproduisent la *Cléopâtre*, du Louvre, la *Fuite en Egypte* de l'Hermitage, et les deux plus belles eaux-fortes du maître : les *Brigands* et le *Troupeau*.

Le texte de cette monographie est à la hauteur des illustrations exquises qui l'accompagnent, par la condensation habile des documents nouveaux avec les données des précédents biographes.

La vie et l'œuvre du peintre y sont analysées par un jugement expert et savant, donnant au Lorrain une physionomie vivante, réelle et autrement vraie que les ébauches approximatives qui ont précédé.

Cette étude remarquable fixera définitivement, croyons-nous, l'opinion qu'on doit avoir du génial enfant de Chamagne, et, comme publication de luxe, malgré son prix modéré, il sera impossible de dépasser en perfection ce splendide ouvrage d'art.

G.

LE SALON DE STRASBOURG

Sur la foi d'un correspondant mal informé, nous avions avancé, dans notre dernier numéro, que les œuvres lorraines venant de France ne seraient pas admises à l'exposition de Strasbourg de cette année.

Nous recevons, de source autorisée, l'assurance, au contraire, que les artistes et les collectionneurs français sont invités, sans aucune opposition du gouvernement allemand, à prendre part à l'exposition de la *Société des Amis des arts de Strasbourg*, qui s'ouvrira du 4 août au 4 septembre prochain, ainsi qu'à l'*Exposition artistique rétrospective*, dont nous parlons plus loin et qui durera du 1er juillet au 15 octobre. Les comités organisateurs de ces deux manifestations artistiques, tous deux présidés par le dévoué et sympathique M. A. Ritleng, espèrent que nos compatriotes, en grand nombre, ne manqueront pas d'exposer cette année à Strasbourg, comme ils n'ont jamais cessé de le faire jusqu'à ce jour. N'oublions pas enfin que la *Société des Amis des arts de Strasbourg*, qui compte aujourd'hui soixante-quatre années de services artistiques, a toujours montré autant de sympathique intérêt pour les artistes lorrains que pour leurs confrères d'Alsace. Nous engageons donc vivement les peintres de Lorraine à envoyer leurs œuvres à Strasbourg où elles seront accueillies avec joie et à continuer ainsi à maintenir la vieille tradition de bonne fraternité qui relie les deux versants des Vosges.

EXPOSITION RÉTROSPECTIVE ALSACIENNE ET LORRAINE DE STRASBOURG

Une exposition rétrospective d'objets artistiques ou historiques de l'Alsace et de la Lorraine, s'ouvrira à Strasbourg, du 1er juillet 1895 au 15 octobre suivant, dans le grand bâtiment de l'Orangerie, illustré jadis par le séjour de l'impératrice Joséphine.

Le Comité est ainsi composé : MM.

A. Ritleng, président de la Société des Amis des arts, *président* ;

Chanoine Dacheux, président de la Société pour la conservation des Monuments historiques d'Alsace, *vice-président* ;

Dr. Schricker, directeur du Musée des arts industriels, *secrétaire* :

A. Ehrhard, secrétaire de la Société des Amis des arts, à Schiltigheim, près Strasbourg, *secrétaire* ;

Ad. Seyboth, conservateur du Musée municipal de peinture, *conservateur*.

C. Binder, conservateur de la Société des Amis des arts, *conservateur*.

Ces noms bien connus de tous les amateurs français qui sont restés en relations artistiques avec leurs amis de Strasbourg, disent assez dans quel esprit est conçue cette exposition qui rapproche les deux provinces, sœurs en art, en archéologie et en aspirations esthétiques. Aussi, dans l'appel que le Comité adresse aux collectionneurs. insiste-t-il pour que les Lorrains veuillent bien prendre une importante part à cette manifestation artistique et, probablement un sous-comité sera-t-il chargé, à Nancy, de recueillir les adhésions, faciliter le déplacement des objets, veiller à l'emballage, à l'assurance et au transport, aller et retour, tous ces frais étant à la charge de l'exposition.

Nous prions donc instamment les personnes disposées à prendre part à cette exposition de vouloir bien en informer au plus tôt l'un ou l'autre des membres du Comité de Strasbourg, afin que le Comité de Nancy soit plus facile à constituer et que la Lorraine soit dignement représentée à l'Orangerie.

Les objets à exposer comprennent toutes les productions artistiques de la sculpture, de la peinture, des arts graphiques et de reproduction, de l'imprimerie, de l'orfèvrerie, de la ferronnerie, de la dinanderie, de la céramique, des tissus et du mobilier. Une section sera consacrée à l'archéologie proprement dite.

Le catalogue, qui donnera le nom des exposants et la liste complète des objets exposés, dont les plus intéressants seront reproduits par la photogravure, constituera un document précieux pour l'histoire de l'art en Alsace et Lorraine.

On n'admettra à cette exposition les produits d'aucun autre pays.

CHRONIQUE

L'église Saint-Christophe de Neufchâteau, très curieux monument dont les parties les plus anciennes sont du milieu du XIIIe siècle, vient de subir une transformation partielle qui a donné lieu à une découverte intéressante mentionnée ainsi par les journaux de la région :

« Pour le transport de l'autel dans l'avant-chœur, on fut obligé de desceller la grande pierre qui lui sert de table ; c'est alors que l'on découvrit, dans une petite excavation cimentée, une boite en fer oxydé renfermant les reliques de saint Christophe, martyr, placés là le jour de la dédicace de l'autel, avec un parchemin où le certificat de consécration en 1311, était écrit de la main de l'évêque de Toul, Christopherus.

« Les caractères de l'écriture, très beaux et très nets, sont ceux du quatorzième siècle. »

Or, en 1311, l'évêque de Toul s'appelait Eudes Colonna et, parmi les évêques toulois, il n'y en eut aucun portant le nom de Christophe. Comme un autel ne peut être consacré que par un évêque, c'est donc parmi les évêques *in partibus*, suffragants du diocèse de Toul, qu'il faut chercher le *Christopherus* en question. Le seul qui ait porté ce nom est Christophe de Bouley, évêque de Christopolis, qui fut vicaire général de Toul depuis l'élection de Hugues des Hasards (8 août 1506) jusqu'à sa mort, en 1517. On a donc pris un 5 pour un 3, en lisant un peu à la hâte l'acte de consécration, et c'est 1511 qu'il fallait lire. Il est surtout étonnant qu'on ait pu confondre l'écriture si caractéristique du XVIe siècle avec la gothique du commencement du XIVe.

L'Association des Artistes lorrains, dans sa réunion du 21 mars, a voté l'acquisition, pour 300 francs, d'un dessin de M. Louis Gratia.

La Revue des beaux-arts publie en ce moment d'intéressantes études sur la chimie des couleurs, leur fixité et leurs combinaisons, par M. A. Recouvreur, pharmacien à Commercy.

M. Français vient d'être nommé officier de l'ordre de Léopold de Belgique, à la suite de l'exposition d'Anvers.

A l'exposition de la Société des Aquarellistes figurent plusieurs dessins de M. Friant.

Le jury de peinture des Champs-Élisées compte, cette année, parmi ses membres élus, plusieurs Lorrains : Aimé Morot, Français, H. Lévy, Petitjean. Ce dernier a été nommé secrétaire.

Parmi les Alsaciens : Henner et Wencker.

Français a du décliner les fonctions de juré, pour cause de santé.

Le jury de peinture du Champ-de-Mars ne compte qu'un seul Lorrain : M. Friant. La commission d'examen des objets d'art et d'architecture en compte deux : MM. Aubé et Bastien Lepage.

Découverte d'un Rembrandt. — Un habitant de Marfy, petite commune de l'arrondissement de Reims, vient de découvrir une toile qui porte la signature de Rembrandt.

La peinture étant recouverte, en certains endroits, d'un vernis, en rend l'examen un peu difficile. Cet amateur la fait dévernir en ce moment et ne tardera pas à soumettre l'œuvre au jugement d'experts.

Pourvu que ce ne soit pas le pendant de Rembrandt du Pecq !

A l'exposition du Cercle de la rue Boissy-d'Anglas se trouvent quelques toiles d'artistes lorrains qui sont appréciées ainsi dans le *Journal des Artistes :*

Aimé Morot. — Un remarquable portrait d'homme, M. M. B., d'une belle exécution simple et habile et d'une grande vitalité, ce portrait qui rappelle les beaux portraits de Baudry par la coloration vraie des chairs et par sa tournure magistrale, restera comme une œuvre sérieuse parmi les beaux portraits de notre époque.

E. Friant. — Portrait de femme original et vivant par la valeur juste des chairs sur un fond clair, et par un modèle très poussé et savant, de fières demi-teintes et une physionomie éveillée.

Français. — Vue d'Antibes, prise de la route du Cap. Beau motif de la Corniche avec un effet gris dans les oliviers qui se découpent sur la mer. Motif calme et reposant.

La Jeanne d'Arc, de Mercié, destinée à Domremy, vient d'être exposée par l'artiste au Cercle de la rue Boissy-d'Anglas, mais seulement à l'état de maquette réduite et encore peu avancée.

A l'exposition de Nantes figure en ce moment le *Repas frugal*, de M. Friant, cette scène si impressionnante de la vie ouvrière qui a été tant admirée au dernier Salon de Nancy. Les comptes rendus de l'exposition nantaise en font le plus grand éloge.

M. Henri Auburtin, a envoyé au Salon de Paris une grande toile : *Effet de neige en Engadine*, qui a été reçue avec un numéro lui donnant droit à la cimaise.

M. Lartaud est également reçu, avec un grand pastel ; ainsi que **M. Descelles**, avec deux toiles : *Les Dévideurs à l'asile des vieillards de Saint-Dié*, et *Un jour de marché à Saint-Dié*. Nous ne pouvons, en ce numéro, donner la liste des Lorrains reçus au Salon, faute d'informations complètes. Nous prions les artistes de vouloir bien déposer dans la boîte du *Bulletin*, place Saint-Jean, 1, toutes les communications et notices relatives aux œuvres qu'ils exposent.

La famille de **M. Ch. de Meixmoron** vient d'être mise en deuil par le décès de Mme de Landreville. Nous prions M. de Meixmoron d'agréer l'expression respectueuse de nos sentiments de condoléance.

A la vitrine de Mme Rousseau, on a remarqué cette semaine un grand portrait d'homme et une étude de femme, par M. Demange. Ces deux œuvres intéressantes ont été appréciées très favorablement.

Le gérant : Mercier.

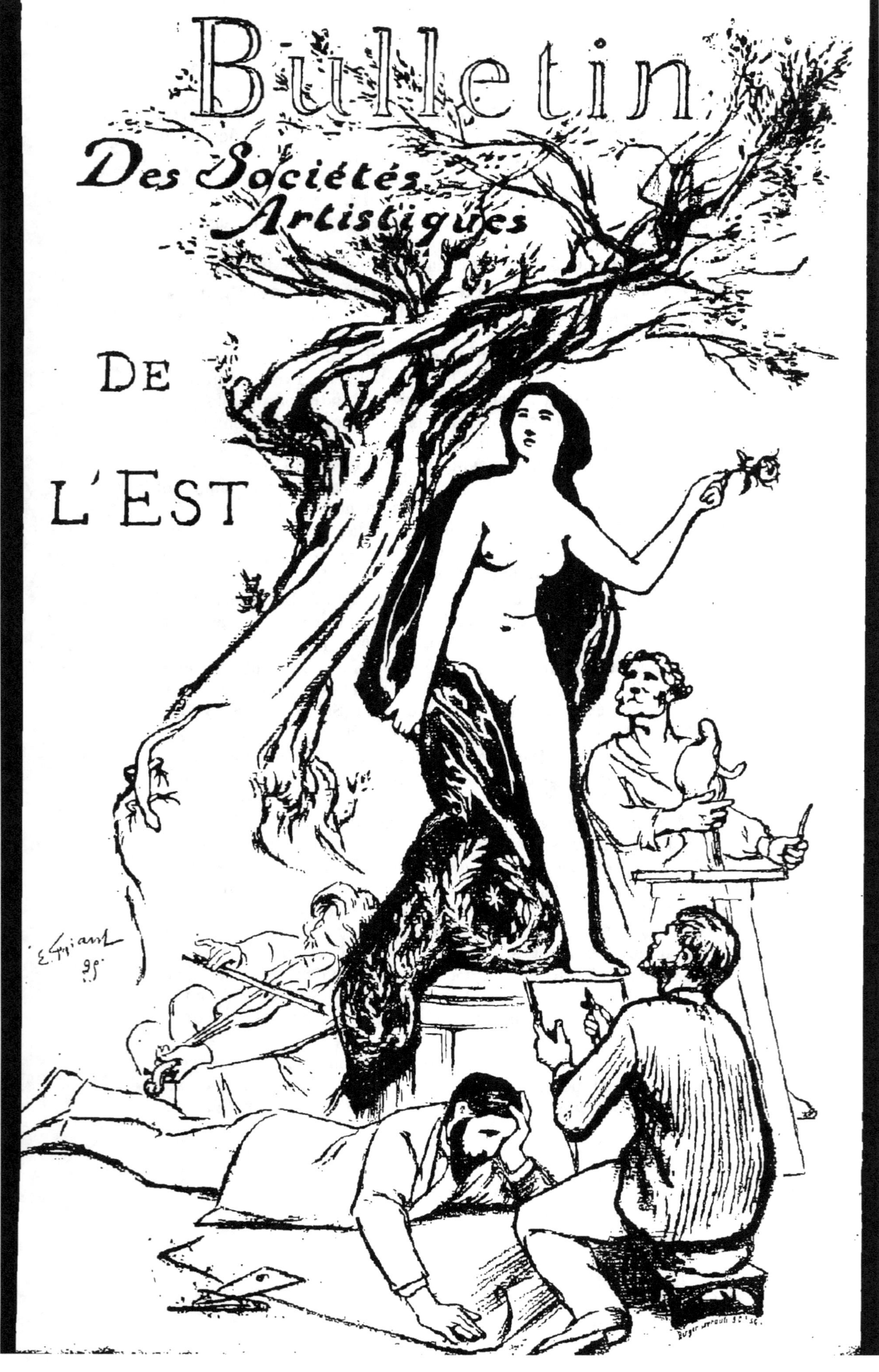
Bulletin
Des Sociétés Artistiques
DE
L'EST

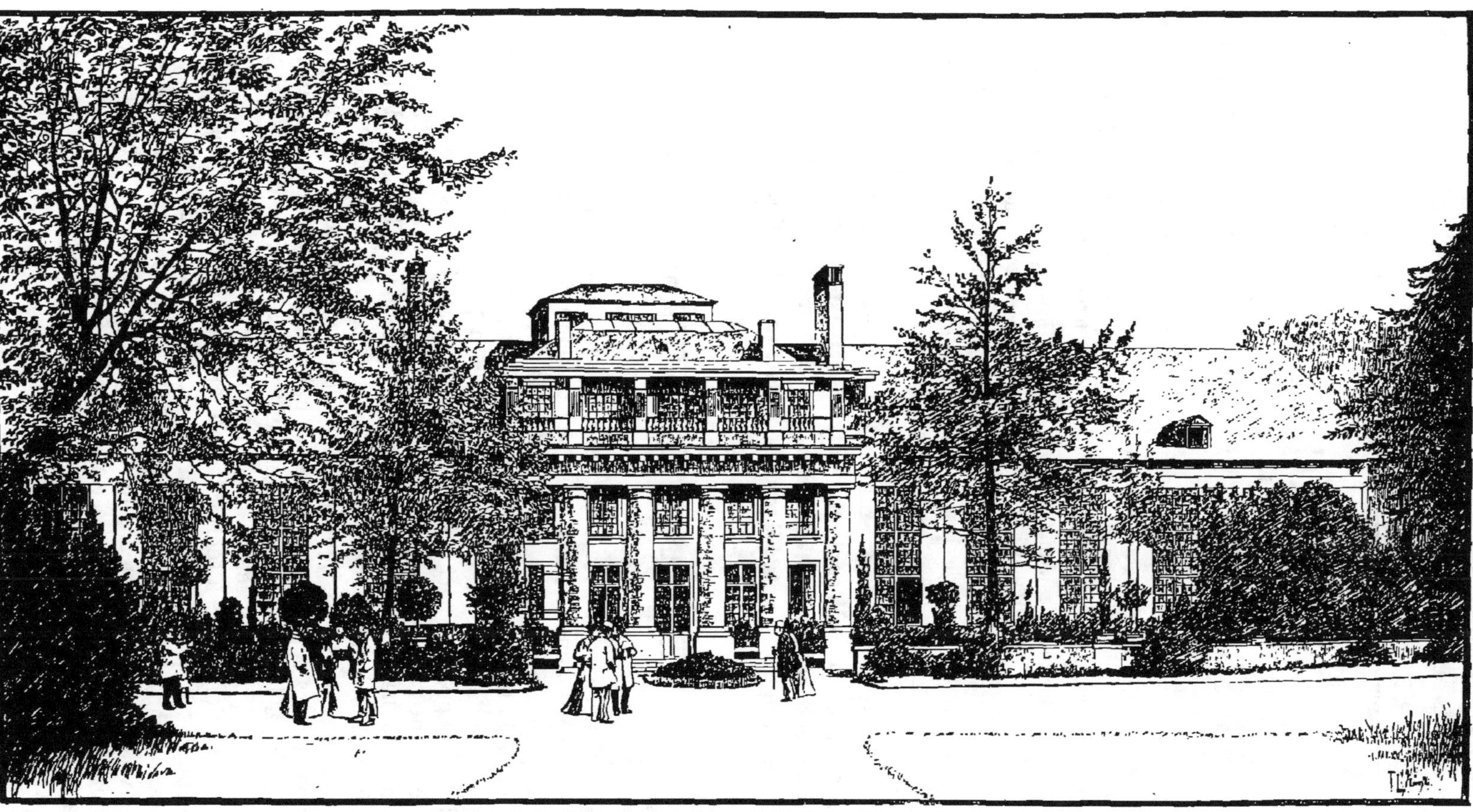

L'Orangerie Joséphine (local de l'Exposition rétrospective de Strasbourg).

N° 5. Mai 1895.

BULLETIN

DES SOCIÉTÉS ARTISTIQUES DE L'EST

Le *Bulletin des Sociétés artistiques de l'Est,* paraissant chaque mois, est l'organe des associations suivantes :

Société lorraine des Amis des Arts,
Association des Artistes lorrains,
Société des Architectes de l'Est,
Association amicale des anciens Élèves de l'École des Beaux-Arts.

Tous les adhérents des quatre Sociétés, au nombre de 1.200, reçoivent gratuitement le *Bulletin* et ses suppléments.

En dehors des Sociétés, l'abonnement est de 2 francs par an.

Rédaction : 1, place Saint-Jean.
Annonces : 0 fr. 50 la ligne, par an.

Pour éviter toute confusion, nous avons l'honneur de rappeler à tous ceux qui reçoivent notre Bulletin, que cet abonnement leur est servi gratuitement et de droit, comme à tous les membres des quatre Sociétés artistiques de l'Est.

LE SALON DE STRASBOURG

Nous engageons vivement les artistes lorrains à faire acte de présence cette année au Salon qui va s'ouvrir à Strasbourg du 4 août au 4 septembre prochain. La Société des Amis des Arts de Strasbourg, fondée la même année que celle de Nancy, en 1831, et que rien n'a pu faire dévoyer de son but artistique, aspire à voir plus d'artistes lorrains prendre part à ses expositions. De notre côté il est de notre devoir de rappeler à nos fidèles amis la vieille fraternité d'art et de goût du beau, commune à nos deux provinces. Certains d'être les bienvenus à ce Salon et d'y voir leurs œuvres appréciées avec ce vrai sentiment artistique qu'ont toujours montré les Strasbourgeois, nos artistes reprendront la bonne habitude qu'avaient leurs anciens d'envoyer leurs toiles faire un petit voyage d'outre-Vosges, où souvent elles s'installaient définitivement.

Nous donnerons à temps la date exacte du délai d'envoi, mais on peut dès à présent réclamer par écrit à notre *Bulletin* (1, place Saint-Jean) des lettres d'invitation. Il suffira ensuite de déposer les envois chez M. Olivier, rue Saint-Dizier, 43, qui est chargé par le Comité de les centraliser à Nancy, de les emballer et expédier aller et retour. Ces frais, ainsi que ceux de l'assurance, seront supportés par le Comité. G.

EXPOSITION RÉTROSPECTIVE ALSACIENNE ET LORRAINE DE STRASBOURG

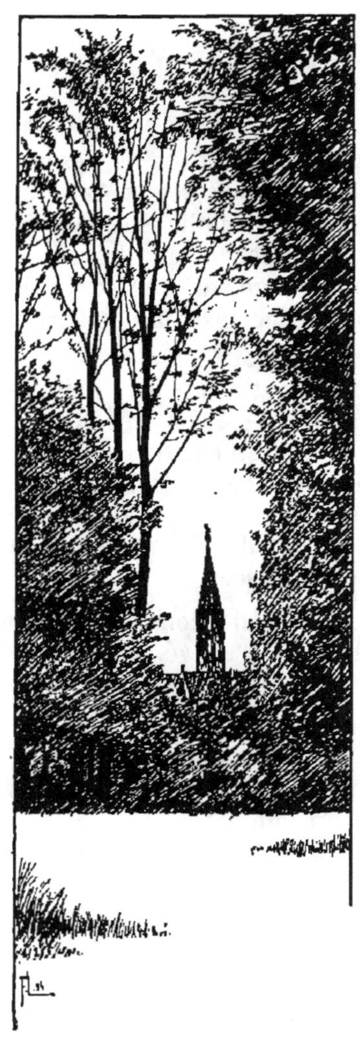

Nos lecteurs savent déjà qu'à l'exposition industrielle qui s'organise à Strasbourg cette année, sera jointe une exposition rétrospective d'objets d'art, ouverte du 1er juillet au 15 octobre, et que ses organisateurs ont voulu y ménager à l'art lorrain une importante place. Les décorateurs alsaciens ont en effet une parenté artistique évidente avec les lorrains, tandis qu'ils n'ont aucun rapport avec leurs voisins de l'autre côté du Rhin. Nous n'en voulons pour preuves que la similitude des fayences de Strasbourg, Haguenau et Niederviller, avec celles de Lunéville et Saint-Clément, ainsi que les nombreuses migrations des artistes locaux, de l'un à l'autre versant des Vosges. Beaucoup de noms de nos peintres, sculpteurs et typographes lorrains indiquent une origine alsacienne, et il en est de même en deçà. C'est donc une excellente idée, de la part du Comité strasbourgeois, d'avoir fait appel à nos collectionneurs, afin que par l'étude comparative des anciennes industries artistiques des deux provinces, on arrive à des données plus exactes sur leur communauté de goût décoratif, et sans doute à de nouvelles découvertes sur l'œuvre des maîtres d'autrefois.

Le bâtiment qui s'élève au centre de la promenade de l'Orangerie, et dont nous reproduisons la façade, servira de local à cette exposition. Illustré jadis par le séjour de l'impératrice Joséphine, il est parfaitement approprié à sa nouvelle destination. Entièrement isolé, au milieu d'une splendide promenade, il est à l'abri de tout danger d'incendie. Tous les objets confiés au Comité seront du reste l'objet d'une assurance, dès leur sortie de la maison de l'exposant, jusqu'à leur retour à la même place.

Nous avons donné dans notre dernier *Bulletin* les noms des membres du Comité, auxquels peuvent s'adresser les personnes disposées à prendre part à cette exposition. Les principaux amateurs lorrains recevront du reste prochainement des invitations personnelles contenant le règlement et le bulletin d'envoi. Tous les frais d'emballage et de transport sont à la charge du Comité. G.

CHRONIQUE

M. Biet, élève de son père, architecte à Nancy, et de M. Jasson, architecte de la ville, vient d'obtenir à l'École des Beaux-Arts, de Paris, section d'architecture, une première médaille sur projet. Cette récompense l'exempte de deux années de service militaire.

M. Biet vient aussi d'obtenir une seconde médaille au concours d'émulation du 30 mars, dont le sujet était une maison de retraite pour les vieillards.

M. Gruber, dont les compositions décoratives sont toujours remarquées, a fourni, au banquet des anciens élèves du Lycée de Metz, le dessin d'un élégant menu, ainsi qu'une affiche très originale qui fut le seul succès de l'occulteux Mérodak. La splendide table, intitulée *La Source*, exécutée par M. Majorelle en collaboration avec M. Gruber et qui fut tant remarquée à l'avant-dernière exposition de Nancy, est exposée au Salon des Champs-Élysées.

M. Gœpfert peint en ce moment une grande composition de 4 mètres sur 2, qui fera vis-à-vis à la toile de M. Prouvé, à la Brasserie Lorraine. Le sujet représentera une taverne lorraine, après la bataille de Nancy.

MM. Maclot et Martignon, dans la même Brasserie, exécutent dix panneaux décoratifs sur fond d'or, représentant des enfants jouant dans les fleurs. Les décors récemment peints pour le théâtre d'Épinal, par ces deux artistes, ont été très favorablement appréciés par la presse spinalienne.

M. Paul Charbonnier, architecte, élève de M. Jasson, expose au Salon des Champs-Élysées, un projet de verrerie artistique.

M. Jules Carl, de Saint-Dié, sculpteur, travaille en ce moment au tombeau des évêques de Saint-Dié, qui s'élèvera dans le transept sud de la Cathédrale de cette ville. Ce monument comprend une figure d'évêque, en costume épiscopal du XIVe siècle, couchée sur un cénotaphe et se détachant sur des arcatures gothiques surmontées d'un dais et ornées de figures d'anges en bas-relief.

Mlle Jeanne Jourdhuy, de Nancy, expose aux Champs-Élysées trois miniatures sur ivoire, d'une grande finesse ; les portraits de Mlles E. C. et A. H., ainsi qu'une tête d'étude.

M. Léon Barillot, élève de Bonnat, né à Montigny-les-Metz, médaille de 3e classe en 1880, de 2e classe en 1884 et médaille d'or en 1889, vient d'être nommé chevalier de la Légion d'honneur.

M. Jean Monchablon, vient de recevoir la même distinction à la suite de son exposition de Lyon.

Madame Geoffroy, née Karcher, de Sarreguemines, élève de Costa et de Cassioli, qui habite Reims, a exposé au Salon une série de portraits nancéiens d'une exécution fort habile.

L'Association des artistes lorrains se réunira le jeudi 16 mai, à son local habituel, à 8 h. 1/2. MM. les Membres du comité sont priés de s'y trouver à 8 heures précises, pour l'élection d'un président et d'un membre de la commission.

L'Etat vient de donner au **Musée de Toul** un magnifique tableau : *Saint-Antoine de Padoue*; c'est une peinture à l'huile sur cuivre, de Domenico Zampiéri, dit le Dominiquin, 1581-1641, qui appartient à l'école Bolonaise.

M. Henri Royer a deux portraits au Salon des Champs-Elysées. Le n° 1.676, portrait de dame, est très remarqué. Il est parfait d'exécution.

M. Henri Rovel, sous le n° 1.671, nous montre un schlitteur descendant une charge de bois. Le passage est difficile. La tête de l'homme est très expressive. Les sapins sont traités de main de maître. C'est sans contredit un des meilleurs tableaux de la salle 33.

Le sculpteur **Félix Voulot**, fils de l'érudit conservateur du Musée d'Epinal, envoie au Salon du Champ-de-Mars un buste appuyé de grandeur naturelle; un buste de jeune mendiante précédemment choisi au Salon des Cent par MM. Rodin, Roger Marx et Villette ; un groupe de jeune mère lutinant son enfant. Il y a joint, comme sujet d'art décoratif, un pot à tabac dont le contour porte en relief le réveil de Silène dans sa grotte. Notre jeune compatriote, dont le Musée de Nancy possède une Eve, qui a figuré au Salon des Champs-Elysées de 1893, avait à l'exposition internationale d'Anvers, un marteau de porte très original. Cette composition a valu à l'éditeur Fontaine le diplôme d'honneur.

M. Paul Saïn vient d'être nommé chevalier de la Légion d'honneur à la suite de son exposition à Lyon. M. Saïn est un exposant fidèle des Salons de Nancy où ses paysages sont très admirés.

M. Grahame, auteur du récent ouvrage sur **Claude le Lorrain**, dont nous avons rendu compte récemment, ayant dit dans ce livre que l'*Association des Artistes lorrains* était propriétaire de la maison de Claude Gellée à Chamagne, cette assertion inexacte avait fait croire à quelques souscripteurs que l'*Association* était responsable des sommes versées pour le rachat de cette maison et dont le remboursement doit être effectué.

Nous déclarons ici que l'*Association* n'a rien de commun avec le Comité de la maison de Chamagne et que ce dernier s'est dissous, il y a sept mois, en chargeant M. Goutière-Vernolle de rembourser toutes les souscriptions. C'est donc à lui que doivent être adressées les réclamations.

La maquette des figures du **Monument Carnot** étant presque terminée, sera prochainement exposée avant d'être envoyée à la fonte. Les figures allégoriques qui accompagnent le médaillon du président représentent *la Paix* et *la Force.* De discrètes critiques blâment le choix de cette dernière allégorie : *la Force.* Elle ne peut avoir aucun rapport avec le caractère si modéré de M. Carnot, avec sa vie si scrupuleuse du droit et de la justice, et ce n'est pas à la frontière qu'il conviendrait d'apothéoser cette *Force* qui prime le droit. Il s'agissait d'abord de représenter la France et la Russie, sujet qui a eté repoussé, non sans raisons. Adoptera-t-on, par défaite, cette allégoric plus déplacée encore? S.

LES FOUILLES DU VIEIL-AÎTRE

Sur le flanc oriental d'un monticule faisant face à l'ancienne Commanderie de Saint-Jean, les travaux de nivellement de la rue des Goncourt ont fait découvrir récemment de nombreuses sépultures contenant des armes et des bijoux mérovingiens. Le propriétaire du terrain, M. Nathan, autorisa libéralement la Société d'Archéologie lorraine à procéder à des fouilles méthodiques et à conserver dans son musée tous les objets découverts. Le nombre des tombes fouillées est actuellement de 66, ayant fourni environ 400 objets intéressants. Les unes sont des sépultures de femmes portant leurs colliers, bracelets, fibules, épingles, ciseaux à ressort, etc. Celles des guerriers contiennent lance, grande épée, *scramasax* à un seul tranchant, couteaux et poignards, bouclier avec *umbo* très saillant en fer orné de bouterolles de cuivre, *angon* dont la pointe est barbelée, haches, javelines, fers de flèches, agrafes de bronze ciselées, grosses boucles de fer niellées d'argent, pince à épiler, plaques d'ornement, médaillons en or avec pierres incrustées, fibules émaillées, monnaies de bronze et d'or. Presque tous les corps ont au pied un vase évasé en terre noire, quelquefois orné d'empreintes grossières, contenant des traces de matières organiques et de petits os d'animaux, qui sont sans doute les aliments offerts au mort comme viatique.

Les pièces de monnaie se trouvent dans la bouche du cadavre, ou à côté ; l'une d'elles est une pièce des Leuques, comme on en trouve aux environs de Toul, avec le sanglier à crête hérissée et qui date environ du premier siècle de notre ère. Mais la date certaine de ces sépultures est donnée par une belle monnaie d'or de Justinien I, toute fraiche de frappe, et qui, percée d'un trou, faisait partie d'un collier. Datant de l'an 560 environ, elle reporte à la fin du VIe siècle, au plus tôt, l'époque de ces inhumations. La date extrême doit être le milieu du VIIe siècle, époque où la religion chrétienne s'introduisit, avec les moines irlandais, dans la vallée de la Meurthe, et où les sépultures se font dans des sarcophages en pierre, ou des caissons de moëllons, comme à Saint-Euchaire, à Pompey et à Liverdun. Mais ici, aucune pierre n'a été trouvée, si ce n'est deux moëllons soutenant la tête du squelette ; aucune trace de cercueil, aucune amulette ni marque religieuse ne laissent croire que ces vieux nancéiens aient été chrétiens, tandis que les vases à offrande de nourriture démontreraient qu'ils étaient encore payens. De même l'orientation de toutes ces tombes, sans aucune exception, de l'Est à l'Ouest, la tête légèrement soulevée regardant le levant, serait aussi une preuve de leur culte payen. Et cependant, les écrivains religieux font remonter à plusieurs siècles auparavant la christianisation de notre province par les évêques de Toul. Ce problème à résoudre, rend très intéressante cette découverte de sépultures.

Les tombes, dont l'ensemble occupe un losange d'à peu près 40 mètres de long sur 20 mètres de large, sont assez régulièrement espacées d'environ 1 m. 50 en largeur, et moins en hauteur, couvrant ainsi, avec assez de régularité, la partie moyenne de la pente orientale du monticule. Le terrain, qui est de la grouine, a laissé les os parfaitement conservés, quoiqu'on ne puisse les relever sans briser les plus faibles. Mais dans les parties sableuses, on ne retrouve absolument rien, si ce n'est quelques traces de rouille ou de lits noirâtres, comme si le sable avait tout consommé. En tenant compte de ces lacunes, ce cimetière paraît avoir contenu une centaine de tombes environ, et aurait servi pendant un certain temps. On a trouvé en effet, au pied d'un corps entier, les débris d'un autre corps entassés dans un vase, comme si le fossoyeur les avait trouvés et recueillis en creusant la nouvelle fosse. Mais ce fait unique prouverait aussi que, dès l'origine, l'emplacement de chaque tombe était indiqué par un tumulus, monument ou marque quelconque, comme dans nos cimetières, puisqu'aucune autre sépulture ancienne n'avait été refouillée. Il y a aussi un coin du terrain, à droite de la rue des Goncourt, dans lequel une douzaine de corps ont été trouvés, beaucoup plus rapprochés les uns des autres, comme si c'était une fosse commune ; leur orientation moins exacte, une certaine confusion dans les ossements et moins d'objets de valeur, feraient croire à une inhumation plus précipitée, à la suite, par exemple, d'un combat.

La taille moyenne de tous ces corps, quoi qu'on en ait dit dans quelques journaux, ne dépasse jamais notre taille ordinaire. Les crânes, dont on a conservé plusieurs calottes, sont plutôt brachycéphales et les mâchoires sont orthognates. L'indice céphalique est très grand, la capacité crânienne remarquable. Même sur les sujets très âgés, chez lesquels la dentition est usée jusqu'aux racines, il ne manque aucune dent. On se trouve donc en présence d'une belle race, forte et intelligente, riche et bien nourrie, surtout guerrière, qui campait au VIe siècle, du temps de Chilpéric I, aux environs de l'étang Saint-Jean, soit sur le sommet du monticule sur le versant duquel on a trouvé ces tombes, soit sur le plateau de la Commanderie. Leurs bijoux byzantins et certaines fibules émaillées démontrent leurs relations avec l'Orient, leur richesse et leur goût déjà raffiné. Nancy n'était donc point un désert à cette époque. La tradition, souvent plus précise que les documents écrits, avait du reste conservé depuis longtemps le souvenir de ce cimetière, car lorsque fut fondée la Commanderie de Saint-Jean, au XIIe siècle, on l'appelait déjà « Saint-Jean du Vieil-Aître », c'est-à-dire du vieux cimetière.

Tous les objets découverts dans ces fouilles vont être réunis dans une salle du Musée lorrain, consacrée à l'histoire de Nancy et ils feront l'objet d'une étude spéciale dans laquelle ils seront tous reproduits. On ne saurait trop féliciter la Société d'Archéologie lorraine du soin méthodique avec lequel ces fouilles ont été conduites ; toutes les parties du terrain ont été remuées avec soin, chaque tombe a été minutieusement visitée et même des tranchées ont été creusées aux environs pour s'assurer des limites du cimetière. On doit aussi remercier M. Nathan de la générosité avec laquelle il a abandonné à notre musée historique, cet ensemble d'objets si précieux pour notre histoire locale. S.

L'inspection de l'enseignement du dessin et des Musées, à Nancy

M. Fournereau, inspecteur de l'Enseignement du dessin et des musées, vient de terminer son inspection à Nancy. Au Musée, il a fait le récolement des dépôts de l'État ; à l'École des beaux-arts, il a inspecté les travaux des sections de dessin et peinture, d'art décoratif, d'architecture, de modelage ; au Lycée les travaux des élèves depuis les classes de huitième jusqu'à celles de mathématiques spéciales et enfin aux Écoles normales d'instituteurs et d'institutrices les classes de 1re, 2e et 3e années.

Le nom de M. Fournereau n'est pas inconnu des Sociétés artistiques ; architecte de talent, médaillé de 2e classe au salon de 1889, de 1re classe au salon de 1891, hors concours, c'est à lui que l'on doit les remarquables relevés et restaurations des monuments d'Angkor au Cambodge, où il fut envoyé en mission par M. Bourgeois, alors ministre de l'instruction publique et des beaux-arts.

Il succède à M. Pillet qui vient d'être nommé à la Chaire des constructions civiles au Conservatoire des arts et métiers, après avoir été, pendant douze années, inspecteur de notre circonscription qu'il a organisée, d'après les programmes modernes, avec une largeur de vues, une sûreté de jugement et une constance d'activité dont on ne saurait trop faire l'éloge et qui, nous l'espérons bien, auront porté des fruits.

Il est cependant à souhaiter que M. Fournereau, en ce qui concerne la section d'architecture de notre École des beaux-arts, n'ait pas la même manière de voir que son prédécesseur ; ce dernier s'est attaché constamment à ne faire de cette section qu'une division d'enseignement de dessin linéaire et de lavis, et ce n'est que grâce à la fermeté de la Commission de surveillance et de perfectionnement, et à celle de la Municipalité, que l'enseignement de l'architecture a pu continuer, après la démission de deux professeurs. On nous affirme que le congé, pour raison de santé, demandé par le professeur actuel, et qui vient de lui être accordé, ne serait qu'un expédient pour que la section d'architecture ne soit pas immédiatement transformée en section normale de dessin, en prenant pour prétexte l'absence du titulaire.

Il serait absolument regrettable, au moment où l'on cherche à faire de Nancy une université pouvant rivaliser avec ses voisines de l'étranger, au moment où il est question de la création d'écoles régionales d'architecture, et où Nancy avait été désignée, par les différents congrès qui s'étaient occupés de la question, comme centre d'une de ces écoles, en raison de l'enseignement qui y était déjà pratiqué, il serait fort regrettable, disons-nous, de voir cet enseignement supprimé.

Nous espérons que les nouveaux membres de la Commission de surveillance et de perfectionnement apporteront leur appui aux anciens membres de cette Commission, pour conserver à Nancy l'enseignement d'une branche aussi importante de l'art. La réussite est du reste certaine, si cette Commission est soutenue par la Municipalité actuelle, comme elle l'a été par les précédentes.

NOTICE BIBLIOGRAPHIQUE

Notre éminent confrère, M. Chenevier, architecte du département à Verdun et président de la *Société des Architectes de l'Est*, a fait paraître, au commencement de cette année, un ouvrage fort intéressant qu'il a modestement appelé *Agenda de la construction moderne*. Nous nous reprocherions vivement de ne pas faire à ce travail la réception qu'il mérite Si nous ne l'avons pas fait dès son apparition, c'est parce que nous voulions apprécier, par un usage journalier, tout ce que son « agenda » avait d'utile et d'agréable pour le constructeur.

Mais d'abord pourquoi l'a-t-il appelé « agenda »? Est-ce parce qu'il contient un calendrier journalier ? C'est à proprement parler un « aide-mémoire » contenant une quantité prodigieuse de renseignements utiles aux constructeurs et indispensables aux architectes, ingénieurs, agents-voyers, entrepreneurs, chefs d'usines, etc., etc. Il suffit pour s'en convaincre de jeter un simple coup d'œil sur la table des matières qui comprend les divisions suivantes :

1° Renseignements mathématiques et géométriques ; formules diverses ;

2° Renseignements physiques et chimiques ;

3° Dimensions, poids et prix des matériaux de construction ;

4° Proportions des bâtiments ;

5° Hydraulique (distribution d'eau, irrigation, drainage);
6° Chauffage et ventilation;
7° Éclairage (éclairage électrique, éclairage au gaz);
8° Hygiène (désinfection, égouts);
9° Résistance des matériaux;
10° Éléments d'étude et d'estimation rapides.
11° Honoraires des architectes;
12° Classifications chronologiques des styles;
13° Recettes diverses;
14° Réparations locatives.

Il nous est impossible évidemment de suivre l'auteur dans tous les développements de cette table des matières, mais nous avons remarqué la très grande utilité pratique des chapitres où il traite des matériaux de construction, de l'hydraulique, du chauffage, de l'éclairage, de l'hygiène et de la résistance des matériaux. — Le chapitre sur l'éclairage électrique notamment nous a paru remarquablement étudié pour permettre à des ingénieurs, architectes, ou chefs d'usines, qui ne sont pas spécialistes par conséquent, de se rendre compte de ce qu'ils font et d'apprécier les projets qu'on leur soumet. — Mais ce qui sans contredit est le plus remarquable et donne à cet « aide-mémoire » un cachet tout personnel, ce sont les tableaux graphiques qui ont tous été construits par M. Chenevier et lui font le plus grand honneur.

Nous les trouvons dans l'ordre suivant :

1° Tableau comparatif des ordres d'architecture d'après Vignole, Serlio, Palladio, Scamozi;

2° Tableau graphique déterminant le diamètre des conduites d'eau et la vitesse d'écoulement;

3° Tableau graphique déterminant la dépense d'eau d'une vanne trempée de un mètre de large;

4° Tableau graphique déterminant la dépense d'eau de sources en déversoir à l'air libre;

5° Tableau déterminant les éléments des poutres en tôle et cornières;

6° Tableau des résistances à l'écrasement des colonnes et piliers en fonte, fer, chêne et sapin;

7° Tableau des charges de sécurité des pieux battus au mouton.

Après cette énumération qui ne donne qu'une très faible idée de la quantité de renseignements fournis par cet « aide-mémoire » (1). C'est pour nous un véritable plaisir d'envoyer nos bien sincères et cordiales félicitations à notre confrère pour cet important travail et de lui prédire qu'une prompte réussite viendra le récompenser de ses efforts.

H. Gutton, *architecte*,
Ancien élève de l'École polytechnique.

(1) *Agenda de la construction moderne*, par P. Chenevier, architecte. Aulanier et Cie, éditeurs, 13, rue Bonaparte. (Prix : 5 fr.)

Le procès de M. Latasse contre la Société des Amis des arts de Nancy

Nous n'avons pu donner, dans notre dernier Bulletin, faute de place, le texte du jugement du tribunal de Nancy, dans cette affaire qui intéresse toutes les sociétés artistiques et fixe les droits des jurys d'artistes, quand l'authenticité d'une œuvre leur paraît douteuse. On verra, par ce compte-rendu, qu'en déboutant M. Latasse de sa demande en 10,000 fr. de dommages-intérêts et en le condamnant en tous les dépens, le jugement s'appuie sur des considérants très précis qui corroborent l'opinion qu'on s'était déjà faite, dans le monde artistique, sur ce singulier procès.

CONCLUSIONS DE M. LE PROCUREUR DE LA RÉPUBLIQUE

M. George, procureur de la République, ayant donné ses conclusions dans l'affaire Latasse contre la Société des Amis des Arts, voici un bref résumé de ces conclusions très précises, qui attestent un examen approfondi et consciencieux du dossier. M. le Procureur de la République a étudié deux points principaux.

1° Y avait-il eu un contrat entre M. Latasse et la Société des Amis des Arts d'après lequel celle-ci se serait engagée à exposer les œuvres du peintre, et qu'elle aurait ensuite rompu ?

Des documents de la cause, il résulte que ce contrat n'a réellement pas existé. M. George donne lecture des lettres écrites par M. Latasse au peintre Commerre, et de la réponse de celui-ci. de laquelle il semble bien résulter que M. Commerre n'a jamais posé pour M. Latasse.

En présence de cette lettre, la commission avait la présomption que M. Latasse n'était pas l'auteur du portrait de Commerre exposé par lui. C'est alors que la Commission l'a informé qu'elle n'exposerait pas ses œuvres.

La commission n'a fait qu'user de son droit d'admission ou de refus : elle n'a pas rompu un contrat qui n'existait pas, attendu que les œuvres de M. Latasse n'avaient été admises que provisoirement, et en attendant qu'il fournisse ses explications sur le portrait de Commerre.

La commission, en définitive, n'a usé de son droit de refus, qu'elle n'avait pas aliéné qu'au bout de trois ou quatre jours de répit laissés à M. Latasse.

2° M. Latasse est-il en droit de dire à la commission : — Vous aviez le droit de refuser mes œuvres, mais vous ne deviez pas laisser figurer leur mention au catalogue ?

Mais M. Latasse avait envoyé ses œuvres très tard, presque à la veille de l'ouverture de l'exposition. Il faut le temps d'imprimer le catalogue, et comme il doit être terminé pour le 31 octobre, M. Latasse y fut imprimé, ayant été admis provisoirement.

Et d'ailleurs, en admettant même qu'il y ait eu une faute légère de la commission à laisser figurer le nom de M. Latasse sur le catalogue, ce qu'il importe de savoir, c'est si cette faute a été préjudiciable à M. Latasse, et si celui-ci peut justifier de ce préjudice.

Eh bien, quel serait-il, le préjudice? D'après M. Latasse, il aurait été causé par ce fait que les visiteurs de l'exposition n'auraient pas vu les œuvres du peintre exposées, alors qu'elles étaient cataloguées.

Mais, comme l'a fait remarquer la Société, les vrais amateurs commencent par regarder les tableaux, et, quand une œuvre leur plaît, ils se reportent seulement à la notice qui la concerne sur le catalogue.

Il est vrai que d'autres personnes suivent le catalogue et que celles-là, en arrivant au nom de M. Latasse, ont pu s'apercevoir que ses œuvres n'étaient pas exposées. Mais qui prouve que ces personnes se soient livrées alors à des suppositions qui puissent être de nature à nuire à M. Latasse? Qui prouve que ces personnes aient su que la commission, en n'exposant pas les œuvres de M. Latasse, ait voulu, sinon le flétrir, au moins l'humilier? Il est plus probable que ces personnes ont cru que par suite, soit d'un hasard, soit d'un accident, soit d'une cause quelconque, les œuvres de M. Latasse n'avaient pu être exposées.

L'inscription au catalogue ne prouve qu'une chose, c'est que les œuvres ont été reçues. Pourquoi ne sont-elles pas exposées? C'est ce que le catalogue ne dit pas, et on se trouve alors dans le domaine de la supposition, ce qui n'est pas suffisant pour justifier d'un préjudice.

M. le Procureur de la République estime donc que M. Latasse n'a pas pu faire la preuve du préjudice qui lui a été causé, et qu'il y a lieu de rejeter sa demande.

LE JUGEMENT

Le tribunal rend son jugement. Voici un résumé des motifs et du dispositif :

« Attendu que Latasse ne méconnaît pas que la commission et le jury d'artistes, chargés de statuer sur l'admission des ouvrages présentés, ont un pouvoir discrétionnaire contre lequel il n'existe aucun recours...

« Attendu que Latasse, après avoir annoncé l'envoi de six de ses ouvrages, ne les a fait parvenir qu'avec un retard assez considérable, le dernier n'ayant même été remis à la salle Poirel que dans la journée du 21 octobre...

« Qu'au premier aspect des tableaux envoyés par Latasse, les membres du jury éprouvèrent des doutes sérieux sur l'authenticité de l'une de ses œuvres, et que l'un des membres du jury crut même la reconnaître sinon pour l'original, du moins pour la copie d'un portrait du peintre Commerre, de Paris, exécuté autrefois par Aimé Morot...

« Attendu qu'il est constant que la commission fit immédiatement part de son impression à Latasse qui, appelé à s'expliquer, affirma que le portrait contesté était bien son œuvre originale : qu'à la suite des propos échangés, Latasse prit l'engagement de prouver la sincérité de son allégation par le témoignage de M. Commerre lui-même.

« Que, par lettre du 27 octobre, Latasse communiqua au président de la commission la copie d'une lettre que, sous pli recommandé, il adressait le même jour à M. Commerre, pour provoquer de sa part l'attestation que le portrait présenté était bien l'œuvre du demandeur.

« Attendu que la commission, ne voulant pas faire à Latasse l'injure de douter de sa parole, convint qu'on attendrait la justification par lui promise pour prendre une décision définitive sur l'admission de ses œuvres, et que le nom de cet artiste et l'indication de ses ouvrages continueraient à figurer au catalogue rédigé après l'envoi des notices et qui, depuis plusieurs jours déjà, était livré à l'impression.

« Attendu que Latasse n'a pu rapporter la preuve qu'il s'était engagé à faire et à laquelle avait été subordonnée l'admission définitive de ses tableaux.

« Attendu, en effet, que Commerre a formellement déclaré qu'il n'a jamais posé pour Latasse, et que le tableau litigieux est une copie faite par Latasse du portrait peint par Morot ;

« Attendu, au surplus, que l'appréciation émise par la commission et le jury d'admission sur l'authenticité de ce tableau se trouve confirmée par toutes les circonstances de la cause, et notamment par ce fait que Latasse prétend avoir fait ce portrait en 1874, et qu'on ne peut aisément comprendre pour quels motifs Latasse n'a jamais, avant 1894, cherché à exposer ce tableau et n'en a révélé l'existence que dans une lettre publiée en 1890 ;

« Attendu qu'il en résulte que les œuvres de Latasse n'ont jamais été l'objet d'une admission définitive, et que les agissements de la commission ne constituent à leur charge ni faute ni négligence.

« Que Latasse, au contraire, doit s'imputer à faute, sinon d'avoir voulu surprendre le jugement de la commission, du moins de n'avoir pu faire la preuve de son allégation ;

« Que, d'ailleurs, Latasse, par la mention de son nom au catalogue, n'a subi aucun préjudice ;

« Par ces motifs :

« Déclare Latasse mal fondé en sa demande, l'en déboute et le condamne en tous les dépens y compris, au besoin, à titre de dommages-intérêts, le coût de l'enregistrement des pièces produites au procès. »

Le gérant : MERCIER.

N° 6. Juin 1895.

BULLETIN
DES SOCIÉTÉS ARTISTIQUES DE L'EST

Le *Bulletin des Sociétés artistiques de l'Est*, paraissant chaque mois, est l'organe des associations suivantes :

Société lorraine des Amis des Arts,
Association des Artistes lorrains,
Société des Architectes de l'Est,
Association amicale des anciens Élèves de l'École des Beaux-Arts.

Tous les adhérents des quatre Sociétés, au nombre de 1.200, reçoivent gratuitement le *Bulletin* et ses suppléments.

En dehors des Sociétés, l'abonnement est de 2 francs par an.

Rédaction : 1, place Saint-Jean.
Annonces : 0 fr. 50 la ligne, par an.

SOCIÉTÉ LORRAINE DES AMIS DES ARTS

La Société des Amis des Arts vient d'adresser la requête suivante à la Municipalité de la ville de Nancy :

Nancy, le 5 juin 1895.

A Monsieur le Maire,
Messieurs les Adjoints,
Messieurs les Membres du Conseil municipal de la Ville de Nancy.

La *Société lorraine des Amis des Arts*, comptant actuellement soixante deux ans d'existence, va organiser cette année sa trente-deuxième exposition de peinture.

Ces expositions étaient autrefois bisannuelles ; mais en 1892, la Société. sans reculer devant les lourdes charges qu'elle assumait et pensant qu'une grande ville comme Nancy ne pouvait rester en arrière de ses émules et voisines comme Reims, Besançon, etc., prit la résolution de rendre ses expositions annuelles.

L'expérience a démontré dès aujourd'hui que cette détermination répondait aux vœux et aux besoins artistiques de la population nancéienne, puisque le résultat a été de donner immédiatement à la *Société des Amis des Arts* une vie nouvelle, de porter en deux ans le nombre de ses membres de 425 à 850, en même temps que les expositions annuelles ne le cédaient en rien comme importance, comme valeur artistique, comme chiffre d'achats et comme mouvement de visiteurs, aux expositions bisannuelles d'autrefois : l'expérience est donc aussi complète et aussi concluante que possible.

Depuis l'année 1888, époque de l'inauguration de la salle Poirel, toutes les expositions de peinture ont eu lieu pendant le mois de novembre, dans les galeries mises gracieusement par la ville à la disposition de la Société. Cette époque du mois de novembre n'a pas été choisie sans raison : si l'on passe en revue les autres mois de l'année, on constate, en effet, que tous présentent des inconvénients divers, mais également graves.

Décembre et janvier sont les mois des jours courts, des grands froids et des obligations sociales qui absorbent la plus grande partie des loisirs de la population.

Février, mars et avril sont les mois de travail sérieux pour les peintres, en vue des Salons de Paris, et les artistes ne sacrifieront pas ceux-ci pour venir exposer à Nancy ; en sorte qu'il faudrait renoncer à peu près complètement à l'appoint si important que fournissent à nos artistes lorrains ceux du reste de la France.

Mai et juin, époque des Salons de Paris, nous priveraient encore bien plus complètement des œuvres des artistes français, et ne permettraient pas de voir figurer aux expositions nancéiennes les ouvrages exposés aux Salons parisiens, ouvrages qui sont cependant souvent un des principaux attraits de nos expositions.

Enfin, de juillet à octobre, une bonne partie du public nancéien s'intéressant aux choses de l'art a déserté la ville, qui ne se repeuple que pour la fin octobre.

Partant donc de ce p int de fait que le mois de novembre est la seule époque convenable pour l'exposition, la Société a l'honneur de faire remarquer à Messieurs les Membres du Conseil municipal qu'il est une autre condition indispensable : c'est la fixité de l'époque choisie.

Pour obtenir, en effet, le concours actif et suivi des artistes, il faut que ceux-ci sachent que tous les ans, à une époque fixe et bien connue, il y a une exposition de peinture à Nancy. Ce n'est qu'à cette condition qu'on créera peu à peu aux expositions nancéiennes une clientèle constante et assurée d'exposants sérieux et choisis.

Ce desideratum est en partie réalisé aujourd'hui, mais il est fortement compromis par l'incertitude dans laquelle la Société a été placée pour ses expositions de l'avenir.

Considérant donc qu'elle ne peut venir honorablement à bout de sa mission sans une certitude et une fixité absolues quant au lieu et à l'époquede ses expositions, la *Société des Amis des Arts*, faisant appel à la bienveillance du Conseil municipal et le priant de considérer que c'est pour elle une question d'existence, vient lui demander de vouloir bien donner à bail, à la Société, pour cinq années consécutives, et chaque année pendant deux mois, du 10 octobre au 10 décembre, les galeries de la salle Poirel.

Monsieur le Maire ayant disposé de ces galeries en faveur d'une autre société pour le mois de novembre 1896, la *Société des Amis des Arts* a décidé, si cela est nécessaire pour faciliter une solution, de renoncer à faire une exposition de peinture cette même année 1896.

La Société a la ferme confiance que les édiles de la ville de Nancy ne lui refuseront pas les moyens qui lui sont indispensables pour mener à bien la mission qu'elle a jusqu'ici rempli de son mieux, non sans qu'il en ait rejailli un certain lustre sur notre cité, pour ne pas parler des résultats pécuniaires qui sont cependant très importants.

Veuillez agréer, Messieurs, notre respectueuse considération.

La Commission :

MM. ADAM, *Président* ;
QUINTARD, *Vice-Président* ;
THOMAS-MALLARMÉ, *Secrétaire* ;
MERCIER, *Trésorier* ;
MOREAU, *Secrétaire-Adjoint* ;
BERTIER ;
BOURGON ;
LARCHER ;
HANNEQUIN ;
MARX (ROGER) ;
SALLE ;
WIENER (RÉNÉ).

XXXIIE EXPOSITION DES BEAUX-ARTS

Ouverte à Nancy du 27 octobre au 1er décembre 1895

Dans sa séance du 24 mai dernier, la Commission de la Société des Amis des Arts a discuté et arrêté les termes du Règlement de l'Exposition qui doit s'ouvrir à Nancy au mois d'octobre prochain :

Nous reproduisons ci-dessous ce Règlement :

ARTICLE 1. — L'Exposition sera ouverte au public du 27 octobre 1895 au 1er décembre suivant, de 9 heures du matin à midi et de 1 heure à 4 heures et demie du soir.

Le 26 octobre, de 2 à 5 heures du soir, les sociétaires, les abonnés, les exposants et les représentants de la presse seront admis à la visiter.

ART. 2. — L'Exposition comprend toutes les œuvres d'art proprement dites : tableaux, pastels, aquarelles, miniatures, dessins, gravures, architecture, photographies ayant un caractère artistique, sculpture, céramique et toute œuvre originale de l'art appliqué à l'industrie.

Ne pourront être présentés :

1° Les copies, même celles qui reproduiraient un ouvrage par un procédé différent. (Cette disposition n'est pas applicable à la gravure, à la lithographie et à la céramique.) N'est pas, du reste, considérée comme copie la répétition d'une œuvre faite par l'auteur lui-même au moyen d'un procédé différent.

2° Les ouvrages qui ont figuré aux expositions antérieures de Nancy,

3° Les ouvrages d'un artiste décédé avant l'ouverture de la précédente exposition.

4° Les ouvrages non signés.

5° Les tableaux sans cadre.

ART. 3. — Les artistes lorrains sont invités de plein droit à présenter leurs œuvres.

Des invitations spéciales et nominatives sont adressées aux artistes étrangers à la région.

Les exposants invités par la Commission n'auront à supporter aucun frais de transport, aller et retour, à la condition expresse que l'envoi soit fait par petite vitesse pour les poids dépassant 25 kilogrammes.

Les œuvres des artistes de Paris devront être déposées du 20 septembre au 5 octobre chez M. Pottier, emballeur, rue Gaillon, 14, à Paris.

Pour les œuvres envoyées ou déposées directement à Nancy, l'emballage reste à la charge des exposants ; ces œuvres devront arriver à la salle Poirel, à l'adresse du président de la *Société des Amis des Arts*, du 5 au 12 octobre, délai de rigueur.

Toute œuvre parvenue ou déposée en dehors de ces délais, à moins d'autorisation expresse de la Commission, sera rigoureusement refusée.

ART. 4. — Les tableaux ne doivent pas mesurer plus de deux mètres, cadre compris, sur leur plus grand coté. Le transport de ceux qui dépasseraient cette mesure se ferait aux frais de l'artiste expéditeur, à moins d'entente préalable avec la Commission.

Les tableaux de forme ovale, ronde ou à pans coupés devront être ramenés à la forme carrée.

ART. 5. — En sculpture, la Commission ne prendra à sa charge les frais de transport des bustes, statues, groupes, etc., que jusqu'à concurrence du poids de 150 kilogrammes ; la différence en plus restera à la charge de l'exposant.

ART. 6. — Les tableaux, dessins, etc., déposés à Paris chez M. Pottier, doivent être garnis de fascines ou tampons aux coins des bordures, et les verres couverts de bandes de papier.

Art. 7. — La Commission veillera avec le plus grand soin au déballage, au placement, au remballage des œuvres envoyées. Elle prendra, pour leur conservation, toutes les mesures désirables. Mais, non plus que M. Pottier, elle n'assume aucune responsabilité en cas de perte, d'avarie, et même d'incendie ou de soustraction. Elle fait les mêmes réserves en ce qui concerne toutes les énonciations du catalogue, dont les erreurs ou omissions ne pourront jamais lui être opposées.

Art. 8. — Dans le cas d'installations spéciales (vitrines, écrins, étagères, tables, etc.), les frais de ces installations sont à la charge de l'exposant.

Art. 9. — Avant l'ouverture de l'exposition, l'entrée des galeries sera rigoureusement interdite à toute personne qui n'y serait pas appelée par suite de ses fonctions ou d'une convocation spéciale.

Art. 10. — Aucune œuvre ne pourra être retirée de l'exposition avant la clôture.

Art. 11. — Les ouvrages refusés devront être retirés par leurs auteurs dans les dix jours qui suivront l'avis qui leur sera donné des décisions de la Commission. Ceux de ces ouvrages qui devraient être réexpédiés par chemin de fer, le seront aux frais de l'exposant.

Les ouvrages admis à l'exposition devront être retirés dans les dix jours qui suivent la fermeture de l'exposition. Passé ce délai, les ouvrages cesseront d'être sous la surveillance de la Société et pourront être transportés dans un dépôt aux frais et à la charge de l'artiste à qui l'ouvrage appartient. Au bout de six mois, si les frais occasionnés par ce dépôt n'ont pas été soldés par l'artiste, la vente de l'œuvre abandonnée sera poursuivie à la requête du président de la Société, et, une fois les frais prélevés, le solde de vente sera remis à l'artiste ou à ses ayants droit.

Quant aux ouvrages réexpédiés par chemin de fer, la Société, sans déroger d'ailleurs aux stipulations de l'article 7, ne pourra donner de suite aux réclamations qui ne lui seraient pas parvenues un mois après la clôture de l'exposition.

Art. 12. — L'envoi des deux notices imprimées jointes à ce règlement est de rigueur pour assurer l'exposition des œuvres présentées : MM. les Exposants devront remplir et *signer* ces notices conformément aux indications qu'elles portent ; puis envoyer par la poste celle qui porte le nº 1 à M. Adam, président de la Société, rue Victor-Hugo, 27, à Nancy, avant le 1er octobre, *terme de rigueur*, et joindre l'autre portant le nº 2 aux œuvres qu'ils expédient. Une étiquette devra être collée au dos de chacune des œuvres, indiquant clairement les nom, prénoms, adresse de l'exposant, ainsi que le titre de l'œuvre.

Art. 13. — La Commission se réserve le droit d'admission sur les ouvrages envoyés.

Art. 14. — La Société ne prélève aucun droit sur les ventes réalisées par son entremise.

Si une œuvre se trouve être vendue par la Société et par l'artiste ou son représentant, la vente faite par la Société sera seule valable.

Art. 15. — Chaque exposant ne peut envoyer que trois œuvres dans chacun des groupes désignés à l'article 1er, à moins d'autorisation spéciale donnée par la Commission.

Art. 16. — Le fait de l'envoi de leurs œuvres à l'exposition de Nancy constitue de la part des exposants une adhésion formelle aux clauses du règlement de la dite exposition.

Avis important. — L'envoi de ce règlement ne constitue une invitation que s'il est accompagné d'une lettre spéciale d'invitation. Dès lors, les œuvres adressées non franco par des artistes non munis de la dite lettre, seront retournées aux frais de l'expéditeur, pour l'aller et le retour, sans être présentées à l'examen du jury.

SOCIÉTÉ LORRAINE DES AMIS DES ARTS

Note de la Commission.

Comme il arrive à peu près chaque année, quelques sociétaires ont refusé le paiement de leur cotisation lorsque la quittance leur a été présentée.

Cette façon de donner sa démission, quoiqu'absolument contraire aux droits conférés à la Société par le troisième paragraphe de l'article 4 des statuts, pouvait à la rigueur se comprendre encore lorsque, dans le courant de l'année, rien ne venait rappeler au sociétaire ses droits et ses obligations.

Mais aujourd'hui, où un bulletin mensuel est servi, aux frais de la Société, à tous les adhérents, celle-ci peut difficilement admettre qu'on accepte son journal à titre de sociétaire pendant quatre ou cinq mois de l'année, pour refuser ensuite la quittance à présentation : elle est ainsi lésée des frais du journal d'abord, des frais de recouvrement ensuite.

La Commission a donc l'honneur de prévenir MM. les Sociétaires qu'à partir de l'année prochaine, l'article 4 des statuts sera strictement appliqué, c'est-à-dire que la Société exigera, selon son droit, le paiement de la cotisation pour tout membre inscrit qui n'aura pas envoyé sa démission au 1er décembre de l'année courante.

—

M. de Meixmoron de Dombasle, ancien président de la Société des Amis des Arts, a bien voulu donner communication à la Commission de la collection des catalogues et listes d'actionnaires des plus anciennes expositions, ce qui a permis, en attendant qu'on puisse trouver les originaux, de compléter par des copies la collection de la Société.

D'autres membres ont fait des dons à la Société :

MM. Adam, Quintard (Lucien) ont donné des catalogues d'expositions antérieures à 1892;

M. Save a donné une brochure : *Le Salon de Nancy 1860* (texte), par MM. Ch. Grillot et E. Thiéry, et un numéro de *Nancy-Artiste* : le Salon de Nancy, 1886.

La Commission, au nom de la Société, remercie vivement les membres qui, soit par leurs communications, soit par leurs dons, facilitent la reconstitution des archives, et elle fait appel au bon vouloir de tous les sociétaires qui pourraient lui offrir des catalogues (antérieurs à 1892), listes d'actionnaires, compte rendus financiers, critiques des salons, etc., enfin tous les documents pouvant intéresser la Société des Amis des Arts.

Elle recevra tout avec reconnaissance, et prie MM. les Membres qui pourraient lui faire des dons de cette nature, de vouloir bien les envoyer chez le trésorier, M. Mercier, rue de Rigny, 19, en y joignant leur nom.

ASSOCIATION DES ARTISTES LORRAINS

Dans sa réunion du 16 mai dernier, l'Association a procédé à l'élection d'un président et d'un membre du comité, en remplacement de M. H. Ganier. M. A. Vierling a été nommé président, M. E. Chepfer a été nommé membre du comité.

Le bureau de l'Association est donc ainsi composé :

Président......	A. Vierling.
Vice-Président..	E. Larcher.
—	P. Licourt.
Secrétaire......	E. Lombard.
—	G. Save.
Trésorier.......	R. Wiener.
Comité	E. Bussière.
	E. Charbonnier.
	E. Chepfer.
	A. Daum.
	P. Gœpfert.
	L. Hestaux.
	L. Majorelle.
	C. Schuler.
	J. Voirin.

Le nombre des sociétaires est actuellement de 155, parmi lesquels :
99 habitent Nancy.

22		le département de Meurthe-et-Moselle.	
16	—	—	des Vosges.
2	—	—	de la Meuse.
12	—	Paris.	
4	—	l'Alsace-Lorraine.	

EXPOSITION DE STRASBOURG

Nous recevons le Règlement de cette Exposition, qui s'ouvrira le 4 août prochain et durera jusqu'au 4 septembre; nous le publions ci-après.

Le rédacteur de notre *Bulletin* a transmis au Président du Comité de Strasbourg, M. A. Ritleng, les demandes de lettres d'invitation qui lui ont été adressées.

La *Société des Amis des Arts* de Strasbourg fait remarquer, dans ces lettres d'invitation, que la reconstitution du Musée de la ville augmente les chances de vente, particulièrement pour des œuvres d'une certaine importance.

RÈGLEMENT.

Seront admis seulement les ouvrages d'artistes vivants, ou morts dans l'année.

1° La Société prend à sa charge les frais d'envoi et de retour des objets d'art. Toutefois cette franchise ne s'applique qu'aux œuvres provenant des artistes qui auront reçu la lettre d'invitation qui est toute personnelle.

Quant aux artistes qui n'auraient pas reçu cet avis, ils devront adresser une demande spéciale au Conservateur de la Société, M. Adolphe Seyboth, à Strasbourg.

2° L'expédition des objets d'art devra être faite par la voie directe et par *petite vitesse*. Les frais de transport de ceux qui auraient été envoyés par grande vitesse resteront à la charge des expéditeurs. (Condition de rigueur.)

3° Le poids d'un objet ne devra pas dépasser 75 kilogrammes, y compris la caisse. Néanmoins la Société, sur la demande motivée d'un artiste, se réserve d'admettre des envois d'un poids considérable.

4° La Société ne bonifie aucun remboursement.

5° L'expéditeur supportera les frais de transport aller et retour, dans le cas où les objets d'art qu'il aura adressés seraient arrivés après l'ouverture de l'Exposition ou refusés par le jury d'admission.

6° Les copies ne seront pas admises ni les œuvres ayant déjà figuré dans une des expositions de la Société. Chaque artiste ne pourra exposer plus de trois de ses œuvres.

7° Les objets d'art feront route aux risques et périls des exposants; ils seront cependant assurés contre les risques de l'incendie au local de l'Exposition.

8° MM. les Artistes sont priés, dans leur intérêt, d'ajouter à leurs envois une note, contenant leurs nom, prénoms, adresse et la description du sujet de leurs œuvres ainsi que l'indication du prix, indépendamment du bulletin (notice pour le catalogue) qui devra être adressé au conservateur, au plus tard huit jours avant l'ouverture de l'Exposition.

Le prix de tout objet vendu, même directement par l'artiste ou son représentant, devra être versé à la caisse de la Société avant la fin de l'Exposition ; ladite caisse le fera parvenir à l'artiste.

Les ouvrages dont les prix ne seraient pas indiqués seront considérés comme n'étant pas destinés à la vente.

9° Les colis sont à adresser à M. Stromeyer-Lauth (en douane à Strasbourg) et devront être à destination avant le 25 juillet, dernier délai.

10° MM. les Artistes qui désirent être exonérés de tous soins et frais, pourront envoyer leurs œuvres, ceux de Paris à M. Pottier, rue Gaillon, 16 et 19, et *ceux de Nancy et des environs, à M. Olivier, encadreur-miroitier, rue Saint-Dizier, 43, qui se chargeront de l'emballage et de l'expédition aux frais de la Société.*

11° Les lettres concernant l'Exposition devront être adressées au Conservateur de la *Société des Amis des Arts*, M. Ad. Seyboth, 32, boulevard de Saverne, Strasbourg.

Tous les objets exposés par des artistes de Strasbourg et des environs devront être retirés dans un délai de trois jours après la fermeture.

L'entrée de l'Exposition sera libre pour les sociétaires munis de leur carte et pour les artistes exposants sur la simple présentation de leur carte personnelle.

NOTA. — Il est indispensable, pour éviter toute erreur, que les colis soient adressés à M. Stromeyer-Lauth (en douane à Strasbourg) et les lettres à M. Seyboth, conservateur de la *Société des Amis des Arts*.

(Le port d'une lettre ordinaire à destination de Strasbourg est de 25 centimes.)

CHRONIQUE

— **L'Association des artistes lorrains,** dans sa réunion du 6 juin, a décidé de se mettre à la disposition de la municipalité et d'un comité artistique à créer à Remiremont, pour contribuer à l'organisation dans cette ville d'une exposition de peinture, au mois d'août prochain. Comme elle l'a fait l'an dernier pour l'exposition de Saint-Dié, l'Association centraliserait les envois de Nancy et des environs, afin d'éviter au comité et aux artistes les frais d'emballage et d'expédition. Si ce projet est adopté, l'Association adressera à temps aux artistes lorrains des lettres d'invitation et le règlement de l'exposition de Remiremont.

— Des remerciements à **M. Edmond Roussel** ont été votés, à la même séance, par l'Association des Artistes lorrains, pour la subvention qu'il a obtenue de la Société des artistes français, et qui vient s'ajouter aux sommes consacrées par notre Association au soulagement de malheureux artistes lorrains.

— **Le Musée lorrain** vient d'exposer, dans une vitrine provisoire placée au milieu de la salle consacrée à la topographie et à l'histoire de Nancy, la plupart des objets trouvés dans les fouilles récentes du cimetière mérovingien de Saint-Jean du Vieil-Aître, rue des Goncourt. On remarque surtout, dans cet ensemble de près de 300 pièces, la richesse et l'élégance des bijoux et colliers, la délicate fabrication des boucles et agrafes en bronze ciselé, des plaques de ceinturon en fer niellé d'argent, ainsi que l'abondante variété des armes et le décor primitif des poteries. Ce nouvel enrichissement du Musée lorrain fait honneur à la Société d'archéologie qui a soigneusement conduit les fouilles, ainsi qu'aux propriétaires du terrain, MM. Nathan, qui ont libéralement abandonné la propriété de ces trouvailles, et enfin au dévoué conservateur du Musée, M. L. Wiener, qui les a déterminées et classées avec tant de soin.

— **Le Musée de peinture de Nancy**, dont les restaurations et les remaniements sont terminés, présente un nouvel aspect de musée presque inédit, même pour ses fervents habitués. Bien des toiles, mieux placées à leur jour, se montrent avec des finesses ou des nuances que l'on ne soupçonnait pas. D'autres, discrètement débarrassées d'un excès de vernis bitumineux et des maculatures du temps, présentent enfin leur ton véritable et nous prouvent que les coloristes d'antan ne peignaient pas exclusivement avec des laques de réglisse et des jus de fourneau. Nous reviendrons prochainement sur cette délicate question du nettoyage, contentons-nous aujourd'hui de signaler quelques acquisitions nouvelles de notre Musée. Deux envois de l'État : *La part du capitaine*, par M. de Beaumont, qui figura depuis 1868 au Luxembourg, et un important *Pœlemburg* d'une grande délicatesse. *La Nymphe* de M. H. Royer est vue sous un beau jour, dans le grand salon du fond. Les quatre *Clouet*, dons de M. Fabricius, sont merveilleux de finesse. L'*Andromède*, de Van Thulden, donnée par M. Devilly, est superbe de couleur et de largeur d'exécution. Enfin, on verra pour la première fois les quatorze toiles de la donation Balbâtre et celles du legs Rivot dont nous avons parlé dans un de nos derniers articles. Prochainement sera ouverte une nouvelle salle de dessins lorrains et de gravures, le numérotage sera refait et le nouveau catalogue publié.

— **M. Auguste Desch**, élève de notre école régionale et municipale des Beaux-Arts, vient d'obtenir le second prix, avec 500 francs de prime, au dernier concours de composition décorative organisé à l'École des Beaux-Arts de Paris par la Société d'encouragement à l'art et à l'industrie, avec l'aide et sous le patronage du Ministre de l'Instruction publique et des Beaux-Arts. Le sujet de concours comportait la décoration d'un thermomètre et d'un baromètre à cadran réunis sur une applique décorative. A ce concours ont pris part les élèves de l'École des Arts décoratifs de Paris, des écoles de la ville de Paris et des écoles régionales de France.

— **M. Louis Fuchs**, ancien élève de l'École des Beaux-Arts de Nancy, vient d'obtenir pour le concours du Louvre (armoire et lit) une médaille d'or et une prime de 500 francs. La remise de ces récompenses a été faite le 31 mai, sous la présidence de M. le colonel Laussedat, représentant le ministère, après lecture du rapport de M. Guadet, architecte.

— **M. Henri Rovel**, de Saint-Dié, vient d'obtenir la première médaille à la distribution des récompenses attribuées aux artistes ayant participé à l'exposition des beaux-arts de Tunis, organisée par l'Institut de Carthage. A la même cérémonie, le bey de Tunis a nommé M. Henri Rovel officier de l'ordre du Nicham Iftikar.

— **M. Louis Majorelle** vient d'obtenir, au Salon des Champs-Élysées, une troisième médaille pour la belle table en sculpture et marqueterie modernes, intitulée la *Source*, composée et exécutée avec la collaboration artistique de M. J. Gruber.

— **Le portrait de Gérôme, par Morot**, nous est annoncé comme devant figurer au prochain Salon de Nancy.

— **M. Vereschaguine**, dont l'exposition, sur la place Bellecour, à Lyon, a tant de succès en ce moment, a l'intention de transporter l'an prochain cette exposition à Nancy. De telles occasions font regretter que Nancy ne possède pas encore, comme d'autres villes, un Cercle pourvu d'une vaste et élégante salle, pouvant servir aux expositions particulières, aux concerts, bals, etc.

— **M. Benoît-Godet**, sculpteur, vient d'être chargé par la ville de Nancy de la restauration complète des charmantes fontaines de la place Carrière, si indignement mutilées au cours des dernières années.

Un crédit pour la réfection des quatre grilles de Jean-Lamour, des quatre vases et des quatre groupes surmontant les fontaines, ayant été voté l'an passé par le conseil municipal, les artistes se sont mis à l'œuvre ces jours derniers. Toutes les mutilations vont disparaître, et, autant que possible, les groupes seront rétablis avec des modelages en ciment, dans leur primitif état.

— **Le Musée de Lunéville**, dont le local était depuis longtemps insuffisant, va être agrandi. Le conseil municipal a voté dans ce but une somme de 25,000 francs et a chargé de ce travail M. Lucien Weissenburger, architecte à Nancy.

— **Le Musée de Saint-Dié**, beaucoup plus important que celui de Lunéville, est toujours dans les greniers du théâtre, au-dessus des loges d'acteurs, condamné à l'incendie, ainsi que la riche bibliothèque provenant des couvents de Senones, Moyenmoutier, Etival, et qui contient de si précieux manuscrits. A chacune de leurs visites, les inspecteurs des beaux-arts protestent contre cette incurie dont la responsabilité serait lourde en cas de sinistre.

— **La statue de Jeanne d'Arc**, à Domremy, commandée il y a quelques années à M. Mercié, ne pouvant être inaugurée avant 1897, la Commission de conservation de la maison de Jeanne d'Arc, dans sa dernière réunion à Domremy, a délégué deux de ses membres auprès du sculpteur pour lui demander d'inaugurer le monument à l'automne prochain, avec la maquette figurant au Salon. On espère que le Président de la République, se rendant à la revue finale des manœuvres de l'Est, pourrait présider à cette inauguration.

— **La statue de Jules Ferry à Saint-Dié,** dont nous avions annoncé par erreur l'exposition au Salon de cette année, est loin d'être aussi avancée, paraît-il, que celle de Jeanne d'Arc. En plus des 100,000 francs de la souscription, auxquels elle a contribué pour une bonne part, la ville de Saint-Dié vient encore de voter une forte somme pour la démolition de l'utile et gracieuse fontaine de la Meurthe, que la statue de Mercié va remplacer, et dont les frais de destruction ou de transport auraient dû incomber à la souscription.

— **La statue de Jeanne d'Arc à Mousson**, dont l'auteur, Mme la duchesse d'Uzès, ignorait l'existence, vient d'être revendiquée par elle, comme sa propriété exclusive. La maquette a été coulée en fonte pour le prix de 2,500 francs. Jeanne d'Arc écrasant le léopard lève son épée vers le ciel et tient de l'autre main son étendard. L'héroïne est vêtue d'une armure. Toute la statue est en fonte dorée. Elle se dresse au sommet de la tour qui a été construite en collaboration par MM. Bourgon et Schuler, et s'élève sur un haut piédestal crénelé, tout en fer, œuvre de M. Bourgon, exécutée par la maison Pantz, de Pont-à-Mousson. On assure que cette statue sera inaugurée au cours de ce mois par l'évêque de Nancy.

— **Le prix des statues en bronze** est peu connu du public, qui lui attribue souvent une valeur exagérée. Les acquisitions de la ville de Paris aux deux Salons de cette année peuvent servir de documents à ce sujet. On sait que la municipalité parisienne se réserve le droit de faire reproduire les statues en terre ou en plâtre qu'elle achète, après avoir consulté leur auteur sur le mode de reproduction qu'il préfère : marbre ou bronze. Cette année, quatre artistes sur neuf ont demandé que leur œuvre fut reproduite par le bronze et ces reproductions ont coûté de cinq à sept mille francs chacune. Il y a même des fondeurs qui reproduisent pour trois mille francs une statue de deux mètres cinquante. Mais les artistes, ayant le choix du fondeur, préfèrent ceux dont la fonte est plus soignée et par conséquent plus coûteuse. Quant aux reproductions en pierre et en marbre, elles coûtent en moyenne, à la ville de Paris, de dix à quinze mille francs chacune, soit le double des statues en bronze, mais leur effet clair dans un monument est autrement décoratif que celui des figures noires.

G. S.

Le gérant : Mercier.

N° 7. Juillet 1895.

BULLETIN

DES SOCIÉTÉS ARTISTIQUES DE L'EST

Le *Bulletin des Sociétés artistiques de l'Est*, paraissant chaque mois, est l'organe des associations suivantes :

Société lorraine des Amis des Arts,
Association des Artistes lorrains,
Société des Architectes de l'Est,
Association amicale des anciens Élèves de l'École des Beaux-Arts.

Tous les adhérents des quatre Sociétés, au nombre de 1.200, reçoivent gratuitement le *Bulletin* et ses suppléments.

En dehors des Sociétés, l'abonnement est de 2 francs par an.

Rédaction : 1, place Saint-Jean.
Annonces : 0 fr. 50 la ligne, par an.

SOCIÉTÉ LORRAINE DES AMIS DES ARTS

La Commission de la *Société lorraine des Amis des Arts*, désirant mettre MM. les Sociétaires à même de juger, pièces en main, le différend qui s'est élevé avec la *Société d'horticulture*, et qui menace de supprimer les expositions annuelles de peinture, pour les ramener à la périodicité bisannuelle d'autrefois, publie ci-dessous tous les documents concernant cette affaire, parus depuis le dernier numéro du *Bulletin*.

I

Pétition adressée par MM. les Membres de la Commission de la Société centrale d'horticulture, à MM. les Ediles de la Ville de Nancy.

SOCIÉTÉ CENTRALE D'HORTICULTURE DE NANCY

Nancy, le 24 juin 1895.

Monsieur le Maire,
Messieurs les Adjoints,
Messieurs les Membres du Conseil municipal de la ville de Nancy.

Au nom de la *Société centrale d'horticulture de Nancy*, que nous avons l'honneur de représenter, nous venons vous remercier de la bienveillance avec laquelle vous nous avez accordé les galeries de la salle Poirel pour notre exposition automnale du 5 au 10 novembre 1896, et vous prier de bien vouloir consacrer cette décision en nous garantissant l'usage des mêmes galeries tous les deux ans, à la même époque, à partir de 1896.

Dès la fondation de la salle Poirel, dont les galeries étaient, dès l'origine, destinées aux expositions de toutes sortes, la Société d'horticulture avait pu y faire tous les deux ans son exhibition des chrysanthèmes et des autres plantes, dont la floraison est si précieuse à cette époque avancée de l'année. L'exposition de fleurs alternait avec celle de peinture. Depuis 1892, la Société lorraine des Amis des Arts imagina de rendre ses expositions annuelles, et la Société d'horticulture se vit régulièrement refuser les galeries du 15 octobre au 10 décembre. En en faisant la demande un an et demi d'avance, nous avons enfin pu les obtenir pour le mois de novembre 1896 pendant les six jours qui sont nécessaires à notre exposition d'automne.

Malgré ce résultat acquis, et d'après les conseils de Monsieur le Maire qui croyait, comme nous, que les Amis des Arts et les Amis des fleurs pouvaient trouver entre eux un terrain de conciliation, notre société a chargé Monsieur Crousse, l'un de ses vice-présidents, de soumettre à Monsieur le Président de la Société des Amis des Arts différentes propositions qui, si elles avaient été acceptées, auraient permis à celle-ci de faire, en novembre 1896, son exposition, à laquelle aurait été adjointe, pendant trois ou quatre jours, une exposition de plantes fleuries et de fleurs (les légumes, les fruits et les arbres étant exclus).

Nous pensions que le public ne se plaindrait pas de pouvoir admirer à la fois les tableaux et les fleurs et que ni l'une ni l'autre des deux sociétés participantes n'y verrait ses intérêts compromis. En résumé, détails laissés de côté, notre Société disait à peu près à la Société de peinture : « La Ville de Nancy nous accorde les galeries de la salle Poirel au mois de novembre 1896, en voulez-vous la moitié ? Vous aurez les murs, nous occuperons le centre. » Cette tentative de conciliation, dont Monsieur le Maire avait pris l'initiative, a été purement et simplement repoussée par la Société des Amis des Arts.

De son côté, cette Société vous demande l'usage exclusif des galeries pendant deux mois de l'automne, pour cinq ans de suite, et naturellement elle renouvellera sa demande dans cinq ans, ce qui reviendrait à interdire à tout jamais les galeries Poirel à nos expositions automnales. Nous admettons bien qu'elle ait intérêt à préférer cette époque à une autre, mais à qui fera-t-on croire qu'il soit impossible d'exposer des œuvres d'art à un autre moment de l'année ? A nous, au contraire, c'est la Nature qui impose ses époques, et dire qu'il est plus facile de montrer en juin une collection d'aquarelles qu'une collection de chrysanthèmes fleuris, c'est constater un fait d'une évidence banale.

On sait quel développement a pris, depuis plusieurs années, la culture du chrysanthème ; on sait aussi de quelle faveur jouit cette belle plante, non seulement auprès des connaisseurs, mais encore auprès du grand public et des artistes ; on sait enfin quel merveilleux effet décoratif elle peut produire lorsqu'elle est présentée à sa saison favorable. Nous refuser les galeries Poirel à ce moment, c'est refuser au public nancéien l'un des spectacles dont il se montre le plus friand, c'est en même temps interdire à notre Société l'une de ses manifestations les plus légitimes et les plus essentielles.

Or, nous prétendons avoir droit à l'existence, c'est-à-dire à la bienveillance des pouvoirs publics, au même titre que n'importe quelle autre société. Si l'on considère l'ancienneté, on peut observer que la Société d'horticulture existait dès 1820, comme branche de la Société d'agriculture, qu'elle s'est rendue indépendante en 1841, qu'elle n'a cessé de fonctionner pour le plus grand agrément des amateurs de fleurs, et qu'elle a fait tous ses efforts pour répandre, non seulement à Nancy, mais dans les campagnes, le goût de la culture et l'instruction horticole.

Nous sommes les premiers à reconnaître les mérites des artistes lorrains, et nous sommes fiers de l'éclat que leurs œuvres font rejaillir sur notre cité ; mais, quoiqu'il en coûte à notre modestie, nous ne craignons pas de dire que la Société d'horticulture nancéienne représente un centre horticole dont les créations ne sont égalées dans aucune autre ville du monde. Nous répéterons à nos concitoyens ce mot d'un Anglais (1) qui appelait Nancy *la Mecque des jardiniers*, le lieu saint où les dévots de l'horticulture de tous pays vont en pèlerinage. Nous citerons cet aveu d'un Allemand (2) qui, visitant, il y a quelques jours, les établissements horticoles de notre ville, disait : « Il n'y a pas au monde de jardin, si petit qu'il soit, où l'on ne trouve au moins une plante ayant vu le jour à Nancy. » Ajoutons que notre Société a eu tout récemment l'honneur de fournir, à la grande Exposition internationale d'horticulture de Paris, trois membres du Jury : son Président, son Vice-Président honoraire, et l'un de ses Vice-Présidents. Enfin, le haut intérêt que les pouvoirs publics portent à la prospérité de notre Société est témoigné par les subventions que le Ministère de l'Agriculture, le département de Meurthe-et-Moselle et la ville de Nancy lui allouent chaque année.

Nous n'avons pas l'intention de faire ressortir davantage les services que peut rendre une société d'horticulture, dont les manifestations extérieures sont encouragées par la bienveillance publique. C'est en voyant les fleurs qu'on apprend à les aimer, à les connaître et souvent à les cultiver, et y a-t-il beaucoup d'occupations plus saines, plus hygiéniques et plus agréables ? L'ouvrier qui cultive son petit jardinet entre ses heures de travail, ne va pas grossir la clientèle des cabarets ; l'homme, que des occupations assidues retiennent une grande partie de la semaine dans un bureau, un atelier ou un magasin, est heureux de passer quelques heures à soigner ses plates-bandes ; enfin, quand l'âge l'oblige à renoncer à un travail actif, c'est dans son jardin qu'il trouve le meilleur remède à l'oisiveté et à l'ennui qui le menacent.

Nous savons que les expositions de peinture donnent lieu à

(1) M. John T. Poé, dans le journal anglais *The Garden*.

(2) M. Max Kolb, directeur du Jardin des Plantes de Munich.

d'importants résultats pécuniaires, mais nous croyons que c'est bien peu de chose à côté des chiffres de vente réalisés chaque année, à Nancy, par les établissements d'horticulture, grands et petits, et par tous ceux qui, à un degré quelconque, vivent des produits de leur jardin. Le goût des choses de l'art est assurément très répandu dans notre ville, mais à combien peu est-il donné de le satisfaire ? Les œuvres des artistes s'adressent à une minorité, celle des favorisés de la fortune ; les fleurs vont partout. L'horticulture est, de toutes les professions, l'une des plus démocratiques ; si elle ne conduit pas à la richesse, elle ne jette jamais dans la misère, elle permet aux petits de vivre de leur propre travail, et l'on ne saurait croire combien de pauvres gens lui doivent de gagner honorablement quoique péniblement leur vie.

En résumé, Messieurs, nous ne demandons pas de privilèges, mais nous désirons être traités sur le pied d'une égalité parfaite avec la Société des Amis des Arts, et nous protestons avec la plus grande énergie contre une prétention qui, si elle était admise, aurait pour effet de nous interdire d'une façon absolue et indéfinie l'accès de la salle Poirel, chaque automne. La Société des Amis des Arts réclame l'usage exclusif des galeries pendant cinq ans de suite ; nous, qui pourrions aussi faire des expositions chaque année, nous ne la sollicitons que tous les deux ans.

Enfin, nous nous permettons d'invoquer le but que la ville s'est proposé en construisant la salle Poirel. Nous nous rappelons parfaitement (et nous apportons à l'appui de notre souvenir le témoignage de l'homme qui dirigeait, à cette époque, l'administration municipale, M. Volland, sénateur de Meurthe-et-Moselle), que la salle Poirel et ses galeries ont été bâties en vue des expositions de toutes sortes, et que tel a été le désir formel des donateurs, amis des tableaux et des fleurs (1).

(1) Voici, d'autre part, copie de la lettre de M. Volland, sénateur de Meurthe-et-Moselle, à laquelle il est fait allusion ci-dessus :

« Sénat. — Paris, le 3 avril 1895.

« Mon cher Lemoine,

« C'est avec plaisir que j'ai reçu de vos nouvelles. Vos souvenirs sont très « exacts C'est en vue de favoriser *toutes* nos expositions locales que la salle « Poirel a été aménagée. Tel a bien été le but de la ville et c'est ainsi que, « reconnaissant la difficulté de faire de la salle principale une salle se prêtant « à tous les usages, nous avons été conduits à faire des galeries d'exposition. « Non seulement tel a bien été le dessein de la ville, mais je puis apporter ce « témoignage que tel a aussi été le désir formel des donateurs, amis de tous « les arts, des tableaux et des fleurs. Comme aucune de nos sociétés ne peut « prétendre à un usage exclusif de la salle et des galeries, il faut bien trou- « ver un mode de jouissance et de règlement, et c'est ce qui a toujours été « fait, parce que cela est dans la nécessité des choses, conforme à la volonté « de M. et Mme Poirel, à nos vieux usages nancéiens, qui s'appliquaient déjà « de cette façon quand il s'agissait de la vieille et maussade Université.

« Je ne tarderai pas à revenir à Nancy ; en attendant, je vous envoie mes « meilleures amitiés. « AD. VOLLAND. »

Veuillez agréer, Messieurs, l'assurance de notre parfaite considération.

	MM.
Le Président	Simon (Léon).
Le Vice-Président honoraire	Lemoine (Victor).
Les Vice-Présidents	Crousse et Gallé (Emile).
Le Secrétaire général	Lemoine (Emile)
Le Trésorier	Stofflet.
Les Membres du Conseil d'administration	Bel (Alfred). Colson (Léon). Lallement (Léopold). Muller (Antoine). Balthazard. Thouvenin.

II

Lettre adressée par M. le Président de la Société lorraine des Amis des Arts à M. le Président de la Société centrale d'horticulture de Nancy.

Nancy, le 1er juillet 1895.

Monsieur le Président,

Je viens de lire la demande que la Société d'horticulturea a dressée le 24 juin 1895 à la Municipalité nancéienne pour lui demander l'usage bisannuel au mois de novembre, des galeries de la salle Poirel.

Sans entrer dans l'examen des nombreuses considérations étrangères au débat que vous énumérez, je dois cependant relever un point essentiel afin de rétablir les choses dans leur véritable jour.

Vous dites que la Société des Amis des Arts a repoussé les différentes propositions que vous lui avez soumises pour faire en même temps qu'elle une exposition ne comprenant uniquement que des fleurs (les légumes, les fruits et les arbres étant exclus).

Ce dire n'est pas conforme aux faits.

Voici ce qui s'est passé :

La Société des Amis des Arts, avisée officiellement par M. le Maire qu'il avait disposé en votre faveur pour novembre 1896, des galeries de la salle Poirel afin d'y faire une exposition de Chrysanthèmes, a pris vis-à-vis de la Société d'horticulture l'initiative de la proposition suivante :

Du 8 au 12 novembre, époque choisie par la Société d'horticulture, la Société des Amis des Arts mettrait à la disposition de celle-ci, à son choix, une des galeries latérales de la salle Poirel, fermée au besoin de façon à y comprendre l'extrémité de la galerie centrale, ce qui donnerait à la galerie ainsi disposée une longueur de quarante mètres.

La Société d'horticulture ferait dans cette galerie son exposition de Chrysanthèmes, les tableaux et dessins restant accrochés aux murs, et elle disposerait ainsi d'une entrée particulière, lui permettant d'être chez elle et de toucher l'intégralité de ses entrées, la Société des Amis des Arts renonçant pendant le temps de l'exposition de fleurs à la jouissance des tableaux et dessins que celle-ci renfermera.

Cette proposition a été transmise par moi à M. Crousse, l'un de vos vice-présidents, qui me répondit, peu de temps après et toujours de vive voix, que votre bureau demandait l'usage *des trois galeries*, pour y faire *une exposition complète d'automne, de fleurs, fruits et légumes*.

C'est cet accroissement d'exigences que la Société des Amis des Arts a dû repousser, non par dédain pour les produits horticoles, mais parce que leur exposition exige un agencement de tables, tréteaux, planches, etc..., dont le maniement au milieu de tableaux serait des plus dangereux, et que la mutilation d'une toile de prix pourrait entraîner entre les deux sociétés les plus fâcheuses contestations.

La lettre de M. Crousse, en date du 29 avril, revient bien en partie sur ces exigences, mais en partie seulement et peu nettement, disant : « et en fait de fruits, ne figureraient que ceux qui seraient nouveaux ou réellement intéressants. »

Les fruits, même nouveaux et intéressants, exigeront l'agencement dont je viens de parler en en signalant les graves inconvénients.

La Société d'horticulture n'ayant jamais, même pour ses expositions complètes, utilisé les trois galeries, la Société des Amis des Arts pensait qu'une galerie disposée comme elle le proposait serait largement suffisante pour l'exposition spéciale des fleurs d'automne, et elle faisait ainsi le sacrifice important d'une portion de son exposition pendant près d'une semaine pour donner satisfaction à tous les intérêts et montrer son désir d'arriver à une entente cordiale.

Il est donc inexact de dire que la Société des Amis des Arts a repoussé toutes les tentatives de conciliation : C'est au contraire elle qui en a pris l'initiative, c'est elle qui a fait les premiers pas, et elle n'a dû s'arrêter que parce qu'à mesure qu'elle faisait une concession, les exigences de la Société d'horticulture allaient en croissant. Elle n'a pas repoussé, comme vous le dites, les tentatives de conciliation qui auraient été faites par M. le Maire de Nancy ; si ce magistrat avait voulu assumer le rôle de conciliateur, il eût tout naturellement réuni dans son cabinet les représentants des deux sociétés pour arriver en sa présence et sous sa direction à une entente contradictoire.

Le fait que cette démarche n'a pas eu lieu prouve que M. le Maire n'a pas pris le rôle que vous lui attribuez et que par conséquent la Société des Amis des Arts n'a pas tenu à son égard la conduite peu convenable et peu respectueuse que vous lui prêtez.

Voilà, M. le Président, les points que je tiens à bien établir, pour permettre à nos concitoyens d'asseoir leur opinion sur des faits précis.

Quant aux autres considérations étrangères au sujet, telles que les mérites et l'importance relative des deux sociétés, vous me permettrez de ne pas les discuter, les Amis des arts ne voulant pas se départir de la réserve dont ils croient avoir fait preuve jusqu'à présent.

Veuillez bien agréer, je vous prie, M. le Président, l'assurance de ma considération la plus distinguée.

Le Président,

E. ADAM.

Une copie de cette lettre a été remise à M. le Maire de la ville de Nancy pour être jointe au dossier.

III

Lettre adressée à M. le Maire de Nancy par le Comité de l'Association des Artistes lorrains :

Nancy, le 3 juillet 1895.

Monsieur le Maire,

Le Comité de l'*Association des Artistes lorrains* vient de prendre connaissance d'un mémoire imprimé, adressé par le bureau de la Société d'horticulture à la Municipalité de Nancy et lui demandant de retirer aux artistes, tous les deux ans les galeries Poirel, pendant le mois où s'y tient ordinairement notre exposition annuelle des beaux-arts, afin d'y installer pour quelques jours une exposition de chrysanthèmes.

Permettez-nous, Monsieur le Maire, d'avoir encore une fois recours à votre justice pour vous faire observer combien il serait regrettable de supprimer par cette mesure, la régularité des expositions de la *Société lorraine des Amis des arts.*

Cette Association, émanée il y a soixante-trois ans de l'Académie de Stanislas, n'a cessé depuis, par des efforts persévérants, de maintenir notre ville et notre province au rang artistique auquel elles ont droit par leur passé et leur importance. Et c'est au moment où, grâce au zèle dévoué du bureau et des membres de cette société, nous obtenions un résultat si longtemps attendu, que nous sommes arrêtés dans l'accomplissement de notre œuvre par une association également dévouée au progrès et composée presque des mêmes éléments que la Société des Amis des arts !

Vous savez, Monsieur le Maire, combien nos expositions annuelles sont nécessaires aux 300 artistes lorrains qui n'ont que ce moyen de produire leurs œuvres en public et de rivaliser d'émulation et de talent avec leurs confrères plus privilégiés de la capitale. Nous avons déjà eu l'honneur de vous exposer les multiples raisons qui ne permettent pas de varier l'époque des Salons de Nancy, fixée habituellement au mois de novembre ; tandis que, la floraison des chrysanthèmes commençant en septembre, leur exposition aurait autant de succès dans les derniers jours d'octobre que dans les premiers de novembre.

MM. les Horticulteurs, qui ont déjà sur nous l'avantage d'avoir plusieurs expositions dans l'année, ont-ils montré le même esprit de conciliation que le bureau des Amis des arts, quand ils ont refusé son offre d'une surface de 400 mètres carrés et réclamé l'occupation par eux de toutes les galeries de peinture, avec des fruits et des arbustes? Y a-t-il une autre ville, de l'importance de Nancy, où l'on ait admis ce mélange d'horticulture et de peinture, exigé par nos concurrents ? La Ville de Nancy l'accepterait-elle dans ses musées ? Or, ce que vous, Monsieur le Maire, refuseriez-vous sans doute, quant aux œuvres d'art dont vous avez la garde, on ne saurait en toute justice nous reprocher de ne l'accepter que dans une juste mesure et nous en punir en supprimant la moitié de nos expositions qui sont, tout autant que les musées, un enseignement et un élément de progrès artistique.

Quant au local que la Municipalité veut bien nous prêter, nous avons toujours reconnu avec M. Volland et MM. les Horticulteurs, que toute société y avait autant de droits ; mais la ville en l'agençant spécialement pour l'attache des tableaux, entendait sans doute le consacrer aussi bien aux salons de peinture qu'à toute autre exposition et nous ne croyons pas abuser, pour notre part, de cette hospitalité, en l'occupant un mois sur douze.

Nous espérons, Monsieur le Maire, qu'un arrangement amiable entre les deux sociétés pourra encore résoudre ce différend, grâce à votre bienveillante intervention. L'obstacle qui vient d'être suscité à notre œuvre artistique n'ayant pas pour origine de mesquines animosités et n'ayant que l'effet d'un malentendu, sera facilement dissipé, nous en sommes certains, car nous apprécions hautement le culte du beau et la mission artistique que s'est tracée la Société d'horticulture de Nancy et qu'elle accomplit avec succès, grâce ou travail patient, au désintéressement et au goût éclairé de ses sociétaires ; tout en appréciant au même titre la Société des Amis des arts.

Veuillez agréer, Monsieur le Maire, l'expression respectueuse de nos sentiments de haute considération.

Pour le Comité de l'Association des Artistes lorrains,
Le Président, A. VIERLING.

IV

Dans sa séance de samedi 6 courant, le Conseil municipal a abordé l'examen de cette affaire.

La Société des Amis des Arts a trouvé dans le sein du Conseil de nombreux et éloquents défenseurs, notamment MM. Grillon, Gutton et Lombard, auxquels elle adresse ses plus vifs et ses plus sincères remerciements.

La demande de location des galeries Poirel a cependant été repoussée et l'affaire renvoyée à l'Administration avec prière d'user de toute l'influence qu'elle peut avoir pour arriver à la conciliation

La Société des Amis des Arts n'a eu recours à une demande de location que pour formuler d'une manière concrète la nécessité pour elle d'être assurée de la jouissance annuelle des galeries Poirel pour ses expositions : une simple assurance à cet égard, donnée par M. le Maire, aura pour elle la même valeur.

Pour arriver à une conciliation de tous les intérêts, la Commission des Amis des Arts est prête à discuter et à adopter toute combinaison qui ne compromettra pas l'existence ou la réussite de ses expositions, et certaines indications qui ont été données par M. le Maire au cours de la discussion, lui donnent le ferme espoir que ce bon accord ne tardera pas à être réalisé.

M. Thomas-Mallarmé, secrétaire de la Société des Amis des Arts, devant faire cet été une assez longue absence, les personnes qui auraient des communications à lui faire sont priées de vouloir bien les adresser à M. Mercier, trésorier de la Société, rue de Rigny, 19, à Nancy.

ASSOCIATION DES ARTISTES LORRAINS

Règlement de l'Exposition des Beaux-Arts de Remiremont

(Août-Septembre 1895)

1° Une Exposition des Beaux-Arts aura lieu à Remiremont, en août 1895, et durera un mois. Son ouverture coïncidera avec les fêtes d'inauguration du Monument commémoratif militaire qui auront lieu sous la présidence d'un membre du gouvernement.

Tous les artistes français peuvent être admis à prendre part à l'Exposition.

2° L'Exposition est organisée par un Comité constitué à Remiremont, avec la collaboration et le concours de l'*Association des Artistes Lorrains*, dont le siège est à Nancy.

3° Le Comité est composé de dix-sept membres, parmi lesquels figurent le Président et le Secrétaire de l'Association des Artistes Lorrains.

5° Le Comité de Remiremont est chargé de l'organisation, de l'installation et de l'administration de l'Exposition.

5° Le bureau de l'Association des Artistes Lorrains organisera l'emballage et le transport, aller et retour, des toiles centralisées à Nancy.

6° L'Exposition comprendra toutes les œuvres d'art: peintures à l'huile, pastels, aquarelles, miniatures, dessins, gravures, architecture, sculpture, céramique, verreries et objets d'art décoratif.

7° Ne seront pas admis les tableaux ou dessins sans cadre, ni les copies, à moins qu'elles ne soient exécutées par un procédé différent de l'original.

8° Le Comité se réserve le droit d'examen et d'admission des ouvrages envoyés.

9° A moins d'une autorisation spéciale, les tableaux ne devront pas mesurer plus de deux mètres, cadre compris, sur leur plus grand côté. Ceux de forme ovale ou ronde devront être ramenés à la forme rectangulaire.

10° Aucune œuvre ne pourra être retirée avant la clôture de l'Exposition.

11° Les tableaux ou dessins devront être emballés dans des caisses à vis et garnis de fascines ou tampons aux coins des bordures.

12° Les envois directs seront adressés, affranchis, au Président du Comité de l'Exposition, à Remiremont, et devront lui parvenir entre le 15 juillet et le 1er août. Toute caisse non affranchie sera refusée. Les frais de retour seront, comme les frais d'envoi, à la charge des exposants.

13° Les exposants, membres de l'Association des Artistes Lorrains, auront droit au transport gratuit de leur envoi, de Nancy à Remiremont, aller et retour, si leurs œuvres sont déposées chez M. Olivier, encadreur, rue Saint-Dizier, 43, à Nancy, avant le 25 juillet.

14° Les artistes de la région de l'Est, qui ne sont pas membres de l'Association, peuvent, en s'y faisant incrire, profiter de la gratuité du transport.

L'Association se chargera du transport gratuit et du dépôt à la salle Poirel des œuvres destinées à l'Exposition des *Amis des arts* de Nancy, qui aura lieu après celle de Remiremont.

15° L'envoi des deux notices imprimées jointes au présent règlement est de rigueur pour assurer l'exposition des œuvres présentées.

MM. les Exposants devront remplir et signer ces notices conformément aux indications qu'elles portent; ils devront envoyer l'une d'entre elles soit au Président du Comité de Remiremont, si les œuvres lui sont adressées directement, soit au Secrétaire de l'Association des Artistes Lor ains, place Saint-Jean, 1, à Nancy, si les œuvres sont déposées chez M. Olivier; ils devront joindre l'autre notice aux œuvres qu'ils expédient.

Une étiquette devra être collée au dos de chacune des œuvres, indiquant clairement les nom, prénoms et adresse de l'exposant, ainsi que le titre de l'œuvre.

16° Le Comité veillera avec le plus grand soin au déballage, au placement et au remballage des œuvres envoyées.

Il prendra, pour leur conservation, toutes les mesures désirables.

Il les fera même assurer contre l'incendie d'après les prix indiqués par les exposants. Mais il n'assume aucune responsabilité soit en cas d'avaries survenues au cours du transport ou pendant l'exposition, soit en cas de soustraction.

Il fait les mêmes réserves en ce qui concerne les énonciations du catalogue dont les erreurs ou omissions ne pourront jamais lui être opposées.

17° Toutes les réclamations qui ne seraient pas parvenues au Président du Comité de l'Exposition, à Remiremont, dans le mois qui suivra la clôture de cette Exposition, seront considérées comme nulles et non avenues.

18° Une Tombola, dont le tirage aura lieu à la fin de l'Exposition comprendra les œuvres d'art qui seront offertes soit par les exposants, soit par l'Administration des Beaux-Arts, soit par toute autre personne.

La somme totale des bénéfices de l'Exposition sera employée à des achats aux exposants. Ces achats seront faits par le Comité.

Le Comité disposera des œuvres acquises, d'abord pour augmenter les lots de la Tombola et ensuite, si le succès de l'Exposition le permet, soit en faveur de la Ville, soit pour aider à la création d'un musée à Remiremont.

19° Les artistes qui vendront des œuvres, soit au Comité, soit aux particuliers, verseront une somme représentant les 5 p. 100 de la vente, prélèvement consacré à la caisse de secours de l'Association des Artistes Lorrains. Le Comité de Remiremont retiendra ces sommes pour le compte de l'Association.

20° Les lots non retirés et les œuvres non réclamées avant le 1er novembre 1895, resteront acquis à la Ville de Remiremont.

21° Le fait d'envoyer des œuvres à l'Exposition de Remiremont constitue pour tous ceux qui les envoient une adhésion formelle aux clauses du présent règlement.

22° Les Artistes qui recevront le présent règlement, sont priés de bien vouloir se considérer comme invités à prendre part à l'Exposition.

COMPOSITION DU COMITÉ :

MM. FRANÇAIS, de l'Institut, *Président d'honneur.*
le Sous-Préfet de Remiremont, *Membre d'honneur ;*
le Maire de Remiremont, —
Charles de BRUYÈRES, —
DESBLEUMORTIERS, avocat, *Président.*
ROUYER, inspecteur des forêts, *Vice-Président.*
De la ROCHE-DUMAS, receveur particulier des finances, *Trésorier.*
RONDOT, professeur de dessin au Collège, *Secrétaire.*
DELSART, substitut; FACHOT, architecte; Paul FOREL, négociant; GUINGOT, peintre ; HINDERMEYER ; peintre, HUMBERT, directeur des travaux municipaux, MAZURIER, avocat, MULLER. gent-voyer d'arrondissement ; PERRON, architecte ; SAVE, Secrétaire de l'Association des Artistes Lorrains, à Nancy ; STŒCKLIN, industriel; TULPAIN, juge d'instruction; VIERLIN , Président de l'Association des Artistes Lorrains, à Nancy, *Membres.*

LA TABLE A JEU DE STANISLAS AU MUSÉE LORRAIN

Parmi les meubles curieux exposés au Musée lorrain, l'un des plus remarqués par les visiteurs est une table légère et gracieuse, dont le dessus est décoré par une mosaïque de stuc représentant des cartes à jouer étalées au milieu d'un entourage de fleurs et de rocailles.

On chercherait longtemps, parmi les habiles artistes du mobilier moderne, un fabricant capable d'exécuter une mosaïque semblable. On fait actuellement d'admirables marqueteries de bois, de délicates incrustations d'ivoire, de nacre et de cuivre ; mais on a abandonné, on ne sait pourquoi, la mosaïque en pâtes colorées, bien plus gaie et harmonieuse de ton que les précédentes, se prêtant mieux à tous les sujets, surtout dans les gammes claires, enfin plus artistique comme exécution et absolument inaltérable.

Un seul artiste, à notre connaissance, fabrique encore ce genre de décoration, M. Beaudequin, à Paris, qui, sous le nom de *Cimosaïque*, l'applique à des panneaux d'une seule pièce, sur toutes dimensions, incrustés régulièrement dans toute leur épaisseur et qui sont autrement décoratifs, sur les murs, que les vulgaires incrustations de marbres dont nous fatiguent les stucateurs italiens. Mais nous n'avons pas encore vu de cimosaïque moderne appliquée à des meubles, tandis que la table du Musée lorrain est là pour nous montrer tout le parti que l'on savait tirer de ce genre d'incrustations, au siècle dernier, en Lorraine.

La technique de ce procédé paraît assez simple, comme exécution. Les matériaux sont du blanc de Troyes, des couleurs en poudre, de la colle de peau. Les outils, des scies fines et étroites, quelques burins et des spatules

Supposons le dessin tracé sur papier, en grandeur d'exécution, et fixé sur une table. Nous y remarquons, par exemple, répétée aux quatre coins, une petite corne d'abondance bleu pâle, modelée par des hachures lilas. Broyons alors, sur un marbre, du blanc et de la colle, en y ajoutant un peu de bleu, de façon à former quatre petites galettes de pâte, bien dressées, d'un demi-centimètre environ d'épaisseur, et un peu plus grandes que notre corne d'abondance : Nous prenons un calque de cette dernière, pendant que sèchent nos galettes, puis, les superposant, nous les scions toutes quatre, suivant les concours de ce calque. Avec un burin, nous y creusons des sillons qui représentent les hachures lilas du modèle et nous remplissons les creux avec de la pâte lilas. Puis nous collons ces quatre ornements terminés à l'emplacement qu'ils occupent sur le dessin modèle. Nous remarquons ensuite que la fleur voisine a six pétales qui sont de trois tons roses différents. Nous broyons de la pâte en y ajoutant plus ou moins de rose, et dans ces galettes, toujours de la même épaisseur, nous découpons ou scions autant de pétales qu'il nous en faut, et nous les collons ensuite à leur emplacement sur le dessin. Enfin quand tous les motifs sont ainsi fixés à leur place, se joignant bien, et qu'il ne nous reste plus à faire que le fond qui est blanc, nous appliquons proprement ce dernier sous forme de pâte molle et à l'aide d'une spatule, dans tous les vides et tous les interstices ; puis, quand la masse est sèche, on applique dessus un autre panneau en bois de même dimension, on retourne le tout et l'on garnit l'envers avec une bonne épaisseur de pâte molle et bien collée sur laquelle on pose le premier panneau qui s'y colle par la pression de plusieurs poids assez lourds. Le lendemain, on retourne le tout à l'endroit, on le dresse et on le polit avec une pierre ponce, on lave, on sèche, puis on imbibe de cire vierge dissoute à l'essence, enfin on donne le brillant par un polissage au drap.

Tel fut sans doute le procédé employé par l'artiste qui fabriqua notre table et que le catalogue du Musée présume être Mathis (Basile-Benoît), né à Lunéville, élève de Barthelémy Guibal, et qui excellait principalement dans les ouvrages en stuc. Guerrier, dans ses *Annales de Lunéville,* page 231, dit qu'il travailla à l'abbaye de Senones et à la Cathédrale de Saint-Dié. Il y a en effet, dans cette dernière église, quinze magnifiques panneaux en stuc, séparés par huit pilastres corinthiens, en brèche violette, qui forment un riche parement de six mètres de haut tout autour du chœur, surmonté par une architrave en rouge antique et un haut baldaquin central à jour et doré, d'une richesse étonnante. Dans chacun de ces panneaux est peint, de grandeur presque naturelle, un saint ou un personnage de la Bible, debout sur un riche piédestal rocaille et entouré d'un grand encadrement de fleurs, palmes, coquilles et guirlandes, du plus élégant style Boucher, en pâtes de couleur incrustées. Cet ensemble fut, d'après les Archives du Chapitre, commandé à Mathis, en 1780, par Barthelémy de Chaumont de la Galaizière, premier évêque et comte de Saint-Dié, neveu du chancelier et garde des sceaux de Stanislas, et c'est sans doute le roi de Pologne qui recommanda au prélat l'habile stucateur de Lunéville.

Mais la même ville avait aussi donné naissance à un émule de Mathis, dont les décorations en stuc sont encore plus importantes et dont on connait des meubles ornés de ce genre d'incrustations. C'est Joseph-Manciot Chevalier, né en 1737, mort en 1815, fils lui-même d'un habile stucateur qui lui enseigna les principes de son art. Le jeune Chevalier, dit Guerrier, page 228, profita si bien qu'il donna déjà les preuves de son talent lorsque le roi de Pologne fit construire le château de Chanteheux, près de Lunéville. Il se distingua aussi par les ouvrages qu'il fit à la Malgrange-les-Nancy, au château de Commercy, dans le chœur de l'église des Carmes, à Lunéville, dans les deux chapelles de la paroisse de cette ville et enfin à l'église de Bonsecours où l'on peut encore admirer une partie de son œuvre. Guerrier ajoute qu'il fit, à Versailles, une bibliothèque en stuc pour Madame Sophie de France, la fille de Marie Leckzinska et l'enfant gâtée de son bon grand-père polonais. C'est donc peut-être à Chevalier qu'il conviendrait d'attribuer aussi la table du Musée lorrain, car en la comparant avec les stucs de Mathis que l'on voit à Saint-Dié, on n'y retrouve guère le même style ornemental, si souple et si ondoyant dans les lignes, tandis qu'on remarque dans notre table, plus de sécheresse dans les contours et une composition assez chargée (1). L'ensemble n'en est pas moins fort harmonieux et l'on regrette, en l'admirant, que ce genre de décoration, si frais et si léger de tons, ait été abandonné, car c'est une lacune dans le mobilier Louis XV, dont on renouvelle si artistement le goût et la grâce, de nos jours, de n'avoir à sa disposition que des marqueteries de bois, souvent lourdes de tons, alors que le stuc peut imiter la fraîcheur des soieries, des gouaches et des pastels de l'époque. Peut-être retrouvera-t-on, dans quelque coin du garde-meubles, la fameuse bibliothèque en stuc de Madame Sophie et ce spécimen de l'art lorrain inspirera-t-il à nos créateurs de meubles un genre « nouveau » et en tous cas éminemment français par la gaîté, la vivacité des couleurs et l'esprit léger de la composition, privilèges artistiques de notre race, qui tendent à se perdre par l'envahissement du symbolisme allemand.

Mais cette table est encore curieuse à étudier par le sujet qui y est figuré. On y voit, étalés naturellement, deux paquets de cartes à jouer, au-dessous desquels se trouvent deux écarts, l'un de cinq, l'autre de trois cartes, et, au premier coup d'œil, un amateur de piquet reconnaîtra les jeux de deux adversaires, dont la composition constitue ce que la tradition a appelé : le coup de capot du roi de Pologne. On raconte, en effet, qu'à Lunéville, en jouant au piquet avec la marquise du Châtelet, Stanislas, qui avait un très vilain jeu, la fit capote, malgré qu'elle eut la partie belle, et ce coup parut si extraordinaire au roi, qu'il voulut en conserver le souvenir en le faisant reproduire exactement sur sa table à jeu.

Nous y voyons donc, à droite, le jeu du roi et nous reconnaissons qu'il est premier, puisqu'il a écarté cinq cartes. Son jeu contient la dix-septième au roi de cœur ; la quinte basse à pique ; les neuf, huit et sept de carreau ; le huit et le sept de trêfle. Il écarte ces cinq dernières, que nous voyons reproduites au bas de la table. La marquise est seconde : elle a la seizième majeure à trêfle ; la quinte majeure à carreau, l'as, le roi et la dame de pique, l'as de cœur. Elle écarte les trois dernières cartes.

Le roi annonce seulement sa dix-septième à cœur et la joue ; on le devine car ces sept cartes sont un peu séparées des autres. La marquise fournit cinq trêfles, l'as de pique et un carreau. Le bon Stanislas s'était bien gardé d'annoncer sa quinte basse à pique, ce qui trompa la marquise et lui fit jeter l'as de pique pour conserver trêfle et carreau. Le roi abat alors sa quinte qu'il n'a pas annoncée,

(1) Il faut tenir compte de quelques détériorations causées au stuc par une grosse toile qui y fut longtemps appliquée et qui y a imprimé le grain de son tissu.

et l'amie de Voltaire est capote... et l'on voit d'ici les éclats de gaité de sa bedonnante Majesté et le nez de la marquise.

Que de choses dans cette petite table!

G. S.

LES PEINTURES DU GRAND SALON DE L'HOTEL DE VILLE DE NANCY

Par M. FRIANT.

M. Guyon-Verax, qui rend compte, dans le *Journal des Artistes*, du Salon du Champ-de-Mars, consacre, dans le dernier numéro de cet intéressant journal, l'important article suivant à l'étude des peintures de M. Friant qui vont orner le panneau principal de la salle des fêtes de l'Hôtel-de-Ville de Nancy :

« Comparée à la grande fresque de M. Roll : *Les joies de la Vie*, la composition décorative de M. Friant est en apparence de conception semblable, quelque peu semblable aussi quant au mode d'exécution. Le thème en est ainsi résumé : *Les jours heureux*. C'est assez dire, car ce sont bien « Les joies de la Vie » qui font « Les jours heureux », qu'elles se meuvent l'une et l'autre dans le même ordre d'idées.

« Ici, seulement, l'interprétation est toute différente.

« D'abord, la composition de M. Friant est de moindre dimension. En outre, elle se trouve subdivisée en deux fragments, tout en hauteur et cintrés, formant diplyque. Ces deux circonstances devaient être déterminantes pour la peinture dans la façon dont il a disposé son sujet.

« La scène — une charmante scène rustique, — est une, très harmonieusement répartie dans chacun des panneaux, et se développant dans le même paysage, dont les diverses parties sont très habilement reliées. Sur la gauche, domine un assez haut massif de montagnes, vivement éclairé dans ses plans successifs et tout éclatant de reflets irisés. Ce massif s'abaisse en une pente douce jusque dans le panneau de droite. Bien au-delà, il semble que l'on entrevoit quelques pitons neigeux et tout un horizon de brume vaporeuse. Entre ces hauteurs et le premier plan se développe suivant la largeur un étroit vallon formant tout une ligne de verdure. Sur le devant, mais plutôt dans le panneau de gauche, s'étend une prairie plantureuse dont l'herbe, aussi haute qu'elle est drue, est envahie de toutes parts par des milliers de fleurs d'un jaune éclatant, boutons d'or et autres, tandis que sur la droite, c'est un épais bouquet de verdure, où se détachent quelques arbres de haute venue, qui occupe le premier plan. Ce paysage de plein midi, calme et simple, est absolument radieux et surtout il est essentiellement champêtre.

« C'est dans ces prés brillants de verdure, au pied de ces montagnes étincelantes de colorations roses et bleuâtres ou violettes, à l'ombre de ces beaux arbres, au milieu de ces mille fleurs des champs, que nous apparaît et que se développe la simple scène imaginée par l'artiste pour figurer « les jours heureux » ou plutôt un seul de ces jours heureux, car il est à supposer, et nous le souhaitons vivement, — que ces deux panneaux destinés au grand Salon de l'Hôtel-de-Ville de Nancy, ne sont que le premier fragment d'un ensemble décoratif.

« Ce « jour heureux » n'est goûté, dans la composition de M. Friant, que par des humbles, gens de la campagne et rustiques travailleurs. C'est un jour de repos, et c'est dans les plus calmes et les plus simples plaisirs champêtres que le passent ces simples gens. Faut-il voir là quelque intention philosophique ou seulement l'effet d'une tendance aujourd'hui très suivie et d'ailleurs très légitime de démocratiser toutes les conceptions artistiques? L'idée se trouve dans tous les cas d'une justesse extrême. Il est certain que pour ces travailleurs, après le rude labeur de la semaine, et pour ces braves gens qui ne connaissent aucun des plaisirs raffinés dont sont avides les classes plus aisées, ce jour de repos dans les champs, employé tout bonnement à cueillir des fleurs, à s'étendre sur le gazon, à faire jouer les enfants, est bien plus essentiellement un jour heureux.

« Dans le lointain, au pied même de la montagne, on aperçoit quelques groupes de promeneurs pleins d'animation, mais qui ne sont là que pour compléter la signification de l'ensemble La scène principale est en entier sur le premier plan, figurée seulement par toute une famille, un couple encore jeune avec plusieurs petits enfants, la vieille grand'mère, et puis les grandes sœurs et un jeune frère de l'un ou l'autre des époux. A gauche, dans le panneau où se développe surtout la prairie verte et dorée, voici d'abord, un peu en arrière deux grandes jeunes filles, debout au milieu des hautes herbes, dont l'une est en train de se mettre des fleurs dans ses blonds cheveux et dont l'autre déjà parée exprime par toute son attitude et par sa physionomie le plus parfait contentement. Sur le devant, une forte fille de la campagne, agenouillée devant une fillette, paraît toute occupée à mettre sur ses cheveux ébouriffés une couronne de feuillage. Cette fillette, avec ses bonnes grosses joues toutes rouges et comme barbouillées de confiture, avec son air gauche et timide, souriant de bonheur mais comme honteuse aussi que l'on s'occupe d'elle, est absolument typique et de l'aspect le plus amusant. A quelques pas, un autre petit enfant est au milieu des fleurs qu'il cueille ou massacre, et d'où sa grosse tête aux cheveux rouges émerge seule.

« A droite, sous les grands arbres, deux hommes sont étendus, le père, un vigoureux paysan jeune encore, et un beau jeune gars aux cheveux noirs bouclés, se dressant sur ses coudes pour mieux voir, tout en se reposant, ce qui se passe autour de lui. Au milieu, la vieille mère, debout, contemplant une jeune femme assise, avec le plus jeune des bébés sur les genoux, et dont l'aspect de santé saine et florissante explique les belles joues de tout ce petit monde. Le bon chat n'est-il pas aussi de la partie ! Tout autour, épars dans l'herbe, quelques grossiers ustensiles disant le bon repas fait ou projeté dans cet endroit délicieux !

« Mais tout cela n'est rien encore, si juste et si naturel que soit un tel arrangement. Ce qu'il faut voir surtout dans la scène que nous venons de décrire, c'est un rare mélange de réalité, la plus franche qui soit, et de saine poésie. Partout l'aspect des personnages, par cette rudesse et par cette gaucherie de l'attitude qui les font si bien des gens de la campagne, l'artiste s'est maintenu complètement dans la vérité extérieure. Par leur simplicité charmante et par leur expression de physionomie, par le calme profond de la scène, il en exprime aussi toute la saveur poétique. Très vraie, imprégnée d'un entier sentiment de la nature, très animée jusque dans son calme apparent, on peut dire d'une scène rustique ainsi comprise, qu'elle réalise absolument ce que doit être l'idylle moderne. Le thème qu'il fallait traiter est aussi très exactement rendu, et même la composition a, si l'on veut, une certaine signification simbolique. N'est-ce pas pour nous tous un jour vraiment heureux que celui tout entier passé dans une belle campagne avec la paix des champs, au milieu d'une atmosphère radieuse, et n'est-ce pas la synthétiser pour le mieux une des grandes joies de l'existence, l'une de celles que l'on devrait préférer ?

« Ajoutons enfinque par l'ampleur de l'exécution et par sa vigueur toute sincère, par ses justes colorations, en un mot par son harmonie savoureuse, cette belle page rustique, digne à tous égards des chefs-d'œuvre du genre, comptera certainement parmi les travaux les plus remarquables de M. Friant, assez différente pourtant de ce qu'il a déjà fait, mais toujours empreinte de cette simplicité, vraiment viable dans son réalisme qui caractérise le style de l'éminent artiste. »

CHRONIQUE

— **Les œuvres de Théophile Schuler** ont été vendues il y a quelques jours, à l'Hôtel du Commerce, place Gutenberg, à Strasbourg, comprenant près de 300 pièces originales, dessins, peintures, lithographies, eaux-fortes, laissées à sa veuve par l'artiste strasbourgeois, mort en 1878. Rappelez-vous les *Romans populaires* d'Erckmann-Chatrian ; rappelez-vous les illustrations de l'*Ami Fritz*, du *Blocus*, des *Deux frères* et de l'*Histoire d'un plébiscite*, et tout de suite vous saluerez comme un vieil et précieux ami, le dessinateur qui, peut-être, a le mieux exprimé l'âme de l'Alsace et des Vosges, en des compositions d'intelligence parfaite avec le texte des romanciers.

Pendant une quinzaine d'années, de 1860 à 1875, Schuler a

signé, dans le *Magasin Pittoresque*, des pages ferventes avant la guerre et nostalgiques après, lorsqu'il quitta la Suisse où il s'était réfugié, pour revenir mourir, inconsolable et las, dans sa ville natale.

Espérons qu'il s'est trouvé un ou plusieurs amateurs pour soustraire les cartons de Théophile Schuler à « l'annexion », même par droit d'enchère.

M. Paul Charbonnier, notre concitoyen, qui a mérité une récompense au dernier Salon des Champs-Elysées, vient d'obtenir son diplôme d'architecte.

La Compagnie de l'Est a offert à la ville de Toul les vases et groupes sculptés provenant du beau jardin, situé à *Briffoux,* cédé à cette Compagnie par M. Delange. Cette magnifique propriété, déjà morcelée lors de la création de la ligne ferrée, a appartenu pendant plus de quatre-vingts ans à la famille Bataille. Elle avait été créée dans le siècle dernier par M. l'abbé de Puymorel, sur un plan analogue à celui des jardins royaux de Versailles avec orangerie, charmilles, terrasses, fontaines et jets d'eau, elle fut encore embellie de statues mythologiques, de groupes sculptés représentant des enfants jouant avec des attributs marins, des combats de lions et de chiens, des bustes d'empereurs romains et de dieux de la Fable acquis, en 1766, lorsqu'on vendit le château de Commercy et tout ce qu'il contenait, ce château étant devenu vacant par la mort de Stanislas, roi de Pologne, qui en était le propriétaire. Les eaux alimentant les fontaines de ce jardin viennent de sources captées dans une vigne séparée de cette propriété par le chemin de *Prensac*. Au-dessus de la porte qui donne accès à cette vigne se voyait naguère une inscription latine gravée sur la pierre et relatant que des malfaiteurs ayant tenté de s'introduire furent effrayés par une statue du dieu *Terme* qu'ils prirent pour un homme et s'étaient enfuis, en laissant sur le sol le produit de larcins commis ailleurs.

Verrerie de Nancy. — MM. Majorelle ont exposé ces jours derniers à leur vitrine un grand vase en verre ciselé, composition et ouvrage de MM. Daum frères, maîtres-verriers, offert par les Dames lorraines à la princesse Hélène d'Orléans à l'occasion de son mariage.

C'est un spécimen vraiment princier d'un art tout nancéien, qui, par ses dimensions inusitées, ses tonalités singulières et sa riche décoration, constitue le plus important travail de verrerie qui ait depuis longtemps paru, le plus considérable assurément qui soit encore sorti des ateliers du Pont-Cassé.

Les extraordinaires reflets que prend à la transparence la pâte nacrée du verre ne peuvent se décrire ; et les fleurettes qui la parent semblent noyées dans quelque immense opale.

Ce vase dont la grandeur même est une nouveauté en verrerie est savamment orné d'ombelles et chardons d'après une étude décorative de M. Jacques Gruber et la consciencieuse exécution est due au graveur sur cristal, M. E. Maas.

Il sera donc, où le destin le mènera, un échantillon splendide du savoir-faire lorrain dans cet art du verre, répondant bien au vœu des nobles donatrices.

École des Beaux-Arts. – L'école des Beaux-Arts de Nancy vient de remporter un beau succès.

Parmi les élèves reçus à l'Ecole nationale des Beaux-Arts, nous remarquons les suivants :

Peinture : MM. C.-J. Wielhorski, élève de MM. Bonnat, J. Blanc et J. Larcher ; Schiff, élève de MM. Bonnat et Larcher ; Fuchs, id. — *Architecture* : M. Finot, élève de MM. Barrias et Bussière.

M. C.-J. Wielhorski est reçu le *premier* sur 400 concurrents ; M. Finot le quinzième sur 120 concurrents. Nos autres jeunes compatriotes arrivent à des rangs très honorables.

La Grande Brasserie lorraine, inaugurée dimanche dernier, a déjà tout le succès que lui valent l'originalité et la richesse de sa décoration toute moderne, si bien agencée par M. Rougieux, architecte. Dans des tons très doux, s'harmonisent les fayences, les opalines et les peintures sur fond d'or, alternant avec les grandes glaces qui répètent à l'infini la perspective. Dans les plafonds, de grandes frondaisons d'arbres et de fleurs, élégamment peintes par M. Martignon, relient les caissons dont le fond, d'un rose fané, s'harmonise avec des champs de plusieurs gris très fins. Les arcatures, rappelant ce rose, encadrent alternativement de grands panneaux de fayence de Choisy-le-Roy, fournis par M. de Roche du Teilloy, et des trumeaux sur fond d'or, groupes d'enfants dans des fleurs, exécutés avec une habileté remarquable par MM. Maclot et Martignon. Sous la haute coupole vitrée, un grand panneau décoratif de M. Maclot, symbolisant la boisson la plus fraîche, meuble avec richesse la paroi principale. Les pilastres, ornés de grandes plaques d'opaline décorées d'émaux en relief, exécutés à Saint-Gobain et fournis par M. Guzzi, donnent, par leur fraîcheur, l'impression qui convient le mieux à un établissement de ce genre. La céramique, fayence et cristal, est en effet le décor le mieux approprié à un café, les Orientaux le savent de longtemps ; son éclat, sa fraîcheur inaltérable, ses brillants reflets, sa gamme de couleurs harmonieuses sont surtout là à leur place. Les peintures fraiches et claires de tons, l'or, les glaces, n'ont rien à perdre à son voisinage ; mais il y a quelque mérite à savoir harmoniser un tel ensemble de matières aussi variées et, à ce titre, sont dues des félicitations à l'architecte, tant pour son habile distribution décorative, que pour son ensemble qui se tient parfaitement.

M. Goepfert a orné la salle de la rue Saint-Jean d'un grand tableau fort riche, contenant plus de trente portraits de grandeur naturelle, tous frappants de ressemblance et d'un caractère très étudié dans leur expression ; œuvre remarquable et digne de la toile qui lui fait pendant. Citons encore, comme collaborateurs artistes, M. Pillement, dont les sculptures sont d'une élégante finesse ; M. Ramel, qui a peint un plafond très décoratif au premier étage, et M. Fauquignon, dont la peinture aux tons fins et délicats fait habilement valoir tout cet ensemble.

Une des grandes qualités de cette décoration, c'est de ne rien perdre de sa fraîcheur aux lumières et d'être arrivé au comble de la richesse sans l'abus criant de l'or et des couleurs voyantes Ainsi traité, cet établissement, sans égal à Nancy, fait grand honneur à notre ville, au propriétaire, et à tous ceux qui y ont collaboré. G. S.

LES PEINTRES EN PROVINCE (*suite*).

« Puis, M. le Préfet.

« Lui non plus, n'y croit guère, ou du moins, il y croit autrement que certains autres. Il répondrait, si on l'interrogeait, que c'est une heureuse occasion, pour les peintres de Paris, de vendre quelques tableaux, et, pour ses administrés, de posséder un second musée, temporaire et moderne.

« Mais il ne le dira pas, n'y étant pas contraint. M. le Préfet est un lettré, qui parle net, n'aime pas les longs discours qui peuvent prêter aux commentaires, et préfère dire des choses administratives, avec élégance et avec concision. « Vous n'avez jamais douté, Messieurs, « de la sympathie du gouvernement de la République pour l'Œuvre « par vous fondée. Dès le début, j'ai tenu à vous le prouver, d'une « façon toute positive, en appuyant, auprès du Conseil général, votre « demande de subvention. Vous me trouverez toujours prêt à « à soutenir vos intérêts, si tant est que vous ayez encore besoin « d'appui. Je vois, avec plaisir, que le succès répond à vos efforts et « à nos vœux communs. »

« Le président remercie.

« C'est ouvert.

« Alors, Madame, les cinquante invités se répandent dans les salles. Le murmure des conversations grandit. Par petits groupes, selon les affinités, on s'en va, de tableau en tableau, tout autour du hall. On se montre les deux Français ; le Roll ; les deux Curzon ; la toute petite œuvre d'un inconnu qui a du talent ; la grande d'à côté, qui ne se voit bien qu'à dix pas ; cette autre qu'on peut voir à deux, à dix ou à cent pas de distance avec un égal plaisir ; puis le portrait de Mme X, que tout le monde connaît, et qu'on approche comme si elle était vivante, avec un petit sourire ; la nymphe au bain, si souvent représentée de face qu'on nous la montre de dos, et ce lot d'aquarelles qui couvre tout un panneau. Ah ! les aquarelles, voilà qui désespère le peintre de province. Il y en a de fraîches, d'appétissantes, d'un peu gauches, qui ont un charme de jeunesse ; il y en a qui sont signées de grands noms, d'autres de prénoms ou d'initiales : les bleuets de Madeleine, le Pierrot de Renée, les oies au pré de Mathilde, les pivoines jaunes de Germaine, les quatre pinsons sur la branche. C'est fait avec rien, dit-on. Le professeur, M. Pinguet, n'est pas de cet avis. Il en a vu naître plusieurs de ces œuvres légères.

(*A suivre.*) René BAZIN.

Le gérant : MERCIER.

Nº 8. Août 1895.

BULLETIN

DES SOCIÉTÉS ARTISTIQUES DE L'EST

Le *Bulletin des Sociétés artistiques de l'Est*, paraissant chaque mois, est l'organe des associations suivantes :

Société lorraine des Amis des Arts,
Association des Artistes lorrains,
Société des Architectes de l'Est,
Association amicale des anciens Élèves de l'École des Beaux-Arts.

Tous les adhérents des quatre Sociétés, au nombre de 1.200, reçoivent gratuitement le *Bulletin* et ses suppléments.
En dehors des Sociétés, l'abonnement est de 2 francs par an.

Rédaction : 1, place Saint-Jean.
Annonces : 0 fr. 50 la ligne, par an.

SOCIÉTÉ LORRAINE DES AMIS DES ARTS

Les communications faites aux sociétaires dans le dernier numéro du Bulletin laissaient pressentir que les difficultés survenues entre la *Société d'horticulture* et celle des *Amis des Arts* trouveraient prochainement leur solution dans une entente commune : ces prévisions se sont réalisées, et à la date du 16 juillet, M. le Maire de Nancy adressait la lettre ci-dessous au président de notre société :

« Monsieur le Président,

« A la suite de la conférence qui a eu lieu dans mon cabinet, entre les représentants de la Société des Amis des Arts et ceux de la Société d'horticulture, j'ai pris la décision suivante qui mettra fin, je l'espère, aux difficultés qui se sont produites relativement à l'occupation des galeries Victor-Poirel :

« A partir de 1896, l'occupation de ces galeries est assurée à la Société des Amis des Arts, du 15 octobre au 15 novembre.

« A son tour, la Société d'horticulture aura la jouissance de deux de ces galeries (nord et centrale), savoir :

« 1° Tous les deux ans, à partir de 1895, pendant les premiers jours d'octobre, de façon à assurer à cette société un dimanche suivi du lundi et du mardi, sans que, néanmoins, cette occupation puisse se prolonger au delà du 9 octobre ;

« 3° Tous les deux ans, à partir de 1896, depuis le 17 novembre, pour la durée normale de ses expositions d'automne.

« L'autorisation accordée pour 1896, à la Société d'horticulture, par lettre du 22 février 1895, est et demeure rapportée.

« Veuillez, Monsieur le Président, agréer l'assurance de me sentiments les plus distingués.

« *Le Maire,*

« MARINGER. »

Cette solution donne satisfaction aux besoins réels des deux sociétés, et à ce titre ne peut qu'être accueillie avec la plus grande faveur par tous ceux, et ils sont nombreux, qui s'intéressent à la fois aux arts et aux fleurs.

Les Amis des Arts ont fait pour atteindre ce but tous les sacrifices compatibles avec la bonne organisation des expositions ; la Société d'horticulture, de son côté, a limité ses demandes au strict nécessaire, et ces concessions réciproques ont rendu l'entente facile.

Les deux sociétés, par leurs relations devenues plus étroites, sont appelées à réaliser le mot dit à la séance du conseil municipal : « A marcher la main dans la main. » La société des Amis des Arts sera heureuse de remplir ce programme, et elle adresse à M. le Maire de Nancy ses plus vifs remerciements pour l'autorité et l'équité avec lesquelles il a su concilier tous les intérêts.

Historique de la Société lorraine des Amis des Arts.

La rubrique placée en tête de cette chronique pourra sembler bien ambitieuse, car notre seul but est de faire connaître à la majeure partie de nos co-sociétaires, ou de rappeler au petit nombre d'entre eux qui jouissent des privilèges quelquefois peu enviables de l'âge et de l'ancienneté, l'origine de notre société, ses premières années, les crises qu'elle a surmontées, les développements successifs qu'elle a pris et les progrès qu'elle a accomplis pour arriver à l'état actuel.

Toutefois, la *Société des Amis des Arts* comptant déjà soixante-deux ans d'existence, il peut être permis, semble-t-il, de parler de son *Histoire* sans paraître trop présomptueux.

Les documents que nous aurions pu recueillir et consulter auraient été bien maigres, si nous n'avions eu la bonne inspiration de nous adresser à M. de Meixmoron, ancien président de la Société, à M. Lucien Wiener, conservateur du Musée lorrain, et à M. Favier, conservateur de la bibliothèque de la Ville et archiviste de l'Académie de Stanislas. Ces Messieurs, tant par des renseignements oraux que par des communications de pièces anciennes, ont facilité notre tâche avec une telle amabilité que c'est pour nous un devoir de leur adresser ici nos remerciements les plus sincères et les plus vifs, d'autant que nous conservons l'arrière-pensée de mettre plus d'une fois encore à contribution leur complaisance et leur érudition.

PREMIÈRE EXPOSITION (1833)

FONDATION DE LA SOCIÉTÉ

Circonstance actuellement un peu oubliée, mais de nature à rendre justement fière la *Société des Amis des Arts*, celle-ci est une émanation directe de l'Académie de Stanislas.

C'est donc une fille d'antique noblesse, mais qui consacre toutes ses forces et son intelligence, comme sa mère, à la poursuite d'un but essentiellement démocratique : la recherche, l'encouragement et le développement du vrai, du bien et du beau.

Au printemps de l'année 1833, plusieurs artistes et amateurs nancéiens conçurent le projet de faire à Nancy une exposition d'art, et adressèrent à l'Académie de Stanislas une lettre lui demandant son appui et son aide.

Un document du temps signale parmi les signataires de cette lettre, comme celui qui a eu l'idée première de l'organisation d'une exposition, M. Demange, peintre en miniature, demeurant rue de la Hache, nº 12.

L'Académie accueillit avec la plus grande faveur les ouvertures des artistes et décida de faire, en 1833, une exposition comprenant non seulement les objets d'art relatifs au dessin pour les trois départements de l'ancienne Lorraine, mais encore les produits industriels originaires du département de la Meurthe. Elle rédigea à cet effet deux circulaires, l'une destinée aux industriels, l'autre adressée aux artistes et amateurs : nous reproduisons intégralement cette dernière, car on y voit nettement formulée l'idée première de la création de la *Société des Amis des Arts*, et cette pièce constitue en quelque sorte l'acte de naissance de notre Société.

La Société royale des sciences, lettres et arts de Nancy à MM. les Artistes et Amateurs des beaux-arts dans les trois départements lorrains.

Nancy, le 7 avril 1833.

Messieurs,

Plusieurs artistes de ce pays, ayant conçu l'idée d'une exposition de tableaux, dessins, sculptures, etc., ont jugé à propos de demander à l'Académie de Stanislas son avis sur l'opportunité de cette mesure, et son concours pour en faciliter l'exécution.

La Société royale, frappée des avantages qui peuvent résulter d'un tel projet, a voulu en assurer le succès par une plus grande affluence de curieux, en y joignant une exposition des produits de l'industrie de la Meurthe.

Toutefois, l'Académie a reconnu que cette double collection, bien que présentée dans le même édifice, aurait besoin de salles à part, et devrait être soumise à des moyens d'organisation distincts, d'autant plus qu'elle n'embrasse pas seulement deux genres d'objets séparés, mais aussi deux sphères d'action diverses : la partie industrielle ne s'appliquant qu'au département dont Nancy est le chef-lieu, tandis que la portion renfermée dans le domaine des beaux-arts s'étend aux trois départements qui composaient l'ancienne Lorraine, et que réunissent encore, indépendamment des mêmes souvenirs, tant de liens d'affaires et tant d'habitudes communes.

La commission qui se formera pour régler les détails de ce salon ou Musée transitoire, et qui, afin d'éviter l'influence fâcheuse de tout esprit de coterie ou de localité, sera composée autant que possible d'artistes ou d'amateurs domiciliés sur des points différents, est appelée par la nature des choses à devenir le noyau d'une *Société des Amis des Arts*, agrégation désirable, dont les éléments ne se trouveraient pas en nombre suffisant dans un département seul, mais qui, réunissant pour cette noble idée les trois fractions d'une province visiblement homogène, pourra devenir permanente, et, par des achats périodiques proportionnés à ses facultés, promettre aux talents du pays un encouragement solide et certain.

En proposant Nancy comme lieu du concours, les membres de l'Académie de Stanislas ne prétendent attribuer à cette ville aucune suprématie, mais seulement indiquer un point de convergence naturel, puisque Nancy fut le centre historique des trois départements lorrains, et qu'il en est encore aujourd'hui le centre géographique. Ils ne perdent pas de vue que si cette capitale a produit pour la peinture Jacquart, Isabey, Singry, et tant d'autres dont la réputation croît tous les jours, pour la sculpture les Adam, Bagard et Jacquot, pour la gravure l'immortel Callot, les Sylvestre et les Saint-Urbain : en revanche, ce sont les environs de Charmes qui ont donné le jour au fameux Claude Gelée, dit le Lorrain, le premier des paysagistes, que c'est à Lunéville que sont nés Girardet et Dumont, peintres du roi Stanislas, l'un célèbre par ses belles fresques et l'autre par les tableaux qui lui ont valu son admission à l'Académie de Paris ; qu'Augustin, chez qui l'on reconnaissait une admirable perfection de travail, était de Saint-Dié ; que de la petite ville de Baccarat est sorti Laurent, connu surtout par son *Galilée*, et par son *Callot refusant de graver la prise de Nancy* ; que Jacquemin, cet architecte remarquable à qui on doit le portail et les tours de la cathédrale de Toul, était de Commercy ; qu'enfin Bar a produit le sculpteur Houtzeau et Saint-Mihiel cet étonnant Ligier-Richier auquel on doit, entre autres chefs-d'œuvre, l'admirable Saint-Sépulcre qui fait encore l'ornement de sa ville natale, où il attire de loin les curieux.

S'il est permis d'augurer, d'après le passé, des promesses de l'avenir, ce ne sera point en vain que notre émulation patriotique aura été réveillée ; et l'exposition projetée, qui présentera, selon toute apparence, outre les richesses locales, plusieurs envois dus à la bienveillance des Lorrains fixés à Paris, pourra dès cette année, en attirant les regards de la foule, devenir un aiguillon pour les artistes qui habitent le pays, et imprimer à leurs travaux l'activité dont ils manquent depuis longtemps.

L'Académie a donc l'honneur, Messieurs, de faire appel à vos talents et à votre zèle, pour la réalisation d'un projet que plusieurs de vous ont conçu et qu'elle appuie avec empressement.

Les objets de peinture, sculpture, gravure, plans et lavis d'architecture, etc., devront être adressés, francs de port, avant le 15 mai, au président de la Société royale académique, hôtel de l'Université, rue Stanislas, à Nancy.

LES MEMBRES DU BUREAU :

Justin LAMOUREUX, *Président* ;
DE HALDAT, *Secrétaire* ;
GÉRARD-GRANDVILLE, *Secrétaire* ;
SOYER-WILLEMET, *Bibliothécaire-archiviste*.

P.-S. — La durée de l'exposition sera de vingt jours, du 20 mai au 10 juin, époque qui, coïncidant avec celle de la foire, donne lieu d'espérer une affluence considérable de spectateurs.

(A suivre.) M.

Exposition rétrospective alsacienne et lorraine de Strasbourg.

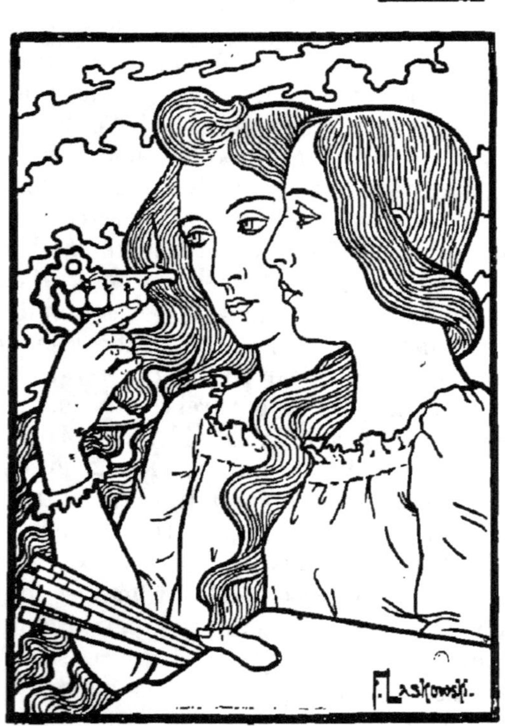

Le 5 de ce mois s'est ouverte l'exposition d'art ancien d'Alsace et de Lorraine, à Strasbourg, et ses organisateurs sont arrivés à rassembler de véritables merveilles. Le montant de l'assurance des objets exposés dépasse trois millions et tout ce que les églises, les monuments, les galeries d'amateurs contenaient de précieux a été réuni en un ensemble classé et présenté avec un goût et un soin remarquables. Il y a là des objets d'une richesse d'art extraordinaire, peinture, orfévrerie religieuse, ferronnerie, dinanderie, céramique et mobilier, formant un musée rétrospectif comme on n'en pourra réunir un équivalent avant longtemps. Le comité, présidé par M. A. Ritleng, s'est en effet donné pour programme, non pas d'attendre, mais d'aller réclamer sur place tous les trésors d'art que les inventaires archéologiques ont signalé en Alsace et en Lorraine. Aussi l'exposition actuelle a-t-elle une importance au moins décuple de celle de la *Kammerzell*, déjà si remarquablement organisée, il y a deux ans, par le même comité, dans l'antique maison des Musiciens, près de la Cathédrale.

Les objets d'art d'origine lorraine sont assez nombreux à cette exposition pour permettre une étude comparative des styles particuliers ou communs à nos deux provinces, à toutes les époques. Du reste plusieurs collectionneurs lorrains y ont envoyé des séries d'objets intéressants.

Nous donnerons ici, dans notre prochain numéro, un compte rendu de cette exposition qui restera ouverte jusqu'au 15 octobre et nous engageons vivement nos lecteurs à nous devancer en prenant par eux-mêmes une idée plus exacte de cette collection unique dont ils rapporteront un souvenir durable et des enseignements profitables à tous les gens de goût, amateurs ou collectionneurs d'œuvres d'art local.

LA REPRODUCTION DES COULEURS

PAR LA SUPERPOSITION DES TROIS COULEURS SIMPLES DU NOIR ET DU VERNIS.

Sous ce titre, la maison Berger-Levrault vient de publier un très remarquable travail de M. Robert Steinheil, qui dirige la typochromie et la photogravure si habilement employées par cette maison dans ses ouvrages d'art et même de vulgarisation scientifique. Les importants progrès récemment obtenus dans ces parties sont dus à de spéciales études techniques, fruit de laborieuses recherches, et l'ouvrage que nous signalons en est un témoin. L'auteur s'est proposé de fournir à tous ceux qui se servent de couleurs, et spécialement aux typochromistes, une gamme exacte de tous les tons et nuances des couleurs employées dans les arts ou remarquées dans la nature, et de donner la composition exacte, et pour ainsi dire dosée, de chacun de ces innombrables tons. Il y est arrivé au moyen de cent cinquante planches chromotypographiques donnant la synthèse et l'analyse de treize cent trente tons.

En effet, chaque couleur simple (rouge, jaune, bleu), nous fournissant dix valeurs, depuis la plus foncée jusqu'à la plus claire, on conçoit qu'en les superposant deux à deux (rouge et jaune, rouge et bleu, jaune et bleu), nous obtiendrons cent valeurs d'orangé, autant de violet, autant de vert. Nous avons déjà ainsi trois cent trente tons. En ajoutant à chacun des trois cents tons binaires un des dix tons de la couleur qui lui manque (exemple : dix jaune, cinq rouge, deux bleu, ton chamois clair), on obtient trois mille nouveaux tons. Total : trois mille trois cent trente. Mais plusieurs de ces tons diffèrent peu à l'œil et, avec les treize cent trente tons donnés par M. Steinheil, on a des gammes suffisantes pour tous les besoins artistiques et industriels, décuplées encore par dix tons de noir qui leur sont superposés et même centuplées par les bandes de vernis qui les glacent et les renforcent.

Pour obtenir d'une façon précise et invariable ces presqu'innombrables variétés de tons, M. Steinheil a usé d'un procédé bien simple. Etant donné que la morsure plus ou moins prolongée d'un zinc recouvert d'un quadrillé très fin, peut donner dix tons allant du noir au blanc, M. Steinheil a divisé une circonférence en dix secteurs, à chacun desquels une morsure réglée a donné une valeur différente, de dix à un. Un tel cliché tiré en bleu, par exemple, sur un papier très blanc, donne une sorte de cadran de dix tons de bleu. Si l'on y superpose au tirage un cliché semblable tiré en rouge, on aura dix tons dégradés de violet, si l'on met le dix bleu sur le dix rouge. Si l'on place le dix bleu sur le neuf rouge, on aura dix autres tons violets, mais plus rouges, et ainsi de suite ; soit en tout cent tons de violet allant du rouge pur au bleu pur. Il suffit donc, à chaque épreuve, de faire tourner le cadran bleu d'un degré sur le cadran rouge. Sur ces cent tons viendra s'ajouter l'impression des cadrans jaunes, avançant dix fois d'un tour, et ainsi ont été obtenus les mille tons trinaires, les trois cents tons binaires et les trente tons primaires, au total treize cent trente tons donnés par les cent cinquante planches. Chacun d'eux porte un numéro qui indique la quantité de chacun des trois tons qui le composent. Ainsi le vermillon français est composé de six jaune, dix rouge, un bleu ; le vermillon de Chine plus laqué, est à peu près cinq jaune, dix rouge, deux bleu. Par curiosité, nous avons recherché le numéro de la couleur des enveloppes de paquets de gros tabac ; c'est neuf jaune, trois rouge, quatre bleu, ou en abréviation, 9, 3, 4. Ainsi peuvent se cataloguer tous les tons de la nature, et l'on comprendra que les artistes, décorateurs, coloristes, aient grand intérêt à pouvoir consulter à chaque instant une table aussi scientifiquement exacte qui leur permette de fixer sans couleur et de façon indélébile le véritable ton de n'importe quel objet. Les naturalistes, pour déterminer les tons de chaque espèce d'animaux, végétaux et minéraux, trouveront là une nomenclature autrement précise que les termes vagues dont ils se servent : chamois, marron, brun, etc. C'est dire le service qu'est appelé à rendre l'ouvrage de M. Steinheil aux arts et aux sciences naturelles et l'intérêt qu'il offre au point de vue scientifique et technique. S.

CLAUDE BASSOT

PEINTRE VOSGIEN DU XVIIe SIÈCLE

Un terrible incendie, allumé par les fusées du 14 juillet, vient d'anéantir l'église Saint-Martin, à Saint-Dié, et avec elle a disparu le chef-d'œuvre de Claude Bassot, un tableau sur bois, de 2^{m},34 de haut sur 1^{m},70 de large, figurant la Présentation de la Vierge au temple et contenant vingt grandes figures. Cette œuvre remarquable a été heureusement décrite dans le Bulletin de la Société philomatique vosgienne (T. XVII, 1891.) par l'érudit président de cette société, M. Henri Bardy, et une belle phototypie, d'après un cliché parfait de M Victor Franck, accompagne cette notice, aussi complète qu'exacte.

Ce tableau était daté de 1614, sur un cartouche au coin supérieur gauche et signé : « C. BASSOT Pinxit » au pied d'un personnage qui, montrant la scène au public vers lequel il se retourne, semblait être le portrait du peintre, imberbe, âgé d'environ 35 ans, portant la même coiffure, toque retroussée, que Raphael, dans son portrait peint par lui-même.

Mais bien des singularités rendaient ce tableau très curieux. Le personnage occupant la place principale, revêtu d'un riche costume à crevés François Ier et portant une épée, semble discuter vivement avec un homme âgé couvert d'un grand manteau doublé d'hermine, auquel il montre de la main le bureau d'un changeur, établi contre l'escalier du temple, et dans lequel on voit le banquier, sa femme et son commis, paraissant s'intéresser beaucoup à cette scène et en attendre la fin. Comme enseigne à ce bureau, on voit un écusson, supporté par deux génies et portant une aigle éployée terrassant une salamandre. Derrière le vieillard au manteau d'hermine, deux bourgeois semblent implorer vivement, comme lui, l'officier richement vêtu. Et seulement derrière ces personnages, se trouve la scène principale : sainte Anne, nimbée, leur montre sa fille montant, les mains jointes, les quinze degrés du temple, au haut desquels l'attend le grand-prêtre, escorté d'un vieillard vêtu d'une robe rouge recouverte d'un surplis à grandes manches, portant un manteau sur l'épaule, la tête coiffée d'une barette à quatre cornes et tenant une longue canne..

De même que le costume du principal personnage, l'architecture, très riche, qui sert de décor, appartient aux premières années du XVIe siècle, Les chapiteaux, les bas-reliefs, la niche voussurée en coquille et sa guirlande de lauriers, le tapis broché qui pend de la tribune, jusqu'aux ornements damassés sur la robe du grand-prêtre, sont d'un style antérieur d'un siècle à la date du tableau. M. Bardy, qui a remarqué cet anachronisme, l'explique comme étant voulu par l'artiste, afin de caractériser l'antiquité du temple par rapport à la scène représentée. Il se pourrait aussi que le peintre se soit inspiré, pour ces détails, d'une peinture ou de gravures anciennes. Mais ce style renaissance donnait à ce tableau, d'une grande finesse de modelé, un caractère étrange et curieux qui détermina tous ceux qui l'étudièrent à douter de l'exactitude de la date, pourtant bien authentique, de 1614.

On connait en effet d'autres peintures, du même artiste, datées de 1613, 1620 et 1625. Les archives d'Epinal parlent de lui aux dates de 1608, 1610, 1611 et 1614 (série CC. pages 513, 521, 526, 527, 544). On y voit qu'il est originaire de Vittel et qu'il cumule, comme les artistes de son temps, les entreprises de grosse peinture et de décoration. Il peint à Epinal des armoiries pour les pompes funèbres, les devises qui décorent l'Hôtel-de-Ville aux jours de fête, il badigeonne à l'huile les fontaines de la ville, il polychrome les statues des saints.

En 1613, il peint le rétable de Corcieux, daté de cette année, et sur lequel nous n'avons pu retrouver sa signature, mais qui est bien de la même main que ses œuvres signées. Ce rétable décore l'autel du transept nord et se compose ; 1° d'un grand panneau sur bois, représentant sainte Catherine, les mains jointes et les yeux tournés vers le ciel, à côté de la roue de son supplice, tandis que derrière elle des soldats romains s'écartent avec des gestes d'effroi ; 2° au-dessous, un panneau en longueur où l'on voit la Vierge s'approchant, dans une attitude d'infinie douleur, du corps de son fils, étendu dans la grotte du sépulcre, et l'on distingue au lointain, à travers l'ouverture en arcade de cette grotte, une petite ville fortifiée qui parait représenter l'état ancien de Corcieux ; 3° dix petits panneaux figurent des anges portant les instruments de la passion et semblent inspirés, pour le costume et le dessin, par les figures de l'école lombarde. Au-dessus de celui de gauche, se trouve cette inscription : *Instaurabat Nicolaus du Bourg, canonicus ecclesiae insignis sancti Deodati. A°, 1613.* Ainsi, dès 1613, Bassot travaillait pour les chanoines de Saint-Dié. L'année suivante, il peignit le grand panneau de Saint-Martin, qui se trouvait autrefois à la Cathédrale ; puis, à la date de 1620, on peut classer comme lui appartenant un rétable sur bois qui se trouve à l'église de Coinches. près Saint-Dié, à gauche en entrant et qui représente la Nativité, sans signature, mais de même facture, même couleur et même style que ses autres œuvres. La date de 1620 se trouve dans le coin à droite.

De 1625 date le très beau rétable de la chapelle de Saint-Roch, près Saint-Dié, signé C. B. fec. 1625, à droite et en bas du panneau de gauche. Ce rétable se compose de neuf panneaux sur bois, peints avec la même finesse que ceux de Corcieux et de Saint-Martin, quoique les trois premiers soient d'une facture assez large. 1° au centre se voit l'Assomption : 2° à droite, saint Sébastien ; 3° à gauche, saint Roch ; les six autres, plus petits, sur le socle, représentent : la Salutation, la sainte Famille, sainte Anne, saint Remi, saint Claude et saint Fiacre. L'inscription suivante, placée sur le côté droit, nous apprend que ce retable a été exécuté aux frais du chanoine Claude Voirin : *Hanc Tabulam dicabat C. Voirin. Cano*cus *Sac̄deodatēsis in honorē*

B^tae Mariæ virginis et Sanctorū in ea depetorum. Anno Domini 1625. Plus bas, se trouve le nom du sculpteur qui, dans la composition décorative et les détails, a montré une habileté d'exécution remarquable : *M. Lucas Hurluquet tabulā hāc costruxit.* Enfin, sur le côté gauche sont les armoiries du chanoine donateur, Voirin :

D'azur au chevron d'or accompagné en pointe d'une colonne de même, accostée de deux étoiles d'argent et chargée en chef et en pointe de deux croisettes de même.

On conserve, à la mairie d'Hurbache, un panneau sur bois, sans date ni signature, mais présentant encore la même facture. Les gonds anciens dont on voit la trace sur son bord, indiquent qu'il faisait partie d'une triptyque. On y voit un archevêque et deux évêques assistants consacrant un prélat, sans doute saint Dié. Nous l'avons décrit et figuré dans le dernier *Bulletin de la Société philomatique* (*Iconographie et légendes rimées de saint Dié*).

Enfin M. de la Comble a donné au musée de Saint-Dié trois panneaux sur bois qui sont encore de la même main et qui représentent une Vierge au rosaire, très remarquable de finesse et de couleur, l'Adoration des bergers et la Visitation. Ils proviennent d'une église des environs de Saint-Dié.

En comparant entre eux les vingt-huit panneaux sur bois que nous venons de citer, on pourra contrôler notre attribution et reconnaître qu'un peintre aussi habile méritait d'être tiré de l'oubli, malgré qu'on ait sur lui si peu de renseignements biographiques.

Malheureusement sa plus belle œuvre vient de disparaître et bien par l'incurie ou l'ignorance des sauveteurs. C'est à 9 heures 1/2 que l'on remarqua les flammèches qui commençaient à prendre au clocher. C'est à minuit que le feu gagna la nef, ce n'est que plus tard encore qu'il fallut l'évacuer, et *en trois heures* on ne trouva pas le moyen de sauver ce chef-d'œuvre, placé près d'une porte du côté opposé à l'origine de l'incendie, alors que l'on sauva des masses d'objets sans valeur. Il est pénible d'avoir à enregistrer de tels faits, mais c'est un devoir, quand ils se passent dans une ville dont l'important musée et la bibliothèque, si riche en manuscrits et incunables, sont placés dans les greniers du théâtre et condamnés par la statistique à une destruction certaine.

G. S.

CHRONIQUE

Exposition des Beaux-Arts de Remiremont. - Les artistes parisiens ont répondu en grand nombre à l'invitation du comité.

Cent vingt toiles de maîtres, dont la plupart ont figuré au Salon des Champs-Élysées et du Champ de Mars, ont été déposées à Paris, chez l'emballeur du comité.

De son côté, l'Association des artistes lorrains a centralisé à Nancy deux cents toiles.

Enfin quatre-vingts tableaux environ ont été expédiés directement au comité.

L'exposition de Remiremont comprendra donc quatre cents tableaux, sans compter quelques œuvres de sculpture et d'art décoratif.

Le ministre des beaux-arts qui inaugurera officiellement l'exposition, a voulu donner un témoignage de l'intérêt qu'il porte à son succès en lui allouant une subvention de trois cents francs, en offrant pour la tombola deux vases de Sèvres d'une valeur de quatre cents francs et cinq eaux fortes, et en envoyant au nom de l'État, deux grands tableaux qui viennent d'être acquis par la direction des beaux-arts au Salon des Champs-Élysées de cette année.

Toutes les communes de l'arrondissement ont été touchées d'une demande de subvention et la plupart d'entre elles ont déjà accueilli très favorablement cette demande.

L'exposition sera installée dans l'école communale congréganiste, rue des Écoles, 2. Cinq vastes salles, parfaitement éclairées, seront livrées, dès le 1er août, aux organisateurs qui ont déjà arrêté et préparé toutes les mesures nécessaires pour la transformation et l'appropriation du local.

L'exposition sera ouverte chaque jour, depuis le samedi 10 août jusqu'au mardi 10 septembre, de neuf heures du matin à cinq heures du soir.

LES PEINTRES EN PROVINCE (*suite*).

Il a ajouté des pattes au groupe d'oiseaux, qui n'avait pas son compte ; la lumière de l'œil de Pierrot est de lui, et de lui encore cette nuance verte, voyageant à travers le jaune, qui donne la vie aux pétales des pivoines. Il a travaillé pour les autres, les autres ont signé pour lui. Et ces autres ont dix-huit ans, et elles sont jolies. Et tandis qu'on s'arrêtera devant les trois bleuets de Mlle Madeleine, tandis que des amateurs frivoles, mus par des sentiments qu'on n'ose dire artistiques, tenteront des démarches auprès de la direction, et demanderont à quel prix d'or on peut acheter les six oisons pensifs, l'attention se détournera de la peinture véritable, le *Christophe Colomb saluant la terre* n'obtiendra qu'un coup d'œil, et le portrait de la tante, œuvre de tant de veilles, œuvre sérieuse s'il en fut, regardera jusqu'au bout, sans arrêter personne, la foule qui défile devant son cadre noisette.

« Si vous rencontrez donc, Madame, le petit pâtre sculpteur de manches de fouet, s'il se présente à la porte de votre hôtel, pour demander conseil ou charité, dites-lui quelque chose comme ceci, que vous diriez bien mieux que moi :

« Mon petit, pendant que tu as encore les bras robustes et le cœur « capable de vivre en paix la vie de tes pères, retourne aux champs « et restes-y sans regrets.

« Si cependant quelque chose de plus fort que toi t'a poussé vers « Paris, si tu n'as peur de rien, surtout si tu te sens au-dessus de « l'ambition vulgaire de l'argent, et si tu ne demandes à ton art que « de te faire vivre avec peine et avec joie, demeure ici, mais, écoute « bien : demeures-y à jamais. Abandonne l'idée de retrouver un « jour, même très tard, même dans ta vieillesse, le pays que tu as « aimé, ou de bâtir ailleurs ta maison de toute l'année. Tu ne seras « plus qu'un pèlerin, dans la campagne.

« Tu t'en iras, selon l'instinct mystérieux, peindre les bois qui « reposent, les fenaisons tranquilles, les vallées où tant de paix est « enfermée que les hommes peuvent y vivre sans regarder par-« dessus les bords. Mais ce repos-là ne sera jamais le tien.

« Car, partout ailleurs on peut aussi bien commercer, fabriquer « de la soie, plaider les procès des autres ou condamner ses sembla-« bles. Mais à Paris seulement il y a la petite flamme. Les autres « foyers sont éteints, éteints partout.

« Regarde bien la petite flamme, mon ami, il n'est pas besoin de la « voir toujours, mais de l'observer souvent et de juger ses œuvres « à la lumière qu'elle donne. Tu la chercheras dans les yeux des « hommes qui savent et dans le sourire des femmes qui devinent.

« O mon petit ami, c'est là le grand tourment. Cependant, il « n'existe pas d'autre voie, pas d'autre maître, pas d'autre ville. Si « tu te sens beaucoup de courage, plus qu'il n'en faut pour tout le « reste, loue ta mansarde et reste ici. »

RENÉ BAZIN.

Le gérant : MERCIER.

N° 9. **Septembre 1895.**

BULLETIN
DES SOCIÉTÉS ARTISTIQUES DE L'EST

Le *Bulletin des Sociétés artistiques de l'Est*, paraissant chaque mois, est l'organe des associations suivantes :

Société lorraine des Amis des Arts,
Association des Artistes lorrains,
Société des Architectes de l'Est,
Association amicale des anciens Élèves de l'École des Beaux-Arts.

Tous les adhérents des quatre Sociétés, au nombre de 1.200, reçoivent gratuitement le *Bulletin* et ses suppléments.

En dehors des Sociétés, l'abonnement est de 2 francs par an.

Rédaction : 1, place Saint-Jean.

SOCIÉTÉ LORRAINE DES AMIS DES ARTS

La Commission de la Société lorraine des Amis des Arts a l'honneur de rappeler à MM. les Artistes et Amateurs qui ont l'intention d'envoyer des œuvres à la prochaine exposition de peinture que la notice n° 1, prévue par le règlement, doit être envoyée *pour le 1er octobre au plus tard,* à M. Adam, président de la Société, rue Victor-Hugo, 27, à Nancy.

MM. les Exposants qui ne se conformeraient pas à cette prescription courent le risque de ne pas voir figurer leurs œuvres au catalogue de l'exposition.

Notamment, MM. les Exposants qui ont en ce moment, à l'exposition de Remiremont, des œuvres destinées à être réexpédiées à l'exposition de Nancy par les soins du comité de Remiremont, sont prévenus que ce fait ne les dispense pas de l'envoi individuel de la notice en temps utile, cette pièce étant indispensable pour la confection du catalogue.

ASSOCIATION DES ARTISTES LORRAINS

Le Comité de l'Association informe les artistes exposants à *Remiremont,* et dont les toiles ne sont pas venues de Nancy par le wagon spécial, que s'ils désirent que leurs œuvres soient transportées gratuitement de Remiremont à l'exposition des Amis des Arts de Nancy, ils devront : 1° se faire inscrire à l'Association des Artistes lorrains ; 2° prévenir M. le Président du comité de Remiremont avant le 8 septembre ; 3° adresser la notice n° 1, jointe au règlement de la Société des Amis des Arts, à M. Adam, président de cette Société, rue Victor Hugo, 27, à Nancy, avant le 1er octobre, conformément à la note précédente.

HISTORIQUE DE LA SOCIÉTÉ LORRAINE DES AMIS DES ARTS

(SUITE)

C'est donc l'Académie de Stanislas qui organisa complètement cette première exposition de 1833 : c'est elle qui s'occupa de tous les détails, qui en rédigea le catalogue, qui procéda au classement des œuvres envoyées, qui solda enfin les frais de l'exposition.

Elle nomma, pour s'occuper plus spécialement de cette affaire, une commission composée de MM. Mengin, Braconnot, Laurent, De Haldat, Guerrier de Dumast. Cette commission s'entendit avec les artistes et amateurs signataires de la lettre, groupés en comité, et c'est dans une réunion qui eut lieu avant l'ouverture de l'exposition, le 2 juin 1833, que fut fondée la *Société des Amis des arts pour les trois départements de la Meurthe, de la Meuse et des Vosges.*

Cette fondation n'eut toutefois pas d'effet immédiat pour 1833 : l'exposition resta complètement entre les mains et à la charge de l'Académie de Stanislas ; il n'y eut pas de cotisations recouvrées, pas d'achats faits aux artistes ; l'activité des membres de la nouvelle société se concentra toute entière sur le recrutement des adhérents, et comme nous le verrons plus loin, l'organisation ne fut complétée qu'en janvier 1834.

L'exposition de 1833, ouverte définitivement le 27 juin dans la grande salle de l'Université, comprenait 67 exposants, tous lorrains, et 150 numéros, se décomposant ainsi :

Huile	29 exposants	et	86 numéros		
Aquarelle et dessin	34	—	58	—	
Sculpture	3	—	5	—	
Architecture	1	—	1	—	
	67		150		

Les principaux artistes exposants étaient MM. Demange, Géniol, Gomien, Jacques, feu Laurent père, Laurent fils, Mansion, Rauch, De Raulecour, Rinck, Pierre, feu Singry, Thorelle, Mlle Hennet; dans la catégorie des amateurs, on remarque MM. Chatelain, Paul Laurent, De Luxer, De Montjoie, De Saint-Germain, Vautrin.

Deux critiques de ce salon ont été faites et imprimées: l'une est une plaquette non signée, mais qu'un renseignement du temps nous permet d'attribuer à M. Guibal; l'autre, sans signature également, a paru en feuilleton dans le *Journal de la Meurthe*, et l'auteur nous en est inconnu.

Les jugements de l'une et de l'autre critique paraissent assez sévèrement mais très impartialement rédigés.

Les tableaux qui ont surtout fait sensation sont :

Le n° 58, Madame Scarron, de feu Laurent, d'Epinal.

Le n° 46, Portrait de M. Grandville, par M. Gomien.

Les n°s 51 à 54, Portraits, par Mlle Hennet.

Cette exposition eut un plein succès: à la séance publique de l'Académie de Stanislas du 7 juillet, M. de Caumont, rapporteur de l'exposition, s'exprimait ainsi :

« Chacun de vous peut se rappeler avec quelle surprise, avec quel « orgueil, les habitants de Nancy et ceux des pays voisins vinrent « jouir des travaux de leurs compatriotes. Pendant plus de vingt « jours l'affluence des curieux fut toujours croissante, et (chose « remarquable) bien que dans cette foule, réunie de toutes parts, peu « de spectateurs eussent fait, de l'art qu'ils étaient appelés à juger, « une étude spéciale: bien que le plus grand nombre vît peut-être pour « la première fois une réunion semblable, tous donnèrent des éloges aux « tableaux qui les méritaient. C'est devant eux que s'arrêtaient les « visiteurs ; c'est sur eux qu'ils jetaient un dernier coup d'œil, après « avoir passé en revue ceux dont ils étaient environnés.

« A ce jugement du public, l'Académie n'avait rien à modifier. Elle « n'a pas non plus de récompenses à joindre à celles qu'a distribuées « l'opinion générale ; car le Musée de Nancy ne s'est pas fermé sans « que cette opinion ait donné une couronne au portrait qui promet « un Vandyck, offert des fleurs à la rivale de Mme Lebrun, aux « imitateurs de Claude-le-Lorrain, aux élèves d'Isabey, etc., et « surtout sans avoir déposé la palme d'immortelles sur un tombeau « récent encore (1).

(1) La tombe dont parle M. le Rapporteur, est celle de M. Laurent père, d'Epinal, auteur du tableau intitulé : *Madame Scarron*, un des plus beaux de l'exposition.

« La Société royale a senti qu'il n'était pas dans ses attributions « de juger des artistes qui ne doivent reconnaitre d'autre tribunal « que celui de leurs pairs; qui ne veulent d'autre récompense de « leurs efforts que la gloire du succès, et l'empressement avec lequel « les connaisseurs, les appréciateurs de leurs talents chercheront à « acquérir ce qu'ils ont admiré.

« Déjà s'est formée dans notre contrée une association des *Amis « des arts*, qui doit seconder ce noble élan et donner aux artistes la « certitude que le suffrage qui leur est accordé ne se bornera pas à « de stériles éloges.

« Laissons-les recueillir ce glorieux tribut, qui perdrait de son « prix s'il n'était pas spontané. Le génie vit de liberté; que cette « liberté préside seule aux récompenses qu'il doit obtenir. »

Dans une lettre de remerciements adressée à l'Académie de Stanislas, les artistes lorrains expriment le vœu qu'une nouvelle exposition soit ouverte en 1834. Ce vœu, renvoyé à une commission, fit l'objet d'un rapport favorable, et dans sa séance du 9 janvier 1834, l'Académie décida qu'il y aurait une nouvelle exposition de tableaux en 1834.

Mais cette décision est la dernière intervention de l'Académie. Nous allons voir la Société des Amis des arts, définitivement constituée, assumer la totalité de ses devoirs et organiser l'exposition de 1834, comme toutes celles qui lui ont succédé jusqu'aujourd'hui.

(*A suivre.*) M.

ÉCOLE DES BEAUX-ARTS DE NANCY

Nous extrayons le passage suivant du discours prononcé par M. le Préfet, à la distribution des prix des écoles municipales de Nancy, le 14 août dernier, et nous remercions le représentant du gouvernement de sa très juste appréciation des devoirs et de la valeur de notre école artistique lorraine.

« Je ne puis me défendre de citer deux de nos établissements d'instruction, parce qu'ils sont comme le complément et la parure de notre organisation scolaire : le Conservatoire de musique et l'École des Beaux-Arts. Le Conservatoire fait assez de bruit en ce monde pour que nous n'ayons pas à lui faire une réclame qui serait aussi légitime que superflue ; il trouve le meilleur des encouragements et le plus puissant des éloges dans l'appui des pouvoirs municipaux, dans l'approbation croissante de l'inspection générale, enfin surtout dans la faveur plus précieuse encore du public artiste et enthousiaste qui applaudit à ses concerts populaires. Il n'en va pas de même à l'École des Beaux-Arts, dont le labeur est moins bruyant et la vie plus silencieuse : elle veut et mérite un mot à part qui me tient fort à cœur. Dans ce superbe Nancy, dans cette ville souveraine où tout nous parle d'art, depuis Claude Gelée jusqu'à Friant, d'art décoratif depuis Jean Lamour jusqu'à Emile Gallé, de splendide ordonnance dont le pur et génial chef-d'œuvre d'architecture dû à Héré, où dans toutes les branches de l'activité artistique on trouve une pléïade de chercheurs dont les noms sont sur toutes nos bouches et dont plusieurs s'avisent de devenir célèbres, il était expédient qu'il y eût une école pour préparer à nos maîtres des collaborateurs et des disciples, des émules et des successeurs, et pour maintenir ainsi à sa pleine hauteur le drapeau illustre de l'art lorrain.

« Cette école de préparation sérieuse et sévère est confiée aux mains discrètes et infatigables d'un homme qui appartient tout entier à la maison qu'il dirige si bien. Aussi quels ne sont pas les succès qu'elle remporte avec les professeurs émérites et autorisés qui lui assurent sa valeur et son éclat. Elle réunit à cette heure 210 élèves, parmi lesquels je suis particulièrement touché de compter 140 ouvriers des industries décoratives d'art et de construction. Plusieurs de ces élèves vont à Paris, où ils forment une colonie unie par ses liens d'origine, et où ils poursuivent et terminent leurs études en subissant les rudes épreuves d'entrée et de concours à l'École nationale des Beaux-Arts.

« Cette année encore, notre école régionale a été justement remarquée : quatre de ses élèves ont été reçus à l'École nationale ; l'un d'eux, Wielhorski, premier sur 400 concurrents, et ses camarades à des rangs très honorables ; un de nos jeunes statuaires a remporté le prix Jacquot et le prix du mobilier, institué par le Louvre. D'autres encore.... mais je m'arrête et je ne vous citerai plus ni M. Pouret, ni M. Desch, ni personne, et je me bornerai, pour ne pas épuiser votre patience, à répéter une anecdote qui m'a été dite par un des plus modestes, mais des plus intéressants protégés de la mairie.

« Dernièrement. il était au cours de Bonnat, qui, s'arrêtant devant son dessin, lui dit : — C'est bien ! d'où êtes-vous donc déjà ? — De Nancy. — Ah ! très bien, je reconnais l'excellente école de Nancy.

« A ce jugement décisif, il n'y a rien à ajouter, sinon que pour tout dire d'un mot, l'on applique ici avec une rare entente cette règle supérieure qui veut que l'art étudie et creuse la réalité pour la mettre au service de l'idéal. »

Voici un extrait du palmarès de l'École des Beaux-Arts :

Section de dessin et de peinture, cours supérieur. — Peinture d'après nature. — Pas de 1er prix ; rappel de 2e prix, Auguste Desch.

Dessin de figure d'après l'antique et d'après nature. — Première division. — Pas de 1er prix ; 2e, Auguste Desch.

2e division comprenant les 1re et 2e années. — Prix : Marius Richard, Abel Pierrat.

Etude de la plante et stylisation. — Rappel de 1er prix, Rose Wild ; 2e, Mary Schlagdenhauffen.

Composition décorative (grand concours de fin d'année). — 1re mention, Charles Gerdolle.

Exercices mensuels. — 1er prix, Rose Wild.

Cours élémentaire. — Dessin de tête et d'ornement d'après la bosse. — 1re division. Hors concours, Clémentine Guérard ; 1ers prix, Hubert Rohr, Lucien Mathis, Paul Levrat. — 2e division, Paul Dœrflinger.

Section d'architecture. — Perspective. — 1er prix, Augusta Wéber.

Théorie des ombres. — Prix, Alfred Thomas.

Dessin industriel, cours supérieur. — Pas de 1er prix ; 2es prix, Louis Cazin, Léon Remy.

Cours élémentaire. — 1er prix, Gustave Thomas.

Section de modelage et de sculpture. — Cours supérieur, études d'après l'antique et d'après nature. — Rappel de 1er prix, Jean-Baptiste Everlé ; pas de 1er prix ; 2e prix, Emile Surmély.

Ornement, études d'après nature et d'après les documents. — 1er prix, Jean-Baptiste Everlé.

Cours complémentaire, études fragmentaires d'après l'antique. — 1er prix, Henri Schmit.

Copie de l'ornement. — Prix, Eugène Simon, Henri Simon.

Anatomie artistique et anatomie des plantes. — Prix, Mary Schlagdenhauffen.

Histoire de l'art. — 1er prix, Eugénie Becker.

MUSÉE D'ÉPINAL

Le Musée des Vosges vient de s'enrichir de plusieurs œuvres d'art. Le Ministre lui a envoyé trois tableaux, qui ont longtemps figuré dans les galeries du Louvre : *Un grand paysage historique*, un *Christ aux liens* et *une Vierge en pleurs*.

Le paysage, attribué peut-être à tort à Van Blœmen, est une interprétation de la campagne romaine avec ses grandes lignes, à la manière de Poussin. Tout, jusqu'aux personnages allégoriques, très bien traités, rappelle le maître. Toutefois, les arbres qui, dans ses tableaux, font toujours voir au premier coup d'œil l'espèce à laquelle ils appartiennent, ne sont pas ici assez bien caractérisés. Quant au ciel et au lointain, ils sont repeints habilement par un moderne, et le bleu des montagnes du fond n'a rien de celui du XVIIe siècle.

Les deux sujets de figure sont des toiles authentiques de Pierre Mignard l'Académicien, — des personnages à mi-corps se faisant pendant. — Le Christ, surtout, est très bien étudié. La Vierge est d'un très beau sentiment. L'harmonie parfaite des couleurs fait regretter toutefois qu'on n'ait pas cru devoir débarrasser ces deux toiles des épaisses couches de vernis brunâtre qui les recouvrent.

En même temps que ces trois œuvres d'art, le Musée vient d'exposer une composition de Glaize, représentant *Thétis remettant à Achille les armes forgées par Vulcain*. Le jeune héros, en les recevant, jure de venger la mort de son ami Patrocle. Cette toile présente les défauts et les qualités de cet artiste distingué. — V.

EXPOSITION DE REMIREMONT

Tous les visiteurs de cette exposition en sont sortis « émerveillés », comme ils le disent hautement. C'est en effet la plus belle et la plus complète qu'il y ait jamais eu dans les Vosges. Plus de quatre cents œuvres d'art sont réunies dans les six vastes salles d'une école, si habilement aménagées qu'elles semblent, malgré quelques défectuosités d'éclairage, avoir été de tout temps un musée.

Là, toute l'école lorraine est brillamment représentée et quantité d'artistes parisiens, parmi les plus célèbres, ont tenu à prendre place au milieu de nos compatriotes. Pour son début, le Comité des beaux-arts de Remiremont a donc réussi en maître et ce succès était à prévoir dans un arrondissement où les arts sont cultivés avec honneur et qui compte tant d'artistes. Au premier rang, le maître paysagiste Français, qui n'expose pas moins de huit toiles et des meilleures. Puis ses élèves : MM. Japy, Kreyder, Noirot et Waidmann, ce dernier comptant déjà de très habiles élèves. Toujours de Remiremont, MM. Buteux, aquafortiste, Donzé, Garnier, Girardin, Guingot, décorateur, R. Humbert, architecte, Joly, sculpteur, Meng, ornemaniste, Perrin, les deux frères Picard, hors concours, Rondot, et aussi Mmes Delsart, Desbleumortiers, Laporte, Marlier et Tulpain.

Presque aussi nombreux sont les artistes de l'arrondissement de Saint-Dié : MM. Descelles, Lhôte, Michel, Peccatte, Reinhard, Renaudin, Rovel, ce dernier avec 23 toiles remarquables, et Mlles de Bazelaire, Caël, de Lesseux et Stouls, ces trois dernières, élèves de M. Rovel.

Les autres vosgiens sont : MM. Monchablon, Petitjean, Lecomte, sculpteur, Bliquez, Voulot, sculpteur, et Mlles Conty, Houdaille et Roy.

Les artistes nancéiens sont : MM. Barotte, Collet, Daimée, Demange, Desch, de Dombasle, Friant, Gruber, Guingot, Hestaux, Licourt, Lombard, Maclot, Martignon, Millot, Prouvé, Quintard, Renauld, Roussel, Royer, Saladin, Vierling, Villain, Voirin, Wittmann, Mme Séméladis, Mlles Cura, Houdaille, Hubert, Mackiéwicz, Ricouard, Thiry, Vierling (sept élèves de M. Vierling), Mlles Neukomm et Willemin, les sculpteurs Bussière, Finot et Viart, le maître verrier Daum, l'architecte L. Humbert, le relieur mosaïste Wiéner et le marqueteur Barbier qui expose 12 objets d'art.

Les autres exposants lorrains sont : MM. Barillot, France, Gilbert, Gridel, Jullot, Serrier, Simon et Mme Dingeon.

Les alsaciens sont : MM. Arbeit, les deux Benner, Cailliot, Gagliardini, Gluck, Henner, Petit-Gérard, Riéder et Mlle Arbeit.

Enfin les artistes de Paris sont : MM. Adler, Alaux, d'Alheim, Arus, Béghin, Binet, Biva, Bourgogne, Bouvet, Brindeau, Brispot, Calvès, Cassard, Chevalier, Chrétien, Courtois-Bonnencontre, Dagnaux, Dauphin, Defaux, Dérud, Desgranges, Didier-Pouget, Fourié, Frappa, Gaudez, sculpteur, Guignard, Japy, Jacquet, Lutcher, Martin,

Moullé, Nobillet, Noirot, Olive, Pascalidès, Picquefeu, Polack. Ruinard, De Brimont, Sain, Triquet, Troncy, et Mmes Abbéma, Heydt, Rita-Rey et Troncy.

Nous n'avons voulu, dans cette sèche nomenclature, que donner un aperçu de la composition distinguée de cette exposition, la première en date à Remiremont, en souhaitant à tous les Salons de province un contingent aussi bien choisi de belles et bonnes œuvres, un comité artistique aussi digne de ce nom et un succès aussi mérité.

CHRONIQUE

✥ Nous apprenons avec regret la mort, à l'âge de soixante-six ans, de **M. Bailly, Charles-Eloy,** statuaire, dont les obsèques ont eu lieu à Paris, à l'église Saint-Lambert de Vaugirard, le 8 août dernier.

M. Bailly, auteur de la statue de l'abbé Grégoire, érigée il y a quelques années à Lunéville, appartenait à notre région et il y laisse, comme parmi ses confrères de Paris, le souvenir d'un artiste consciencieux, d'un homme bon et simple, d'un travailleur sincère. Il était né à Réménoville, canton de Gerbéviller, et c'est dans notre ville, où il était élève de l'Ecole professionnelle Loritz, devenue depuis Ecole professionnelle de l'Est, que son talent, guidé par les leçons de M. Laurent, son professeur, commença à être apprécié. Subventionné par le département, il continua ses études à l'Ecole des Beaux-Arts et se livra à son art avec une modestie qui l'a tenu toujours éloigné de l'intrigue.

Plusieurs des monuments de la ville de Paris contiennent des statues, médaillons, bustes et cariatides dus à son habile ciseau ; son œuvre comprend en outre d'assez nombreux portraits ou bustes et médaillons, des groupes de genre. Il avait obtenu une première médaille au Salon pour son *Homme à la besace*, croyons-nous, et parmi ses autres allégories remarquées on cite encore *Perrette et le pot au lait*.

Peu de temps après l'exécution de la statue de l'abbé Grégoire, le sculpteur Bailly avait été atteint de la cataracte et il avait dû délaisser quelque temps son ciseau ; une opération lui permit de le reprendre et d'ajouter encore quelques pièces remarquées à son œuvre, qui honore notre pays de Lorraine et le place en très bon rang parmi les artistes français.

✥ **M. Jacquot Defrance**, élève de l'atelier Bonnat et de l'Ecole des Beaux-Arts de Nancy, vient d'obtenir successivement une deuxième médaille au concours de figure dessinée d'après nature, et un deuxième prix d'atelier à l'exposition des travaux d'élèves de fin d'année.

✥ Un de nos jeunes architectes lorrains, **M. Paul Charbonnier,** vient d'obtenir à sa sortie de l'Ecole des Beaux-Arts, le premier prix au concours entre architectes français (un projet de caisse d'épargne pour Oleron-Sainte-Marie). Son projet, justement remarqué, lui a valu la commande de l'exécution dudit monument.

C'est un heureux début dont nous félicitons vivement M. Paul Charbonnier.

❖ C'est avec une grande satisfaction que nous apprenons qu'un de compatriotes, **M. Léon Roussel,** vient d'être proclamé *Premier prix de Rome.*

Le conseil général et la ville de Bar-le-Duc, qui ont accordé des subventions à M. Léon Roussel, alors élève à l'Ecole des Beaux-Arts, section de sculpture, pour lui permettre de mener à bien ses études, ne doivent pas le regretter aujourd'hui, M. Léon Roussel s'étant montré digne de leur bienveillance en subissant les épreuves de ce grand concours, d'où il est sorti vainqueur.

❖ L'organisation remarquable de **l'Exposition des Beaux-Arts de Remiremont** a été constatée par M. Poincaré, ministre des Beaux-Arts, qui en a vivement félicité la Commission et lui a témoigné toute sa satisfaction en décorant de la rosette d'officier de l'Instruction publique M. Desbleumortiers, président du Comité, et en nommant officier d'Académie M. de la Roche-Dumas, trésorier de ce Comité. L'Association des Artistes lorrains a chaleureusement félicité les titulaires de ces distinctions si bien méritées par le zèle et le dévouement dont ils ont fait preuve dans l'habile et rapide organisation de cette exposition.

❖ Le conseil général de Meurthe-et-Moselle a voté une subvention au jeune **Marchal,** de Lunéville, qui lui permettra de suivre les cours de l'Ecole des Beaux-Arts de Nancy.

❖ A la même séance, le conseil général renouvelle la subvention accordée à l'élève **Gerdolle** auprès de l'école nationale des Arts décoratifs.

❖ L'acquisition de la **maison de Claude-le-Lorrain**, à Chamagne, par un comité réuni par M. Goutière-Vernolle s'était effectuée grâce à diverses subventions remontant à 1891. Le Comité s'étant dissous le 13 novembre 1894, avait chargé son secrétaire, M. Goutière-Vernolle, qui était propriétaire de la maison, de rembourser tous les souscripteurs. Le conseil général de Meurthe-et-Moselle vient de réclamer, dans sa dernière séance, les 1.000 francs qu'il avait versés à cette souscription il y a quatre ans, et il a approuvé les conclusions du rapport de M. Mézières, regrettant que la somme ait été versée sans qu'on se soit assuré que la souscription avait atteint le chiffre fixé. Nous espérons que toutes les souscriptions privées, ainsi que celles des communes, ont été également remboursées, conformément aux engagements pris.

❖ Le **buste de Mathieu de Dombasle,** à Roville, a été inauguré le 18 août. Ce beau monument est dû au ciseau de notre concitoyen Bussière. Le buste s'élève sur une pyramide tronquée, devant laquelle se tient un jeune cultivateur debout, le torse nu, la main droite posée sur un des bras de la charrue ; la tête bien relevée, avec un regard de reconnaissance vers Dombasle, il semble remercier l'inventeur et, tenant son chapeau de la main gauche, il le salue d'un mouvement très vrai, plein d'élan et de reconnaissance. L'impression de cette figure est grande, grâce à sa simplicité de lignes, à l'ampleur du modelé et à la parfaite étude des détails. Son naturalisme vrai, dans un contour élégant et robuste, lui donne un puissant effet décoratif pour exprimer l'idée simple qui devait se dégager, claire et précise pour tous, de ce monument. Il est à souhaiter que notre Lorraine possède d'autres monuments aussi modernes, aussi réussis que celui de Roville. G. S.

L'EXPOSITION DE 1900

Bien que les intérêts artistiques ne soient pas mis en grave péril dans le parti pris par un groupe de nancéiens de s'opposer à l'Exposition universelle de 1900, il peut être intéressant de découper quelques opinions à ce sujet.

Au Conseil municipal de Nancy :

M. Stoeber. — En somme, je conclus au rejet par les Chambres de tout projet d'Exposition universelle. Il faudrait tout au moins que les expositions aient lieu à des intervalles moins rapprochés.

M. André. — La question est à présent tranchée. Il fallait protester plus tôt. Aujourd'hui, c'est trop tard !

M. Grillon. — Bien qu'il soit trop tard, je tiens à me déclarer ouvertement l'adversaire des expositions...

M. Sorel. — Les expositions nous sont préjudiciables, à nous province. Combien n'y en a-t-il pas, d'employés ou de petits commerçants, qui depuis longtemps font des économies pour se payer le plaisir de dire : *Je suis allé à l'Exposition !* C'est leur rêve.

Et pendant cette absence, on se livre à des dépenses exagérées, on néglige son commerce et l'on sombre. (*Est républicain.*)

M. Maurice Barrès. — Le conseil municipal de Nancy, composé d'hommes fort sages, incapables d'un excès d'imagination, vient d'adopter un vœu excellent et qui ne peut manquer d'impressionner les municipalités et les conseils généraux. Les députés de Meurthe-et-Moselle se rendront bien probablement au désir formel du conseil municipal de Nancy. (*Figaro.*)

Au Conseil général :

« Le conseil général de Meurthe-et-Moselle, vu le vœu à lui adressé par M. Gavet en vue de s'opposer au projet d'une exposition à Paris en 1900, considérant, sans émettre d'opinion personnelle sur le fond, que l'opinion publique est contraire à cette exposition qu'elle considère comme nuisible aux intérêts de la province ;

« Considérant que l'époque de 1900 est encore assez éloignée pour que le gouvernement ait le temps d'étudier cette question,

« Emet le vœu que le gouvernement ouvre une consultation générale sur l'opportunité d'une exposition en 1900. »

(Est républicain.)

M. Jules Méline. — « La Ligue de décentralisation de Nancy oublie trop que, dans le mouvement économique moderne, les expositions ont cependant leur place et leur raison d'être.

« Il n'est pas douteux qu'elles donnent à l'activité productrice des nations, *et surtout de la nation qui les organise pour se montrer au monde dans toute sa force*, une impulsion, un élan, une fièvre d'invention qui provoquent dans toutes les branches du travail national une émulation féconde et déterminent presque toujours un nouveau pas en avant dans la voie du progrès. Ce serait une erreur de croire que les résultats de ce grand effort ne sont que de pure gloriole et que le pays n'en tire aucun profit. » *(République française.)*

VITRAUX DU XIIIE SIÈCLE

A LA CATHÉDRALE DE SAINT-DIÉ

Le dernier Bulletin de la *Société Philomatique vosgienne* vient de publier une série de vitraux du XIIIe siècle qui ont été retrouvés récemment dans la cathédrale de Saint-Dié où ils étaient restés jusqu'à présent indistincts, par suite de leur grande élévation. Ils étaient situés dans les rosaces surmontant les lancettes du chœur et des transepts. Prochainement employés à la décoration d'une fenêtre basse, on pourra étudier de près ces curieuses peintures que nous reproduisons ici, d'après les clichés de notre collègue et ami, M. Victor Franck, et nous remercions de cette communication l'érudit président et fondateur de la *Société Philomatique*, M. Henri Bardy.

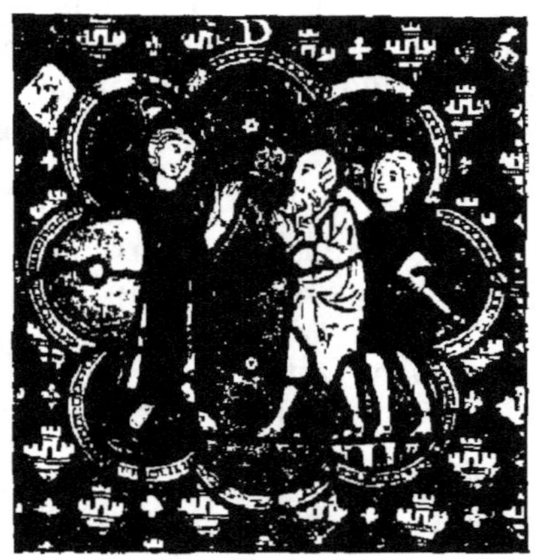

N° 1

Ces vitraux se rapportent à la légende de saint Dié. Les sujets sont figurés dans des rosaces à quatre ou à huit lobes, formées d'un perlé jaune d'or, se détachant sur un fond damassé. Pour les trois premiers, ce fond est rouge, semé de tours crénelées. Pour les trois suivants, la rosace est quadrilobée, le fond gris, orné de rinceaux polychromes. Pour les deux derniers, le fond est bleu, semé de fleurs de lis d'or. Les tours crénelées sont elles les armes de Castille, et les fleurs de lis celles de France, telles qu'on les alliait au XIIIe siècle, sous la régence de Blanche de Castille? Mais leur présence en Lorraine serait inexplicable et comme ce ne peut être une simple fantaisie décorative et que presque toujours ces emblêmes se rapportent aux donateurs, nous pensons qu'il est plus probable que les fleurs de lis se rapportent à la maison d'Epinal, qui était d'ancienne

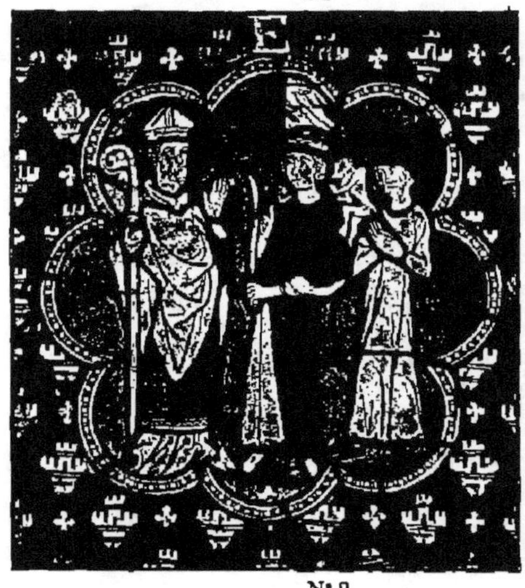

N° 2

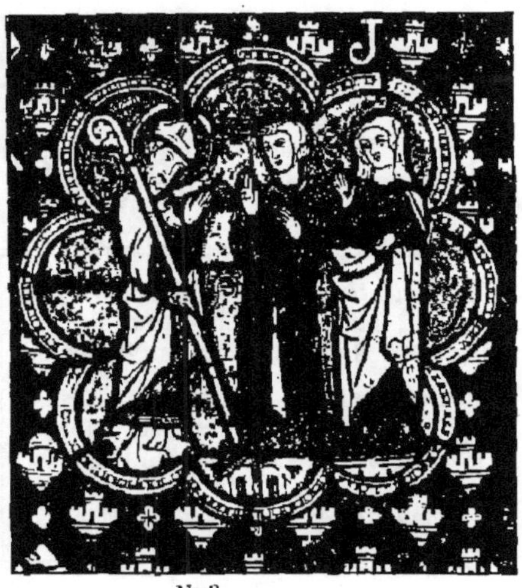

N° 3

chevalerie et portait : d'azur semé de fleurs de lis d'or, à une croix d'argent brochant sur le tout. On voit dans la *Sigillographie de Saint-Dié* que cette maison fournit vingt dignitaires au Chapitre de cette collégiale, de 1250 à 1400 et que l'un d'eux, Gérard d'Epinal, sonrier en 1335, portait sur son sceau les trois tours accolées qui sont

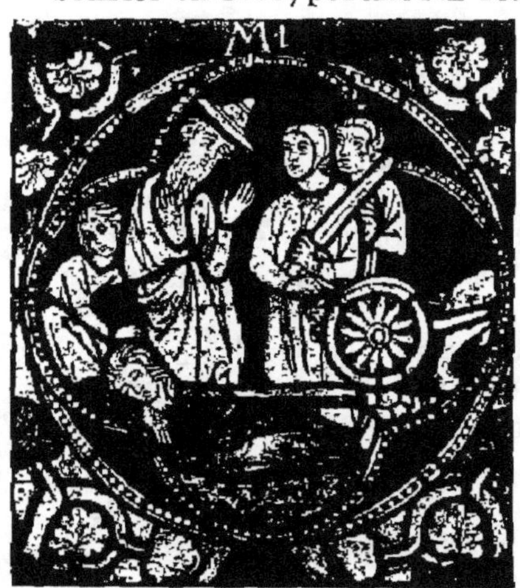

N° 4

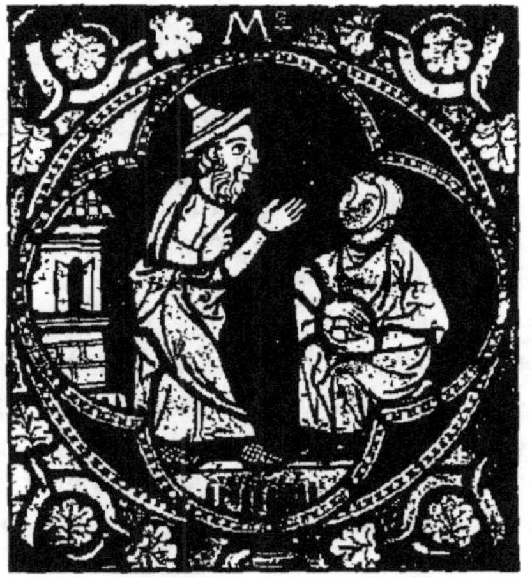

N° 5

encore aujourd'hui les armes d'Epinal, tandis que Nicole d'Epinal, doyen en 1345, porte sur le sien un semis de fleurs de lis. Nous croyons donc que ces verrières ont été données, vers la fin du XIIIe siècle, par deux membres de la maison d'Epinal, dont l'un avait pris, comme issu d'un châtelain, les armes de la ville, qui étaient primitivement celles du château. (*A suivre.*)

Le gérant : MERCIER.

N° 10. Octobre 1895.

BULLETIN

DES SOCIÉTÉS ARTISTIQUES DE L'EST

Le *Bulletin des Sociétés artistiques de l'Est*, paraissant chaque mois, est l'organe des associations suivantes :

Société lorraine des Amis des Arts,
Association des Artistes lorrains,
Société des Architectes de l'Est,
Association amicale des anciens Élèves de l'École des Beaux-Arts.

Tous les adhérents des quatre Sociétés, au nombre de 1.200, reçoivent gratuitement le *Bulletin* et ses suppléments.

En dehors des Sociétés, l'abonnement est de 2 francs par an.

Rédaction : 1, place Saint-Jean.

HISTORIQUE DE LA SOCIÉTÉ LORRAINE DES AMIS DES ARTS

(SUITE)

DEUXIÈME EXPOSITION (1834)

Les premiers adhérents avaient employé les six derniers mois de 1833 à recruter de nouveaux sociétaires. Il s'agissait maintenant de constituer un bureau, une commission et d'élaborer les statuts. Les archives de la Société rendent compte de ces diverses opérations dans les termes suivants :

« La Société réunie spontanément (1) en assemblée générale dans « la salle de lecture de la bibliothèque de Nancy, le 29 janvier 1834, « a nommé M. de Caumont, recteur de l'Académie de Nancy, président, « M. Butte père, ancien négociant, trésorier, M. Guibal, ingénieur « des ponts et chaussées, secrétaire, et a institué une commission de « huit membres, chargée de seconder le bureau dans ses opérations.

« Dans la même séance il a été décidé que cette commission, « conjointement avec le bureau, préparerait un projet de règlement « qui serait discuté le 2 mars en assemblée générale.

« En conséquence de cette décision, la commission a proposé le « 2 mars ce projet de règlement, qui a été adopté. »

Ce règlement est d'ailleurs dans ses grandes lignes, celui qui régit encore aujourd'hui la Société.

(1) Cette réunion « spontanée » en l'absence d'une autorité officielle constituée pour faire la convocation, est une assez jolie trouvaille.

Le 7 mars, le bureau adressa sous forme de lettre, aux habitants des trois départements lorrains, un appel pour leur annoncer la constitution définitive de la Société et les engager à s'y affilier. Tous ces efforts portèrent leurs fruits, et au 25 mai, époque de l'exposition, la Société comptait 388 souscripteurs.

Cette deuxième exposition s'ouvrit salle de l'Université, le 18 mai 1834.

Elle comprenait 51 exposants et 162 numéros, se décomposant ainsi :

Huile	27	exposants	pour	91	numéros
Aquarelles et dessins	21	—	—	66	—
Sculpture	1	—	—	2	—
Arts industriels	2	—	—	3	—
Total	51	—	—	162	—

On retrouve en 1834 la plupart des artistes qui ont exposé en 1833 ; il faut signaler toutefois comme nouvel exposant de marque, Grandville, qui envoya une peinture à l'huile et six dessins à la plume. L'un de ces derniers, intitulé *Les Paysans lorrains*, a été fort admiré, mais a en même temps chatouillé désagréablement la fibre nationale des Lorrains, peu flattés de voir attribuer à une famille de leur pays, l'expression indicible de niaiserie qui caractérisait cette excellente charge ; ce sentiment se fait jour dans les journaux de l'époque et dans la critique de l'exposition. Cette critique, parue en feuilleton dans le journal le *Patriote*, peut être attribuée encore à M. Guibal, car on y retrouve les tournures de phrase et les expressions de l'examen critique de 1833.

Le placement des œuvres et les achats, ces deux grosses pierres d'achoppement des commissions passées, présentes et futures, ne manquèrent pas cette année à leur terrible mission : Messieurs Alnot et Butte, qui s'étaient dévoués à l'arrangement des tableaux, virent leur œuvre attaquée et critiquée avec vivacité. Un rédacteur du *Patriote* leur conseille, pour les années suivantes, de procéder pendant la durée de l'exposition à un ou deux remaniements, de manière à réaliser le précepte de l'Évangile : les premiers seront les derniers, et les derniers seront les premiers !

Parmi les reproches faits au jury d'achat, les uns sont bizarres, comme celui de ne pas mettre le public et la presse au courant des motifs de ses décisions ; d'autres, autant qu'on en peut juger à pareille distance, paraissent plus fondés : par exemple celui de comprendre dans la liste des achats trois ou quatre œuvres d'un même auteur ; celui aussi de ne pas avoir acheté ces *Paysans lorrains*, de Grandville, qui soulevaient l'admiration générale et un peu aussi l'indignation lorraine. Peut-être, dit le journaliste, les commissaires ont-ils voulu prouver à cet artiste célèbre qu'on ne caricaturait pas sans danger ? La liste des achats contient cependant un dessin de Grandville, intitulé *L'ivrogne*, qui fut gagné par M. Mayeur, avoué à Vic.

Les acquisitions faites par la Société à cette exposition comprennent vingt-cinq œuvres d'art ayant coûté la somme totale de 3,072 francs.

(*A suivre.*) M.

SOCIÉTÉ DES ARCHITECTES DE L'EST

La Société des Architectes de l'Est de la France a tenu son Assemblée générale trimestrielle à Epinal, le 24 août, sous la présidence de M. Chenevier, son président, dans une des salles de l'Hôtel-de-Ville qui avait été mises gracieusement à sa disposition par M. le Maire de la ville d'Epinal.

L'assemblée a discuté longuement sur la question de l'Enseignement régional des Beaux-Arts et elle a nommé, comme délégués chargés de la représenter à la Commission centrale de Paris, MM. Chenevier et Mougenot.

Plusieurs présentations de nouveaux membres ont été faites; M. Jasson a rendu compte du Congrès de Bordeaux et enfin M. Gutton, secrétaire, a lu une notice nécrologique sur le regretté M. Mougenot père, ancien membre de la Société.

Un banquet confraternel, organisé par les soins de la section des Vosges et présidé par M. Grillot, a terminé cette journée qui s'est achevée très amicalement et très gaiement.

Le lendemain, tous nos confrères partaient de grand matin pour Gérardmer où, sous la conduite de M. Bourgon, ils ont visité le grand hôtel du lac, dont ils ont admiré la distribution intérieure, la commodité des services et dont ils ont pu apprécier l'excellente cuisine. Le casino et sa coquette salle de théâtre ont également obtenu tous les suffrages.

Enfin, M. Gutton a conduit ses confrères à l'établissement hydrothérapique qu'il vient de terminer et les a fait visiter ensuite un fastueux hôtel de propriétaire qu'il construit et dans lequel il a réuni tout ce que le confort moderne peut utiliser dans une habitation élégante et de grande allure.

La journée s'est terminée par une promenade sur le lac et par une réception cordiale chez l'un de nos confrères, ce qui a permis aux excursionnistes d'assister, de la terrasse de son chalet, à l'admirable spectacle d'un coucher de soleil sur la vallée.

Les trains du soir ont séparé nos confrères et tous sont partis enchantés de la cordialité, de l'hospitalité vosgienne qui leur a été offerte, en se donnant rendez-vous pour l'Assemblée générale de décembre qui se tiendra à Nancy.

Exposition rétrospective alsacienne et lorraine de Strasbourg.

(Suite).

Nous avons déjà constaté avec quel goût a été organisée, installée et classée l'importante collection d'objets d'art alsaciens et lorrains qui est en ce moment, et jusqu'au 15 octobre, ouverte à Strasbourg. Le catalogue, très luxueusement édité et orné de belles phototypies, comprend 1547 numéros qui peuvent se diviser ainsi :

— Antiquités préhistoriques : armes de silex, dont 150 provenant de Morville-lès-Vic ; briquetages de la Seille.

— Antiquités gallo-romaines : autels, pierres tombales et votives, inscriptions, statues, colonne de Merten, outils (52 pièces trouvées sur l'Hérapel), poteries, très belles verreries, bronzes, statuettes et fibules, monnaies gauloises des Leuci, Veroduni, Mediomatrici, etc.

— Antiquités mérovingiennes : bijoux très remarquables, un bas-relief en ivoire.

— Moyen-âge roman : 5 reliquaires des XIe et XIIe siècles, autel portatif, 4 statuettes, 2 calices, 5 ostensoirs, ciboire, plateau, croix de procession, 5 crucifix, baptistère, 5 reliefs d'ivoire, la chape dite de Charlemagne, à Metz.

— Art gothique : 6 croix processionnelles, coupe de parade, lustre, lampes, statuettes, 10 bas-reliefs d'ivoire, dont 2 crosses, 6 statuettes d'ivoire, 6 coffres.

— Orfèvrerie renaissance : 30 coupes de parade des trésors de Ribeauvillé et des Trois-Épis, gobelets, salières. statuettes, 34 cuillers, bas-reliefs de Kirstein et de Raeuber, collections de bijoux.

— Orfèvrerie de table et d'église, 10 mortiers, 4 casiers à poids, cloches, candélabres, nombreux brocs et plats d'étain, 80 pièces.

— Ferronnerie : portes, candélabres, grilles, enseignes, clefs, marteaux de porte, coffres-forts, taques et plaques de fourneau, moules à gaufres, 36 pièces.

— Armes et accessoires, 43 pièces.

— Ivoires, bois sculptés, 112 pièces.

— Monnaies, médailles, sceaux, plus de 100 pièces rares.

— Fayences de Strasbourg, et Haguenau, 220 pièces.

— Fayences et porcelaines de Niederviller, 36 pièces.

— Fayences diverses, 22 ; verreries, 20 ; vitraux, 26 ; cuirs ouvragés, 9 pièces ; vêtements d'église, 23 ; tapisseries, 32 ; broderies et costumes, 105, y compris 9 pièces du costume de Bébé, nain de Stanislas. Meubles et objets d'ameublement, 73 pièces. Instruments de musique, 3. Sculptures en bois du XVe siècle, 17 ; du XVIe siècle, 44 ; du XVIIe siècle, 4 ; du XVIIIe siècle, 7.

Sculptures en pierre : le sarcophage de Louis le Débonnaire ; celui de l'évêque Adeloch, XIe siècle ; la vierge de Saint-Gengoult, de Metz,

IXe siècle ; 2 sculptures du même temps ; 8 du XIe siècle, 35 du XIIIe ; d'autres des XIVe et XVe, etc.

Peintures de Martin Schonganer et de son école, 15 panneaux. Peintures de Hans Baldung Grün, 22 panneaux. Peintures des XVe et XVIe siècles, 42 ; des XVIIe et XVIIIe siècles, 51. Miniatures, 67 ; dessins, 33 ; pastels, 7 ; émaux peints, 2. Gravures, 118. Manuscrits, 80. Impressions strasbourgeoises : incunables, 30 ; sur parchemin, 3 ; de Haguenau, 8 ; de Metz, 7 ; de Schlestadt, 2 ; de Colmar, 3 ; de Mulhouse, 13. Livres populaires et à gravures sur bois, du XVe au XVIIe siècle, 54. Divers, 30.

CHRONIQUE

❖ Le catalogue de l'**Exposition des Amis des Arts** devant être incessamment donné à l'impression, les exposants dont la notice n'est pas encore parvenue sont priés de l'envoyer au plus tôt.

❖ A la liste des **Exposants à Remiremont**, publiée dans notre dernier numéro, il faut ajouter les noms de MM. Charbonnier, Chepfer, Larteau, qui ont été omis sur le Catalogue.

❖ Malgré nos instantes réclamations, nous n'avons pas encore reçu du **Comité de Remiremont** le compte rendu financier de son Exposition et la liste des tableaux vendus. Cette exposition a été close le 22 septembre.

❖ Nous rappelons que le prochain **Salon de Nancy** s'ouvrira au public le 27 octobre, à neuf heures du matin, pour fermer le 1er décembre. Le 26 octobre, de deux à cinq heures du soir, les sociétaires, les abonnés, les exposants et les représentants de la presse seront admis à visiter l'Exposition.

❖ L'**Association des Artistes lorrains** aura sa première réunion le jeudi 17 octobre, à l'heure et au local habituels.

❖ **Le Musée du Louvre** possède, depuis quelques semaines, un bas-relief en bronze, travail italien de la Renaissance. C'est le buste, en profil, du cardinal Francesco Alidosi d'Imola, évêque de Pavie en 1505, et légat à Bologne en 1508 et 1510, époque à laquelle on attribue la fabrication de cette plaquette d'un remarquable travail.

❖ **A National Gallery**. — M. George Salting a prêté, pour l'exposer à la National Gallery, un portrait de Constance de Médicis, œuvre rare et estimable de Domenico Ghirlandajo, peinte à la détrempe et sans aucune retouche. Il a également prêté un portrait dit de de la duchesse d'Angoulême et attribué à François Clouet, et un portrait de femme en Marie-Madeleine, de l'école française ou flamande de la fin du XVe siècle.

L'église fortifiée de Ribeaucourt (Meuse).

Ribeaucourt est un très ancien village situé dans le canton de Montiers-sur-Saulx, au sud du département de la Meuse, au milieu de cette région accidentée et couverte de vastes forêts qui servait au moyen-âge de frontière à la France et à l'Empire. Dès le XIe siècle, apparaît dans les chartes le nom de *Robaldi* ou *Ribaldi Curtis* (1), qui permet d'assigner une origine franque au village. Les abbayes d'Evaux et de Saint-Mihiel et les sires de Joinville y possédaient des droits seigneuriaux.

Au XIIIe siècle, une forge y existait (2), et des gisements de minerai d'une certaine importance y ont été exploités jusqu'à nos jours. Ribeaucourt étant du bailliage de Saint-Thiébaut, constituait une sorte d'enclave du Bassigny champenois et comme un poste avancé français en face des Etats lorrains. Cette situation particulière explique et motive l'établissement sur ce point d'un refuge fortifié qui ne fut autre que la vieille église dédiée à saint Martin, bâtie sur un sommet élevé, avec une tour, vrai donjon qui dominait le voisinage et dont les murs épais pouvaient mettre les habitants et leurs biens à l'abri des incursions si fréquentes dans ces temps agités. Des substructions anciennes ont été relevées autour de l'église, et peuvent avoir appartenu à un château ou maison-forte.

Placée au sommet d'un coteau assez élevé, l'église de Ribeaucourt, domine la vallée de l'Orge, et du haut de sa tour, la vue s'étend à droite et en face sur les forêts de l'Ormançon vers Burè et Mandres, à gauche vers Biencourt, Couvertpuis et Hévilliers et en arrière sur la forêt de Montiers. Les hauteurs voisines atteignent 380 mètres. Une route romaine traverse le territoire de la commune, et l'on a trouvé au lieudit « Cercueil » un cercueil en pierre renfermant des ossements et des débris d'armes.

L'église eut fort à souffrir des guerres et des sièges qu'elle dut soutenir à des époques anciennes et même un incendie dont nous avons retrouvé les traces pendant les travaux de restauration que nous avons dirigés en 1889, détruisit entièrement les charpentes, couvertures et parties hautes de l'édifice.

Lorsque le calme revint, les habitants sans ressources restaurèrent tant bien que mal leur église ; craignant peut-être encore de nouvelles incursions, ils surélevèrent pour se donner plus de place dans les parties hautes de l'édifice les murs de la nef et du chœur de plus de un mètre de hauteur ; et une mauvaise charpente recouverte de tuiles, mit à l'abri des intempéries ces ruines intéressantes.

Plus tard encore, sous prétexte de l'embellir, la main de l'homme acheva de mutiler cette vieille construction.

(1) F. Liénard. *Dict. topogr. de la Meuse.*

(2) Bellot-Herment, *Notes sur Ribeaucourt*, Bibliothèque de Bar-le-Duc, ms. 139, carton XVIII.

EXPOSITION DE REMIREMONT

Nous recevons, au moment même de l'expédition de ce numéro, le résumé des résultats de l'exposition de Remiremont et nous les publions ici en supplément.

Voici d'abord la liste des toiles acquises par le Comité et par les amateurs. Leur ensemble représente une somme totale de 22,222 francs.

Œuvres acquises par le Comité.

ADLER (Jules)	La petite fontaine.
BAROTTE	En décembre, au Haut-du-Lièvre.
BENNER (Emmanuel)	L'Alsacienne.
BIVA	Chrysanthèmes.
BUTEUX (Gustave)	La visite à l'hôpital.
CALVÈS	Retour de midi.
COURTOIS-BONNENCONTRE	La Seine gelée, quai de l'Hôtel-de-Ville, Paris.
DAUM	Vase artistique.
DESCELLES	Chasseur à pied.
DESGRANGES	Chien d'arrêt.
GUINGAT (Louis)	Poissons (pyrogravure).
HUBERT (Mlle)	La soupe.
KREYDER	Prunes.
LICOURT	A Pierre-la-Treiche, près Toul.
MARLIER (Mlle)	Fleurs.
—	Chemin du Calvaire.
NEUKOMM (Mlle)	Les mimosas.
ROVEL	Port de Marseille.
TRONCY (Mme)	Étude.
VIERLING (Antoine)	Le matin en Lorraine.
VIERLING (Mlle)	Jeanne d'Arc écoutant les voix.
VOIRIN (Jules)	Vaguemestre, place de l'Académie, Nancy.
WAIDMANN	Le barrage des Traits-de-Roche.
—	Un pêcheur sur la Moselotte.
WITTMANN	Avant la soupe.

Œuvres achetées par des particuliers

Adler	Petite fille en plein air.
Alheim (d')	Le port d'Antibes.
—	Montreur d'ours.
Barbier	Jeanne d'Arc (marqueterie).
Barillot	Abreuvoir sur la Sèvre niortaise.
Benner (Jean)	Printemps.
Biva	Pivoines.
Chrétien	Deux vieilles.
Daimée	Environs de Malzéville.
Daum	Verreries artistiques (9 objets vendus).
Defaux	Intérieur de ferme.
Didier-Pouget	Bruyères roses.
Fourié	Fin de moisson.
Français	Capri.
—	Les bords du Tévérone (campagne Romaine).
—	Route d'Aillevillers.
France (Charles)	Moine lisant.
Gagliardini	Un pont sur l'étang de Berre.
Gluck	Vue prise à Lavarenne-Saint-Hilaire (près Paris).
Japy	Saulaie en Picardie.
Kreyder	Un vase de roses.
Lesseux (Mlle de)	Hiver.
Mackiéwicz (Mlle)	Brouettée de roses.
Monchablon	Dans l'Est.
Neukomm (Mlle)	Roses.
—	Œillets.
Petitjean	Une route en Lorraine.
Rovel (Henri)	Tunis au coucher du soleil.
—	Une rue de village dans l'oasis de Biskra.
Royer	La toilette.
—	Iris.
—	Le chapeau.
Voirin	Dragons traversant une rivière.
—	Halte d'infanterie.
Waidmmann	La fin de la journée.
Wittmann	Intérieur de forge.

Les recettes se composent de :

Produit des entrées	2.220 fr.
Vente du catalogue	188
Subvention de Remiremont	500
— — l'État	300
— — des communes de l'arrondissement	700
Total des recettes	3.908 fr.

Les dépenses sont assez élevées, car le Comité n'a rien voulu négliger afin de réussir. Elles se répartissent approximativement ainsi :

Installation de l'exposition et remise en état des locaux	1.000 fr.
Transport des tableaux centralisés chez M. Olivier, à Nancy	400
Transport des tableaux centralisés chez M. Pottier, à Paris	500
Imprimés, affiches, catalogue, correspondance, billets d'entrée, de tombola, etc	1.000
Assurances	350
Gardiens	400
Total des dépenses	3.650 fr.

Tombola. — Il a été placé 4,689 billets à un franc. Le Comité a acheté des tableaux pour 4,687 francs.

En résumé, la réussite de cette exposition a été complète.

On peut évaluer à 5,000 le nombre des personnes qui l'ont visitée.

Les particuliers ont acheté 17 objets d'art décoratif et 33 tableaux représentant une somme de 17,500 francs, soit en moyenne un peu plus de 550 francs par tableau.

Le Comité a acheté 24 œuvres pour une somme de 4,500 francs.

En tout, il a été acquis 74 œuvres d'art, pour une somme de plus de 22,220 francs.

De tels résultats font le plus grand honneur au Comité et témoignent de l'intérêt que l'on porte aux Beaux-Arts dans l'arrondissement de Remiremont.

Espérons que la création d'un musée dans cette charmante ville suivra de près ce grand succès artistique.

CHRONIQUE

(Suite)

✥ Au Musée de Lille. — M. Emile Breton vient de faire don au Musée de Lille de deux de ses plus remarquables tableaux : *Un paysage* et la *Veillée après la bataille de Saint-Quentin.*

Parmi les dernières œuvres entrées au Musée de Lille, signalons un petit tableau des frères Lenain, le *Repas de l'Artisan ;* une curieuse *Mise en croix* d'un primitif flamand ; un portrait de *Jeune femme* de l'école vénitienne du XVIe siècle, et des toiles modernes ; le *Pêcheur au verveux à Freneuse*, de Bouchor ; une *Esquisse*, de Gaston Thys ; un paysage de Marilhat, et une gracieuse *Ronde d'amours* du peintre lillois Lobbedez.

✥ Les travaux du Panthéon. — Les travaux de la façade du Panthéon sont en partie terminés.

A la fin de l'été, on entreprendra la réparation des côtés ; mais il est probable qu'en raison des gelées, ces travaux devront être suspendus pendant une bonne partie de l'hiver.

Intérieurement, on a réédifié, au centre de l'abside, la maquette haute de huit mètres, œuvre du sculpteur Falguière. Elle représente la *Liberté éclairant le monde* ; deux fois déjà, la Commission des Beaux-Arts est venue examiner l'œuvre et deux fois elle a prié M. Falguière de modifier la tête.

Le sculpteur a modifié la tête pour la troisième fois, et il attend le jugement de la Commission qui doit revenir au Panthéon le mois prochain.

Les artistes chargés de l'exécution des peintures ont suspendu leurs travaux en raison des vacances.

✥ L'Opéra-Comique de la rue Favart sort de terre à vue d'œil. Depuis quelques jours, les travaux sont, en effet, poussés avec une certaine activité.

Les murs s'élèvent, à certains endroits, à près de cinq mètres de hauteur. L'emplacement de la scène, celui des coulisses et de la salle se dessinent parfaitement aux yeux du public curieux qui se presse autour du chantier en construction.

Ces jours-ci, l'on dressera les colonnes de granit apportées depuis une quinzaine place Favart.

En attendant, la majorité des ouvriers travaille à construire le mur mitoyen qui séparera le théâtre des maisons du boulevard des Italiens.

✥ Le buste de Cavaignac. — Le gouverneur général de l'Algérie vient de commander à M. Laurent Daragon, un buste de Cavaignac, qui aura la place d'honneur à la mairie de Tlemcen.

✥ Le buste de Louis David. — Le ministre de l'Instruction publique et des Beaux-Arts a commandé à M. Soldi, sculpteur, le buste du peintre Louis David, pour les galeries de l'Institut.

Les petites baies étroites qui servaient de meurtrières furent élargies pour donner plus de lumière et remplacées par des baies larges et sans style.

Le tympan du portail fut enlevé et remplacé par une verrière.

Une affreuse sacristie vint s'accoler au flanc droit de l'église et cacher la base de la jolie tourelle qui s'adapte si bien au donjon.

Enfin un immense autel emplit le chœur et obstrua la fenêtre du fond de l'abside. L'église de Ribeaucourt, dont la construction primitive peut remonter au XIe siècle, se compose d'une seule nef qui n'a jamais été voûtée ; par conséquent, pas de colonnes ni de contreforts. Une corniche formée de tablettes reposant sur des corbeaux, tous variés, la couronne à l'extérieur.

Un hourd formé de débris de tombes avait été élevé au-dessus du portail au moment où les murs de la nef et du chœur furent surélevés ; nous n'avons pu malheureusement le conserver.

Un mauvais plafond en bois recouvrait la nef, nous avons remplacé cette charpente et ce plafond par une charpente apparente comme on en voit encore dans certaines églises des Xe et XIe siècles, par exemple à Vignory (1) (Haute-Marne).

Les fenêtres ont été rétrécies et ramenées à peu près à leurs dimensions primitives.

De petites baies très étroites servant probablement de meurtrières étaient percées dans les murs latéraux ; nous avons pu en conserver une sur le côté droit du portail.

Enfin un portail XIIIe siècle placé au côté droit de l'église lui donne accès.

Une charmante tourelle accolée également au côté droit de l'avant-chœur renferme un escalier en pierre conduisant à la tour placée sous l'avant-chœur.

La partie supérieure de la tourelle s'élargit au moyen de deux terrasses reposant sur des corbeaux en encorbellement. Ces deux terrasses forment hourds et les parapets sont percés de créneaux et de meurtrières.

Le haut de cette tour n'existe plus, il ne restait aucune trace de corniches, aucun fragment pour guider l'architecte dans son œuvre de restauration.

Cette tour avait dû être fortifiée, aussi nous l'avons couronnée d'une forte corniche imitant des mâchicoulis et rappelant celle du chœur, surmontée de meurtrières dans le genre de celles de la tourelle et l'avons recouverte de la grande toiture qui termine si bien nos vieux donjons.

Le chœur est formé de cinq pans percés de fenêtres dont trois sont surmontées d'une rose.

Sa voûte repose sur des nervures qui descendent sur les chapiteaux des colonnettes d'angle.

Deux arcs puissants portés par de grosses colonnes avec des chapiteaux supportent le donjon.

(1) E. Corroyer, *l'Architecture romane*, fig. 104.

Nous avons enlevé les parties surélevées du chœur et une toiture en ardoises a repris la place et la pente de celle qui avait été incendiée et dont nous avons retrouvé les traces.

Enfin la tourelle a été débarrassée des constructions parasites qui cachaient ses pieds et une sacristie dans le style de l'église a été placée au flanc gauche de la tour, côté le moins intéressant.

Aujourd'hui l'église de Ribeaucourt relevée de ses ruines a repris son caractère monumental et semble vouloir encore protéger contre les incursions des voisins le petit village qui dort à ses pieds.

La restauration de l'église fortifiée de Ribeaucourt a suggéré les réflexions suivantes à un journal d'architecture (1) :

« Les églises fortifiées ne sont pas très communes en France. « C'est pour cela que nous avons cru bon d'en offrir à nos lecteurs « un spécimen très caractéristique, celui de l'église de Ribeaucourt « dans le département de la Meuse. Son clocher, dernièrement res- « tauré, est un véritable donjon, avec chemin couvert, mâchicoulis, « créneaux et meurtrières, cette tour centrale donne un cachet guer- « rier, tout à fait original à cette pauvre petite église. C'est un type « de fortifications ecclésiastiques très remarquable. Ce fut d'abord « au XIe siècle, après la grande terreur de l'an mil, que les seigneurs « d'églises et les seigneurs abbés, hélas ! exposés tous les jours à des « pillages incessants de la part de la féodalité naissante, songèrent « à se défendre par eux-mêmes, et fortifièrent les lieux de refuge de « leurs fidèles.

« Les évêques, à cette époque, ne furent pas seulement des pasteurs « paisibles. Eudes, à la bataille d'Hastings, disait sa messe avec un « haubert sous son rochet ; et Anthelme, quand il eut à se défendre « contre le terrible Roll, conduisait lui-même, en personne, les « siens à la bataille, coiffé d'une mitre en casque, la lance au poing, « armé de pied en cap.

« On comprend que de tels hommes n'aient pas négligé de for- « tifier les lieux saints qu'ils habitaient, *Ecclesiam incastellare*, « était le terme habituel que l'on employait alors pour désigner le « genre de constructions qui s'élèvent autour de la demeure d'un « Dieu qui était vraiment, alors, le Dieu des armées.

« Les abbayes primitives étaient presque toutes fortifiées. Saint- « Germain-des-Prés, de Paris, avec des fossés garnis de remparts, « des ponts-levis, des tours de guette, des barbacanes, des piloris et « des prisons, tout comme les châteaux forts des hauts barons.

« Saint-Germain-des-Champs, toujours à Paris, était complètement « fortifié. On a failli, ces temps derniers, démolir la dernière tour « de son enceinte, à l'angle de la rue Saint-Martin et de la rue du « Vert-Bois. C'est à Victor-Hugo, ce fanatique de nos vieux sou- « venirs, que nous devons la conservation de cette tour. On se « souvient avec quelle ardeur il prit alors la plume pour réclamer « du gouvernement la restauration de ce débris vraiment historique.

(1) *Semaine des constructeurs* (10 octobre 1891) : *L'église de Ribeaucourt* (Meuse), par M. Blanchepierre.

« Nous ne parlons pas de l'abbaye de Cluny, qui possède encore « son enceinte semée de grosses tours rondes dont l'une sert actuel- « lement d'observatoire, ni du mont Saint-Michel, dont l'aspect « guerrier est inoubliable quand on a eu le bonheur de contempler « sur son roc sa tour Claudine, ses bastions, ses échauguettes, sa « tour du Roi, sa tour du Nord, ses poternes et ses bombarbes « anglaises dressées en pierre à l'entrée de son escalier monumental.

« Parmi les églises proprement dites, complètement fortifiées à « cette époque, on peut citer Royat, près de Clermont-Ferrand ; « Montet-aux-Moines, en Bourbonnais ; Esmaude, dans la Charente- « Inférieure, et Sainte-Marie dans la Camargue ; l'église de Simorre, « dans le Gers ; celle de Maguelonne, dont les mâchicoulis sont « allongés comme ceux du palais des papes, à Avignon ; enfin, Notre- « Dame-du-Fort, à Étampes, dont le nom seul indique suffisamment « l'aspect. Ajoutons l'église de Tronville, dans le département de la « Meuse, qui présente des restes encore visibles des fortifications « anciennes.

« Au XIVe siècle, ce fut une autre cause qui porta les évêques, les « prêtres devenus plus calmes, à fortifier à nouveau leurs églises. « On était alors en pleine guerre de Cent ans ; les défaites se suc- « cédaient : Crécy, Poitiers, Azincourt ; l'Angleterre s'emparait de « la France ; il fallait songer encore à défendre les petits que pres- « suraient les grands de tous les partis. Les compagnies franches, les « reîtres et les soudards de toute espèce ne se faisaient pas faute de « piller et de brûler partout le plat pays, comme aux temps mal- « heureux où le chef des *Sicambri* de la *truste* des Francs envahisseurs « s'écriait, assis sur des ruines fumantes : « Je sens que je vais tuer « quelqu'un ici. »

« Nous avons de cette époque quelques monuments religieux « *incastellés* de même ; l'église de Lamballe, celle de Redon, celle « de Candes, celle de Montmuran. Nous en passons. La nomenclature « en serait trop longue.

« Le donjon de Ribeaucourt remonte à cette date. Il résume dans « son modeste aspect toute une époque funeste, s'il en fût, celle du « roi de Bourges où la grande Jehanne qui sauva la patrie et remit « en honneur ce royaume qu'elle appelait le plus beau du monde « après celui du Paradis. »

A cette notice étaient jointes trois vues différentes de l'église de Ribeaucourt. Deux d'entre elles, représentant le monument dans son état ancien, sont les reproductions de deux dessins de notre confrère, M. Wlodimir Konarski. La troisième, qui montre l'édifice après la restauration que nous avons exécutée, est une gravure empruntée, en même temps que la citation qui précède, au journal *la Semaine des constructeurs*.

Charles Royer,

Architecte.

VITRAUX DU XIIIe SIÈCLE

A LA CATHÉDRALE DE SAINT-DIÉ

(*Suite.*)

Le premier vitrail représente deux charpentiers, portant leur hache, les jambes nues, la blouse retroussée jusqu'aux genoux, interpellant un personnage vêtu d'une longue robe rouge foncé. C'est sans doute l'épisode de Romont; les charpentiers se plaignant à Asclas de ne pouvoir soulever une poutre difforme.

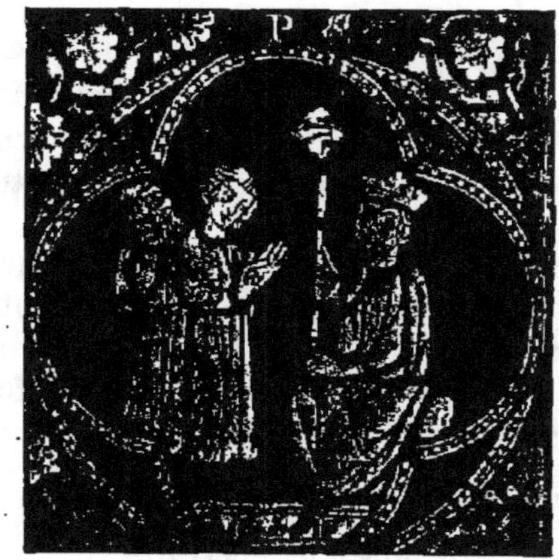

N° 6.

Dans le deuxième vitrail, on voit saint Dié, costumé en évêque, retenu ou menacé par le même Asclas, auquel un démon, perché sur son épaule, souffle dans l'oreille de perfides conseils.

Dans le troisième, saint Dié fait ses adieux à Hunon et à Huna. On remarquera le bonnet à brides de Hunon, bien caractéristique de la fin du XIIIe siècle.

Les quatrième et cinquième vitraux sont d'une interprétation

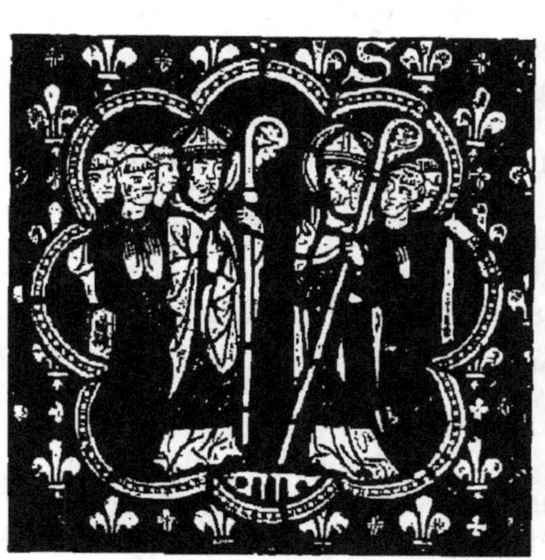

N° 7.

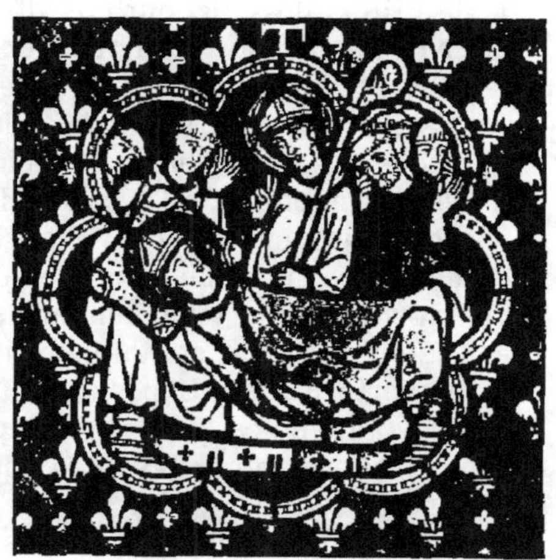

N° 8.

moins certaine. Le bonnet pointu du personnage principal indique un payen. Dans le sixième, on voit un roi assis, peut-être Childéric II, bienfaiteur du saint. Le septième vitrail représente l'entrevue de saint Dié et de saint Hidulphe, suivis de leurs disciples, et le huitième la mort du premier, assisté du second qui le bénit. Les moines pleurent et font de naïfs gestes de douleur.

Ces curieux vitraux sont dessinés habilement, les pleins et les déliés du trait faisant tout le modelé, sans adjonction d'ombres. L'artiste a surtout excellé à condenser la scène dans un petit espace et à la rendre très lisible, même à grande distance. S.

LE VANDALISME A NANCY

Le *Journal des Artistes* a publié, dans un de ses derniers numéros, l'article suivant. Le titre en est un peu exagéré et la critique provient peut-être d'un trop hâtif séjour ; mais il y a aussi du vrai dans cette impression d'un artiste. (N. de la R.)

« Combien d'artistes, en ces jours-ci, ne voudront, au retour des « Vosges, s'arrêter à Nancy, la ville de Louis XV par excellence, toute « pleine encore des souvenirs de Stanislas. Je dois à la vérité de leur « déclarer qu'ils y souffriront étrangement ! — Si d'innombrables « façades rappellent là le style cher à nos collectionneurs, si le ravis- « sant intérieur de Bon-Secours a conservé intacte son élégante et « minuscule chaire contournée, le vandalisme, à Nancy, a dénaturé « la majeure partie des monuments qui faisaient de cette ville du « XVIIIe siècle l'une des plus intéressantes de France.

« Les belles portes du vestibule du théâtre, les stalles du chœur de « sa curieuse cathédrale Louis XV, la magnifique rampe d'escalier « de l'Hôtel-de-Ville, ont été affreusement badigeonnés ! Quant aux « grilles et balcons de la grande place portant le nom du Roi de Polo- « gne, ces travaux de serrurerie ancienne si importants qu'ils « faisaient l'admiration du monde entier, ils ont été uniformément « recouverts d'une couche de peinture rougeâtre et maladroitement « *redorés* en entier, à l'occasion du voyage à Nancy de M. Carnot ! « C'est là un acte du plus monstrueux vandalisme, passé inaperçu « jusqu'à ce jour, bien en rapport du reste avec le sens obtus des « autorités d'une ville demandant à cette heure au Parlement de « rejeter purement et simplement le projet de loi tendant à ordonner « l'ouverture d'une Exposition universelle, en 1900, à Paris !

« La faute en est peut-être un peu aussi à nous autres, Parisiens, « qui n'avons point surveillé et qui, trop fréquemment, nous détour- « nons de cette route des Vosges pour aller à l'étranger chercher des « émotions que nous trouverions si facilement chez nous. On dit en « Lorraine, que la Compagnie de l'Est, depuis la création de ses « lignes intermédiaires, n'a rien fait pour la commodité des voyageurs « et la rapidité des communications. Il n'est, en effet, pas de trajet de « quatre ou cinq heures dans les Vosges, qui ne nécessite deux ou « trois changements de train, avec des arrêts interminables dans les

« gares. — Cependant, de quels enchantements ne seraient pas
« capables ces forêts des Vosges, si leur accès était plus facile. Les
« villes qu'elles environnent, Vittel, Contrexéville, Plombières ont
« chacune leur cachet spécial ; Luxeuil possède, outre son ancienne
« abbaye, quelques ravissantes constructions gothiques et du com-
« mencement de la Renaissance ; l'Hôtel-de-Ville et la maison dite
« du Cardinal Jouffroy, sont deux des rares spécimens complets
« d'habitations du XVe siècle que nous en ayons en France. — Le
« Val-d'Ajol, Fougerolles, Aillevillers, Epinal, la gorge sauvage de
« la Vologne, Gérardmer et sa nappe d'eau bleue s'étendant au pied
« de montagnes boisées et émaillées de villas sont des points qui ne
« sauraient, en aucun instant, lasser le regard du plus blasé des
« touristes. — Et cette montée de la Schlucht, dominant les lacs de
« Longemer et de Retournemer, par une route taillée dans le grès
« rouge, au milieu de sapins de quarante mètres abritant les roses
« fleurs du chanvre sauvage, les longues tiges de la belladone et de
« la gentiane ou les grappes écarlates des sureaux du pays. Là, où
« par la trop grande hauteur cesse la région du sapin, les chênes et
« les hêtres lui font cortège, dissimulant entre leurs troncs rappro-
« chés, les troupeaux à clochettes sonores, à la recherche des
« myrtilles et des framboisiers. Sur les sommets, à côté de ces
« bornes-frontières au pied desquelles se montre l'uniforme
« allemand, l'œil perçoit au-delà de la vallée de Münster la ligne
« des arbres gigantesques s'étendant à travers l'Alsace, jusqu'au Rhin
« bornant l'horizon. — A ce moment, hélas ! le cœur se serre, par
« l'aspect immense du territoire perdu ! »

Henri VUAGNEUX.

Le gérant : MERCIER.

N° 11. Novembre 1895.

BULLETIN

DES SOCIÉTÉS ARTISTIQUES DE L'EST

Le *Bulletin des Sociétés artistiques de l'Est,* paraissant chaque mois, est l'organe des associations suivantes :

Société lorraine des Amis des Arts,
Association des Artistes lorrains,
Société des Architectes de l'Est,
Association amicale des anciens Élèves de l'École des Beaux-Arts.

Tous les adhérents des quatre Sociétés, au nombre de 1.200, reçoivent gratuitement le *Bulletin* et ses suppléments.

En dehors des Sociétés, l'abonnement est de 2 francs par an.

Rédaction : 1, place Saint-Jean.

SOCIÉTÉ DES ARCHITECTES DE L'EST

LUCIEN MOUGENOT, ARCHITECTE

Notice nécrologique lue à l'Assemblée générale de la *Société des Architectes de l'Est*, dans sa séance du 24 août 1895.

Lucien Mougenot, né en mai 1832, après avoir terminé ses classes, s'adonna avec passion à l'étude de la peinture et de la sculpture et entra, au musée d'Epinal, dans les ateliers de M. Laurent, artiste distingué de l'époque. Il fut alors le condisciple de Ponscarme et de Monchablon, qu'il retrouva ensuite à Paris.

Son maître ne tarda pas à reconnaître chez lui un tempérament d'artiste, et, au bout de quelque temps, sur ses conseils, M. Lucien Mougenot alla compléter ses études dans la grande ville et devint l'élève de Rude.

C'était toujours avec un extrême plaisir qu'il se rappelait cette page de sa vie, et qu'il racontait les réceptions de nouveaux : elles étaient encore plus solennelles et plus cruelles que celles que nous avons vues à l'école.

Pendant quelques années, il étudia de toutes ses forces cet art qui lui était si cher, et son éminent maître fondait de sérieuses espérances sur lui quand, subitement, son père chargé, à cette époque, de nombreuses constructions, l'obligea à entrer dans ses bureaux.

Il dut dire adieu aux arts pour prendre le collier des affaires.

Sous la direction de son père, il surveilla les grands travaux alors en cours, et bientôt son talent d'artiste se révéla dans la nouvelle carrière qu'il avait prise.

Il construisit des écoles, mairies, églises, casino, hôtels particuliers, etc., et la liste des affaires qu'il fit serait longue à énumérer.

Toutes ses œuvres dénotent, à la fois, les qualités de l'artiste et du constructeur émérite.

D'un caractère gai et affable, il sut acquérir les sympathies de tous.

Il mourut en juillet 1894 après une courte maladie.

H. Gutton,

Secrétaire général de la *Société des Architectes de l'Est.*

EXPOSITION DES BEAUX-ARTS DE REMIREMONT

N'ayant pu, dans notre dernier numéro, donner les chiffres exacts et les résultats définitifs de l'Exposition de Remiremont, nous publions aujourd'hui le compte-rendu officiel émanant du Comité.

Compte-rendu présenté par le Comité.

Avant de nous séparer, il convient de mettre en relief les résultats que nous avons obtenus et de donner au public, auquel nous avons fait appel, le détail rigoureux de nos recettes et de nos dépenses.

Visiteurs. — L'exposition est restée ouverte du 10 août au 16 septembre.

Il a été délivré des cartes d'abonnement à 156 personnes ; il a été vendu 2,291 cartes d'entrée ; il a été distribué à des exposants, aux maires des communes de l'arrondissement et aux membres de la presse 197 cartes. Enfin le 16 septembre jour de la clôture, 380 personnes ont profité de la gratuité de l'entrée.

Le nombre total des visiteurs s'élève donc à 3,024.

Œuvres exposées. — 467 œuvres ont été exposées. Le catalogue ne comprenait que 428 numéros parce que les quarante objets envoyés par MM. Daum et Cie étaient groupés sous un seul chiffre.

Les œuvres exposées se répartissent de la manière suivante :

65 objets d'art décoratif (reliures, verreries, marqueterie).
47 pastels, dessins, aquarelles, miniatures.
16 sculptures.
339 tableaux à l'huile.

Exposants. — Les exposants, au nombre de 148, se composaient de 130 artistes de profession et de 18 amateurs.

Parmi les artistes, 2 appartiennent à l'Institut ; 17 à la Légion d'honneur ; 30 sont *hors concours* ; 51 ont été récompensés aux expositions de Paris.

Dépenses. — Nos dépenses comprennent :

1) Les frais de transport des tableaux qui ont été centralisés à Paris chez M. Pottier, rue Gaillon, 16, et à Nancy chez M. Olivier, encadreur, rue Saint-Dizier, 43..	918f 25
2) Les frais d'assurance contre l'incendie............	352 45
3) Les frais d'aménagement du local et de sa remise en état (établissement des cimaises, clôture de certaines fenêtres, cloisons, mise en place et déplacement des tableaux, etc.)..	1.047 35
4) Les frais de correspondance (invitations personnelles aux exposants, envoi de fonds aux artistes ayant vendu des œuvres, télégrammes, etc.)........................	122 14
5) Frais d'imprimerie (affiches, catalogues, cartes d'entrée, billets de loterie, imprimés divers)................	783 55
6) Traitement des gardiens de l'Exposition et diverses gratifications..	400 »
7) Provision nécessaire pour parer aux dépenses qui devront encore être faites pour correspondances, avaries survenues en cours de transport, réclamations imprévues, etc..	100 »
TOTAL..	3.723f 74

Recettes. — Nos recettes comprennent :

1) Produits des entrées et des cartes d'abonnement...	2.220f »
2) Vente du catalogue..................................	188 »
3) Subventions de l'État et de 30 communes de l'arrondissement (la ville de Remiremont a alloué 500 fr.).....	1.418 »
4) Ventes au poids de vieux tissus (l'andrinople garnissant les cimaises a été rachetée par la personne qui l'avait fournie et déduite par elle de sa facture)...............	28 »
TOTAL..	3.854f »

Tombola. — Le nombre des billets de tombola vendus s'est élevé à 4,689.

Nous avons fait l'acquisition d'œuvres de Mme Troncy, de Mlles Hubert, Marlier, Neukomm, Vierling et de MM. Adler, Barotte, Emmanuel Benner, Henri Biva, Buteux, Calvès, Courtois-Bonnencontre, Daum, Descelles, Desgranges, Louis Guingot, Kreyder, Licourt, Rovel, Vierling, Jules Voirin, Waidmann, Wittmann.

Grâce aux concessions considérables qui nous ont été faites par ces artistes, nous n'avons eu à dépenser pour 24 œuvres que 4,487 fr. 50.

Nous avions reçu d'autre part 23 dons de M. le Ministre des Beaux-Arts, de M. Français, de Mmes Delsart, Desbleumortiers, Laporte, Troncy, Tulpain, de Mlle Jane Heydt, Marlier, de MM. Adler, Desgranges, Garnier, Gaudez, Troncy, Waidmann, Wittmann.

Don à la ville. — Des œuvres achetées pour la tombola nous avons distrait pour l'offrir à la ville ainsi que nous nous en étions réservé le droit par l'article 18 de notre règlement, le *Barrage des Traits-de-Roche*, tableau de notre compatriote, M. Pierre Waidmann.

Une inscription, gravée sur cuivre, sera placée au bas de ce tableau et perpétuera le souvenir du concours dévoué que nous a prêté la municipalité.

Balance de caisse :

Notre actif étant de (recettes).........	3.854 »	8.543 »
(billets de tombola).	4.689 »	
Nos dépenses étant de (déboursés).....	3.723 74	8.211 24
(tombola)	4.487 50	
Nous disposons d'un reliquat de.................		331 76

Hommage à Français. — Nous avons reçu de M. Français de tels témoignages d'intérêt et de bienveillance que nous avions le devoir de lui laisser un souvenir de l'exposition qu'il a si heureusement patronée.

Nous avons fait exécuter par la maison Majorelle, de Nancy, une coupe en bronze et vieux cuivre représentant la *Bacchanale d'amours* de Clodion. Cette acquisition est couverte d'abord par une souscription ouverte entre nous et ensuite par le reliquat dont nous disposons.

M. Desbleumortiers, président du Comité, qui doit faire un voyage à Paris à la fin de ce mois, est délégué par nous pour offrir à notre Président d'honneur l'expression de notre profonde reconnaissance et le présent qui en est le gage.

Achats particuliers. — Les particuliers ont acheté à notre exposition dix objets d'art décoratif (verreries de M. Daum et marqueterie de M. Barbier) pour une valeur d'environ quatre cents francs et trente trois tableaux de Mlles de Lesseux, Mackiewicz, Neukomm, de MM. Adler, d'Alheim, Barillot, Jean Benner, Biva, Chrétien, Daimée, Defaux, Didier-Pouget, Fourié, Français, France, Gagliardini, Gluck, Gruber, Japy, Kreyder, Monchablon, Petitjean, Rovel, Royer, Voirin, Waidmann, Wittman. Le montant total des tableaux achetés par les particuliers s'élève à 19,000 francs en chiffres ronds, ce qui fait pour chaque tableau, une moyenne de 575 francs.

Caisse de secours. — A l'aide de commissions prélevées sur les acquisitions faites par l'intermédiaire du comité, nous avons pu verser une somme d'environ six cents francs à la caisse de secours de l'*Association des Artistes lorrains.*

Documents justificatifs. — Les pièces de comptabilité et tous les documents relatifs à l'exposition ont été constitués en dossier.

Ce dossier est dès maintenant déposé aux archives municipales de Remiremont où il est à la disposition du public.

Il sera consulté avec fruit par les personnes qui pourraient être tentées dans l'avenir de renouveler notre entreprise.

Les recettes entrées et subventions) ayant atteint...	3.854	»
Le placement des billets de tombola ayant produit....	4.689	»
Les particuliers ayant acheté des œuvres d'art pour..	19.400	»
TOTAL	27.943	»

Il en résulte que notre exposition a produit à Remiremont un mouvement de fonds de *vingt-huit mille francs* en faveur des arts.

Fait à Remiremont, le 10 octobre 1895, jour de notre dissolution.

LE COMITÉ.

LA CROIX DE BOURGOGNE

On sait que le monument élevé par René II, sur l'emplacement où fut trouvé le corps du Téméraire, a subi, depuis 1477, trois transformations ou restaurations, en 1610, 1760 et 1822. Mais on n'a pu encore fixer avec certitude la forme primitive de cet édicule, ni celle que lui donnèrent les restaurations de 1610 et de 1760. Cette question serait pourtant intéressante à étudier, en vue de la prochaine réfection de ce monument, à laquelle doit songer sans doute la municipalité de Nancy.

On se souvient que, lors du dernier concours pour l'édification d'une nouvelle Croix de Bourgogne, le Comité, dans un but excellent, recommanda aux artistes de faire entrer le monument actuel, ou du moins ses lignes principales, dans la composition du projet nouveau.

De son côté, la Commission des monuments historiques fit observer avec raison que la croix actuelle, datant de 1822 et ne se recommandant ni par ses formes, ni par ses proportions, on devrait se rapprocher plutôt, dans le nouveau projet, des dispositions du monument primitif de 1477, consistant en un soubassement formé de quatre degrés portant une croix de Lorraine, avec inscription commémorative gravée sur les branches.

Mais est-il bien certain que tel était l'aspect du monument primitif?

Nous ne le connaissons que d'après un dessin fort ancien que possédait Jean Cayon et qu'il a fait graver dans ses *Souvenirs et Monuments de la bataille de Nancy* (1837), et dans son *Histoire de Nancy* (1846, p. 103)

Cette gravure sur bois, très petite et fort grossière, nous montre, en effet, que l'inscription est gravée sur le fût ainsi que sur les deux traverses de la croix, et elle devait être assez difficile à lire, ses huit vers étant coupés en fragments irréguliers, les uns très petits, d'autres très longs, suivant qu'ils tombaient sur le fût ou sur les deux bras. Nous ne pensons pas qu'il y ait un seul exemple de coupure épigraphique aussi défectueuse pour un huitain et qu'un architecte de cette époque de goût ait pu commettre ce non-sens de graver une inscription boiteuse sur la croix même, tandis que son emplacement naturel était tout indiqué sur la base, placée plus près de l'œil et où les huit vers auraient pu s'étaler à l'aise.

Cette disposition défectueuse de l'inscription est du reste absolument contraire à l'indication donnée par Nicolas Remy, en 1605, dans son *Discours des choses advenues...*, où il dit (p. 136), qu'elle est « engravée *en la table* d'une croix à double croisillon... », ce qui signifie évidemment : sur un piédestal formant tableau, et non sur l'arbre même de la croix.

Jean Cayon dit encore que « la marque des ducs de Lorraine », c'est-à-dire, sans doute, un écusson aux armes de René II, se voyait sur la croix ; mais comment pouvait-il le savoir, puisque rien de semblable ne se voit sur son dessin? Il dit l'avoir trouvé dans un exemplaire du *Liber Nanceidos*, « avec une annotation ajoutant que cette figure est fort exacte à l'original », mais ce dessin n'a pas été retrouvé depuis.

Enfin, d'après ce même croquis, la base de la croix est composée de quatre gradins réguliers, assez élevés, formant une pyramide à degrés, tandis que Durival, dans sa *Description de la Lorraine* (1778, T. I, p. 28), dit : « On éleva, dans l'endroit même, en mémoire de cet événement, un *obélisque* surmonté d'une croix de Lorraine, réparé deux fois depuis et qui existe encore ».

Le dessin de Cayon présente donc peu de garanties d'authenticité, d'autant plus que dans son *Histoire de Nancy*, il dit que la croix était en bois et son dessin représente bien trois poutres assemblées et vermoulues, tandis que dans ses *Souvenirs et monuments*, le même auteur dit que la croix était en pierre. On se demande en effet comment un édicule en bois aurait pu résister, de 1477 à 1610, dans l'humidité du marais Saint-Jean.

Nous croyons donc qu'il faut écarter comme peu vraisemblable la disposition donnée par le dessin de Cayon, tout en reconnaissant qu'elle présentait une certaine originalité d'ensemble, un caractère

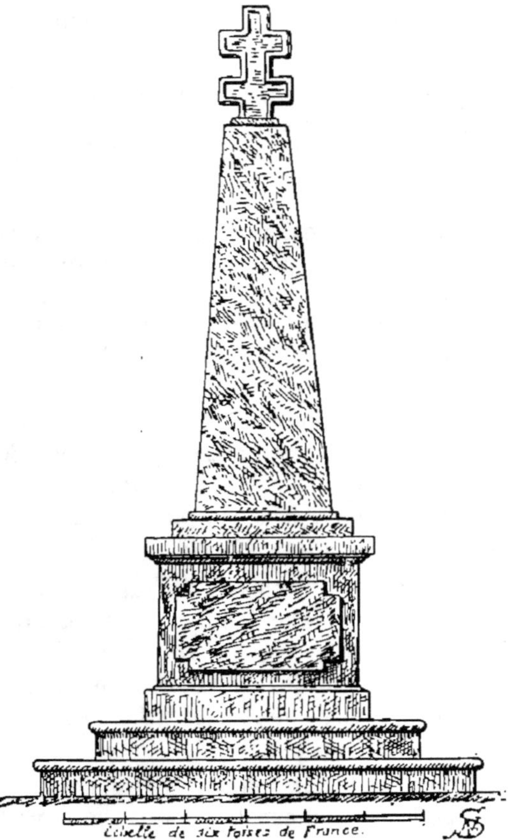

ferme assez dans le style du XVe siècle, et une simplicité de composition qui en aurait fait un thème intéressant à développer dans le nouveau monument, s'il n'était pas avant tout, par le manque de symbole funéraire, peu approprié à l'idée qu'il s'agit d'exprimer.

En l'absence d'autre document, faut-il s'en rapporter alors à Durival, malgré qu'il écrivait trois siècles après l'érection du monument de René II, et peut-on admettre avec lui qu'il figurait un *obélisque* surmonté d'une croix de Lorraine ? Le dessin inédit, que nous reproduisons ici, viendrait appuyer cette affirmation de Durival.

M. Pfister a bien voulu nous signaler récemment ce dessin original qu'il avait remarqué dans la collection d'estampes de la Bibliothèque municipale. Il se trouve dans le 2e carton des églises de Nancy. Il porte à son verso, en écriture du siècle dernier, une liste des services de messes fondées à l'église des Cordeliers, en souvenir des ducs défunts. Ce dessin, est tracé à main levée par une plume assez experte, avec des rehauts de lavis bistre. On lit, à droite, cette inscription d'une écriture plus moderne : « Elévation de la croix mise en mémoire du duc de Lorraine (sic), date 1476 » et, au-dessous, cette autre où se remarque aussi un *lapsus calami* : « échelle de six toises de France », qu'il faut corriger ainsi : « échelle d'une toise de six pieds de France », sans quoi le monument atteindrait les dimensions de 25 mètres de haut sur 15 mètres de large, ce qui n'a pu exister.

D'après cette échelle, les diverses parties ont donc :

La croix......	0^m^,65	de haut sur	0^m^,40	de large.	
L'obélisque....	2 ,16	—	0 ,53	—	, moyen.
Le piédestal...	0 ,97	—	1 ,07	—	
La plaque.....	0 ,50	—	0 ,90	—	
La 2e marche..	0 ,22	—	1 ,70	—	
La 1re marche..	0 ,22	—	2, 47	—	
Total....	4^m^,22	de haut.			

Le monument actuel a 4^{m},50.

Les hachures du dessin indiquent que la plaque aux angles rentrants, sur laquelle devait se trouver l'inscription est en marbre. La gravure ci-contre est réduite à moitié du dessin original.

En donnant à ce dessin la même date environ que le texte qui se trouve au verso, c'est-à-dire la fin du siècle dernier, il représenterait donc la Croix de Bourgogne après sa seconde restauration de 1760, celle qui fut détruite à la Révolution et dont on avait sans doute perdu le souvenir quand, trente ans après sa destruction, on éleva la colonne actuelle, en 1822.

Nous ne pensons pas que l'authenticité de ce dessin puisse faire l'objet d'un doute ; c'est bien l'obélisque surmonté d'une croix de Lorraine que Durival a eu sous les yeux et qu'il signale dans sa *Description* de 1778. Mais, en prenant à la lettre sa citation, on pourrait même comprendre que c'est le monument original de 1477, « *réparé* deux fois depuis et *qui existe encore* » de son temps, et admettre que les restaurations de 1610 et 1760 ont été faites sans altérer la forme primitive, soit en la copiant, soit en remettant seulement à neuf les parties détériorées.

En effet, Durival constate le peu d'importance de la restauration de 1760 dans un autre volume de la même *Description* (t. II, p. 42) : « La pierre, dit-il, qui porte l'inscription était tombée et cassée en deux, en 1760. Le Magistrat en fit mettre une autre, avec l'ancienne inscription, et répara le piédestal, au mois de juillet. » Cette indication d'un témoin oculaire est confirmée : 1° par l'inscription que l'on ajouta à l'ancienne : « *Réparée* par le Magistrat... » et non *reconstruite* ou *réédifiée* ; 2° par le compte de F. Poirot et de Jean Lamour, aux Archives municipales, mentionnant seulement « le *rétablissement* du piedestail et de la croix » et non celui du monument entier. Du reste la présence du serrurier Lamour n'a pu être nécessitée que par des travaux de liaison de pierres au moyen de goujons en fer, soit pour la croix, soit pour la plaque de marbre, car il n'y eut jamais de grille ou balustrade en fer autour du monument.

Ainsi la croix de 1760 serait la même que celle de 1610, à part la plaque qui fut *remplacée*, le piédestal et la croix qui furent *réparés*.

Nous devons ici rectifier une erreur que nous avons commise dans une précédente notice sur ce monument, publiée par le *Journal d'archéologie lorraine* (1893, p. 259), et où nous supposions que le monument de 1610 ne portait plus une croix de Lorraine, mais une croix religieuse à un seul croisillon.

On voit, il est vrai, une croix simple indiquée au bord de l'étang Saint-Jean, dans les plans et vues de Nancy publiés par Tassin en 1620, par Defer en 1633, par Beaulieu en 1667, par un plan anonyme de 1673, par de Fer en 1693, par Dom Calmet en 1728, par Lerouge en 1752 et par Mique en 1778. Mais nous aurions dû considérer que, sur des plans à cette échelle, l'on ne pouvait graver, dans un ou deux millimètres de haut, une reproduction sérieuse de la croix de Lorraine et que cette croix simple n'était qu'un signe topographique pour désigner l'emplacement exact et non la forme particulière de la croix.

Dom Calmet, qui écrivait en 1728 et qui vit assez souvent le monument de 1610, l'appelle « une croix à double croison » (*Histoire de la Lorraine* (t. II, col. 1076) ; le P. B. Picart, dans son *Origine de la Maison de Lorraine* (1.704. p. 466) la décrit de même, ainsi que Nicolas Julet, dans son *Histoire des miracles et grâces de N. D. de Bonsecours* (1630), et ces trois témoignages sont assez importants pour nous permettre de rectifier encore une autre erreur d'une gravure d'Israël Silvestre, où il présente la croix avec un seul croisillon, dans sa *Vue perspective du marais où Charles, duc de Bourgogne, fut tué*, et qui date d'environ 1661.

Quant à la gravure du *Nancéidos opus*, au verso de la signature VIII, où se voit également une croix religieuse, il n'y a pas lieu de lui attribuer d'importance quand on voit avec quel extraordinaire inexactitude le même dessinateur allemand ou suisse a figuré, dans la planche précédente, la ville de Nancy et ses environs.

Ce qui nous avait trompé aussi, c'est cette observation que fait M. Noël, notaire honoraire, dans son *Catalogue* (t. I, p. 156), à propos de la restauration de 1760 : « Ces magistrats (de Nancy) ont eu *l'inconvenance* d'y mettre une croix de Lorraine au lieu d'une croix religieuse ! » Il semble donc admettre qu'avant 1760 il y avait une croix ordinaire.

M. Noël, dans ses *Mémoires pour servir à l'histoire de Lorraine* (1840, n° 5, t. II, p. 243), appuie cette opinion par la raison suivante : « Il est impossible de supposer qu'alors (en 1477), on y ait posé une croix à double croisillon, croix de Hongrie et que l'on appela plus tard croix de Lorraine. En ce temps, René II avait encore son grand-père qui seul pouvait avoir le droit, comme légataire de Jeanne de Duras, reine de Naples, de Hongrie. etc., de mettre dans ses armes ou sur ses monnaies la croix de ce dernier royaume, ce qu'il fit effectivement .. Ce n'est qu'au décès de sa mère, Yolande d'Anjou, en 1484, que René II a pu prendre les qualités de roi, les armes de ses royaumes et la croix de Hongrie, à double croisillon ».

Mais M. Léon Germain, dans son *Origine de la croix de Lorraine* (1895, p. 24), a fait remarquer très justement que René II ignorait sans doute « l'origine précise de la croix double du roi René I et qu'il l'adopta comme un emblème de famille, provenant de la maison d'Anjou et en indiquant, d'une manière vague et générale, les royales prétentions ». Il la mit sur ses monnaies ; on la voit, avec ses armes, sur le bas-relief de Longwy publié par M. Léon Germain ; elle servait de signe de ralliement, à la bataille de Nancy, cousue sur l'épaule des soldats lorrains, et une gravure du *Nanceidos* la figure ainsi. Il n'y a donc aucune raison de croire, comme M. Noël, que la croix de Lorraine soit un anachronisme en 1477, et à plus forte raison en 1610.

Nous n'avons aucune preuve que cette croix de 1610, avec son obélisque, soit une copie exacte du monument de 1477. Cependant Durival, dans sa *Description* (t. II, p. 42), laisse bien entendre qu'on ne fit qu'une simple réparation au monument de René II, quand il dit : « Il *tomba* en 1610. Elisée de Haraucourt le fit *relever* la même année ». Mais l'inscription qu'on y mit alors parle d'une réfection à neuf :

Et tombée en l'an mil six cent et dix,
De Haraucourt, gouverneur de Nancy,
Seigneur d'Acraigne, d'Alem et Muravau,
En aoust m'a fait *refaire de nouveau.*

De même. aux Archives de la Meurthe, un compte de Michel Marchal, « tailleur de pierre », c'est-à-dire architecte, porte qu'il « a *bâti à nouveau* la croix qui estoit tombée », et qu'il toucha pour cela la somme assez élevée de 601 livres. Il s'agit donc bien d'une reconstruction à neuf, mais qui n'implique pas qu'on ait changé la forme du premier monument, tombé sans doute par suite des affouillements des eaux de l'étang, dont l'érection des nouvelles fortifications et le barrage du nouveau moulin Saint-Thiébaut venaient de remonter le niveau.

Nous avons vu que Nicolas Remy, cinq ans avant cette restauration de 1610, dit que la croix de 1477 est à double croisillon et parle de la « table » qui porte l'inscription, ce qui rend suspect le dessin de Cayon. Rosières, dans son *Stemmatum* (1580, p. 331) parle aussi d'une croix de Lorraine, *Crux que Lotharingica.* Aucun auteur de la période 1477-1610 ne mentionne, il est vrai, l'obélisque ; mais n'est-il pas vraisemblable que l'architecte de René II, ayant à composer ce monument mortuaire, ne pouvait trouver une forme symbolique mieux appropriée que cette pyramide obéliscale, qui de tous temps avait une signification funéraire.

Tronquée à son sommet, comme pour symboliser la carrière brusquement abrégée du vaincu, elle est dominée par l'emblème du vainqueur, signe de ralliement de cette bataille et qui se dresse triomphant, comme la nationalité lorraine qui vient de s'affirmer. En composant le monument où se lisaient ces mots :

... Fut le duc de Bourgogne occis
Et en bataille icy transis
Où croix suis mise pour mémoire...

l'architecte ne pouvait oublier de rappeler, par la forme même de l'édicule, que ce coin de marais resta pendant trois jours le tombeau d'un grand prince ; et le duc René II, qui entoura de tant de magnificence la pompe funèbre de son adversaire et « y employa du sien bien largement », René, qui pleura sur lui « des larmes infinies », n'a pu commander, pour rappeler une si glorieuse victoire et une si grande mort, cette rustique croix de madriers plantée sur un monceau de pierres, que nous présente Cayon.

En résumé, nous croyons que l'obélisque de 1760, décrit par Durival et retrouvé par M. Pfister, existait déjà en 1610, et qu'il était la copie, plus ou moins altérée, du monument original de 1477.

G. S.

CHRONIQUE

❖ **M. Aimé Morot,** actuellement à Constantinople, travaille à la maquette de la grande décoration qui lui est commandée pour l'amphithéâtre d'anatomie de la Sorbonne.

❖ **M. E. Friant** vient de faire don au Musée de la ville de Nancy de son portrait qui figure en ce moment à l'Exposition des Amis des arts et dont la commission du Musée lui avait proposé l'acquisition.

❖ **M. Bettanier** a reçu la commande de l'administration des Beaux-Arts d'une verrière, représentant la célèbre audience secrète de Louis XIII et du futur chancelier de Suède, Oxenstiern.

❖ **Le sépulcre de Ligier Richier** que l'on admire dans l'église de Saint-Mihiel, après avoir été moulé par les ateliers des Monuments historiques, vient d'être exposé au Musée de sculpture comparée du Trocadéro.

❖ **A Trèves**, on a découvert une nouvelle mosaïque représentant une tête de Méduse et, dans les angles, des quadriges montés par des postillons dont les noms sont inscrits sur la frise.

❖ **M. Julien Berr de Turique** vient d'être nommé sous-chef aux Monuments historiques, sous les ordres de M. Lucien Pâté, qui remplace M. Viollet-le-Duc.

❖ **La Cote artistique** est une nouvelle revue hebdomadaire qui renseigne exactement sur les ventes, les expositions, les concours et plus généralement sur tout ce qui concerne les transactions artistiques d'œuvres signées ou expertisées.
(39, rue de Chateaudun. 30 fr. par an).

❖ **M. Maximilien d'Ollone**, de Saint-Dié, vient d'obtenir le premier second grand prix de musique, de l'Académie des beaux-arts.

❖ **L'inauguration du théâtre de Bar-le-Duc** a eu lieu le 28 octobre. M. Rougieux, architecte, qui est l'auteur de cette restauration, a été vivement félicité par M. Develle, la Municipalité et la Commission des travaux, du parfait agencement de la salle agrandie et décorée avec goût.

❖ **MM. Daum frères** exposent à la section des arts appliqués, à la « Maison d'Art » de Bruxelles, un ensemble de leurs œuvres.

❖ **M. J. Gruber**, qui a été oublié sur notre dernière liste des acquisitions à Remiremont, a eu un pastel vendu à cette exposition.

❖ **Cours de dessin,** pastel, aquarelle, peinture à l'huile. M. Vierling, 10, rue de la Visitation, vient de s'adjoindre M. Pierre Barbier, ex-contremaître de la maison Gallé, pour guider les personnes qui voudraient faire de la marqueterie d'art.

Préparation aux écoles de Saint-Cyr, Polytechnique, Normale, le dimanche, de neuf heures à dix heures et demie.

✤ **M. Jules Carl** expose en ce moment, à Saint-Dié, son buste en marbre du poète Pierre de Blarru, qui doit orner le monument de ce chanoine déodatien, en l'église Notre-Dame.

✤ A la **vitrine de M. R. Wiener** on remarque en ce moment une très remarquable exposition d'œuvres choisies de nos artistes lorrains, comme c'est du reste l'habitude de la maison tous les ans à la Toussaint. Voici la liste de ces œuvres :

Friant...................	*Étude.*		
Petitjean.................	*Le hameau de Mortagne.*		
Lombard................	*Baigneur.*		
Chepfer..................	*Billet de logement.*		
Licourt..................	*En forêt.*		
Charbonnier............	*Agar dans le désert.*		
Royer....................	*L'Annonciation.*		
Larteau..................	*Pierrette.*		
—	*Portrait.*		
Ed. Roussel.............	*Dans la prairie.*		
Berger....................	*Pavots* (bois brûlé).		
Vierling..................	*Lay-Saint-Christophe.*		
Gruber....................	*Plat émail.*		
—	*Agincourt* (pastel).		
—	*Villers.*		
—	*Brin.*		
Hestaux..................	*Les pins à Malzéville.*		
—	Vase de bois sculpté.		*Le sommeil.*
—	Plateau	—	*Chats.*
—	—	—	*Serpents.*
—	—	—	*Nymphe.*

✤ **Les Expositions de la Maison d'Art à Bruxelles.** — La réouverture de la Maison d'art de la Toison d'or, dans laquelle on achève en ce moment d'importants travaux d'agrandissement, aura lieu vers le milieu de novembre. La première exposition sera exclusivement consacrée aux œuvres d'Alfred Stevens. L'éminent artiste réunira, pour la première fois en Belgique, un ensemble de ses œuvres anciennes et récentes en un Salon de choix destiné à faire sensation.

Le gérant : MERCIER.

N° 12. Décembre 1895.

BULLETIN

DES SOCIÉTÉS ARTISTIQUES DE L'EST

Le *Bulletin des Sociétés artistiques de l'Est*, paraissant chaque mois, est l'organe des associations suivantes :

Société lorraine des Amis des Arts,
Association des Artistes lorrains,
Société des Architectes de l'Est,
Association amicale des anciens Élèves de l'École des Beaux-Arts.

Tous les adhérents des quatre Sociétés, au nombre de 1.200, reçoivent gratuitement le *Bulletin* et ses suppléments.

En dehors des Sociétés, l'abonnement est de 2 francs par an.

Rédaction : 1, place Saint-Jean.

SOCIÉTÉ LORRAINE DES AMIS DES ARTS

Tous les visiteurs de l'exposition ont remarqué dans la galerie centrale un paysage de M. Isenbart, artiste-peintre à Besançon, intitulé : *Le Doubs à Thoraise*, et catalogué sous le n° 193.

Cette charmante toile, si pleine de lumière et aux tons si délicats, a été aimablement offerte par l'auteur à la Société des Amis des Arts et a constitué un des principaux attraits de la tombola de cette année.

La Commission se fait l'interprète de la Société toute entière pour remercier M. Isenbart et lui exprimer la reconnaissance des Amis des Arts lorrains, non pas seulement pour la valeur de l'œuvre en elle-même, mais aussi et surtout pour les sentiments dont ce don est la manifestation visible, sentiments que la Société est fière d'inspirer à un de nos principaux artistes français.

Dans le courant du mois de novembre, les archives de la Société se sont enrichies d'un exemplaire complet (texte et gravures) de la *Revue critique du Salon de 1868*, par MM. Grillot et Thierry.

Cet ouvrage a été donné par M. Barotte, artiste-peintre à Nancy, auquel la Commission adresse ses plus vifs remerciements, en lui souhaitant de nombreux imitateurs parmi les personnes qui possèdent des documents pouvant intéresser la Société.

Liste des achats faits par la Société au Salon de 1895.

Nos d'ordre.	Nos du catalogue.	Noms des auteurs.	Désignation des œuvres.
		MM.	
1	28	Barotte...........	*Près de Martigny-les-Bains.* Gagné par M. de Latouche de Grandmaison.
2	67	Charbonnier.	*Un cubilot, usine de Liverdun.* Gagné par M. Monay.
3	73	Chepfer...........	*Une revue, premier Empire.* Gagné par M. le général Massiet.
4	100	Daimée	*Un coin de jardin à Liverdun.* Gagné par M. Adt, à Pont-à-Mousson.
5	155	Gœpp.......	*Gros temps.* Gagné par M. Gebhart, contrôleur.
6	187	Hubert (Mlle).......	*Le livre déchiré.* Gagné par M. Tuffier.
7	192	Isenbart............	*Soir aux bords du Doubs.* Gagné par M. Reutinger.
8	193	Isenbart...........	*Le Doubs à Thoraise.* Tableau offert par l'auteur et gagné par M. Benoit, doyen.
9	204	Karotsch..........	*Ruines du château d'Andlau.* Gagné par M. Pierrot.
10	209	Kreyder........ ...	*Fleurs de printemps.* Gagné par M. Pène.
11	228	Licourt............	*La Rivière.* Gagné par M. Lhuillier.
12	266	De Meixmoron......	*Sous les Tilleuls.* Gagné par M Francin.
13	269	De Metz (Mme)	*Les bottes d'asperges.* Gagné par M. Lacaille.
14	305	Petitjean..........	*La Rochelle.* Gagné par M. Lint.
15	345	Renauld...........	*Étude en forêt, automne.* Gagné par M. Lorrain.
16	451	Vierling...........	*Laïe-mé donc !* Gagné par Mme Bordier (J.).
17	463	Voirin.............	*Voiturier lorrain.* Gagné par M. Bardon.
18	467	Waidmann	*Au bord de l'eau.* Gagné par M. Olry.
19	479	Wielhorski...	*Étude de vieille femme.* Gagné par M. Lejeune, avocat.
20	568	Gruber............	*Souvenir de Custines* (pastel). Gagné par M. Aimé, à Nancy.
21	605	Larcher (Mme).....	*Roses trémières* (aquarelle). Gagné par M. Brunner.
22	613	Lombard...........	*Montmacq (Oise)* (aquarelle). Gagné par M. Gouy de Bellocq.
23	627	Malfilatre (Mme)...	*Effet de neige* (aquarelle). Gagné par M. Winstel.

24	658	RENAUDIN..........	*Boutons d'or* (aquarelle). Gagné par Mme Paul.
25	690	EVERLÉ............	*La Ceuillette des pommes* (sculpture). Gagné par Mme Grégoire de Metz.
26	691	FINOT..............	*A la source* (sculpture). Gagné par M. Gérard, à Saint-Dié.
27	707	VOULOT............	*Lutinerie* (sculpture). Gagné par M. Drouet.
28	708	VOULOT............	*Maternité* (sculpture). Gagné par Mme Laprévote.
29	722	DAUM (MM.)........	*Vase tulipes rouges.* Gagné par M. Bretagne.
30	»	BUSSIÈRE...........	*Nymphéa* (sculpture). Gagné par M. Luc.

Le montant total des achats faits par la Commission est de six mille trois cent vingt francs.

Liste des achats faits par les amateurs au Salon de 1895.

Dans l'énumération ci-dessous, les œuvres sont rangées dans l'ordre chronologique des achats.

Nos d'ordre.	Nos du catalogue.	Noms des auteurs.	Désignation des œuvres.
		MM.	
1	386	Henri ROYER.......	*L'Annonciation.*
2	379	ROVEL.............	*Une rue à Biskra.*
3	307	PETITJEAN..........	*Soleil couchant à Mont.*
4	350	RIGOLOT............	*Coucher de soleil en Sologne.*
5	120	DESCH..............	*Une partie de cartes.*
6	290	NORMANN...........	*Fiord de Nœro.*
7	216	LARTEAU...........	*Arlequin.*
8	389	Henri ROYER.......	*Paysanne lorraine.*
9	111	DEMANGE...........	*Le profil de Marcelle.*
10	276	MILLOT.............	*Les bords de la Meurthe.*
11	231	LICOURT...........	*Une clairière.*
12	121	DESCH..............	*Au jardin.*
13	562	GRATIA.............	*Femme de profil, se drapant.*
14	329	QUINTON...........	*Pâturage en Auvergne.*
15	125	DIDIER-POUGET....	*La plaine d'Ossun.*
16	453	VIERLING...........	*Soleil couchant.*
17	464	VOIRIN.............	*Hussards.*
18	630	MARÉCHAL (Mlle)....	*Neige aux environs de Paris.*
19	409	TATTEGRAIN.........	*Avril.*
20	410	TATTEGRAIN........	*Tête de matelot.*
21	524	DEFAUX............	*Neige à Fontainebleau.*
22	110	DEMANGE...........	*Le Chalumeau.*

23	348	RIGOLOT	*Le soir en Sologne.*
24	391	Paul SAÏN	*Le port d'Ajaccio.*
25	676	VALLET (Mlle)	*Le printemps.*
26	677	VALLET (Mme)	*L'Hiver.*
27	503	Paul BIVA	*Pavots.*
28	10	APPIAN	*Dans les marais de Virieux.*
29	636	MANDRES (Pseudonyme)	*Au balcon.*
30	98	DAIMÉE	*Quai de la Meurthe à Tomblaine.*
31	243	LORRAIN	*Grenadier au repos.*
32	163	GRUBER	*Le coq gaulois buvait du vin.*
33	74	CHEPFER	*Soldats de la 1re République.*
34	25	BAROTTE	*Fin décembre à Chaudeney.*
35	340	RENAUDIN	*Carrière de pierres à Malaga.*
36	660	RENAUDIN	*Vieux chemin à Mustapha.*
37	561	GRATIA	*Portrait de l'auteur.*
38	145	GÉRIN	*La femme aux chrysanthèmes.*
39	9	APPIAN	*Le ruisseau de Cervérieux.*
40	308	PETITJEAN	*Rue lorraine.*
41	195	IWILL	*Le soir, le Portrieux (Bretagne).*
42	79	CHOCARNE-MOREAU	*Dépêche-toi.*
43	72	CHEPFER	*Après la bataille.*
44	301	PÉTILLION	*Rue de Creteil.*
45	146	GÉRIN	*Poudre de riz.*
46	191	ISENBART	*Village de Moutiers-Autrepierre.*
47	252	MARÉCHAL (Mlle)	*Etude de hêtres.*
48	291	NORMANN	*Fiord de Hardangee.*

Ces œuvres représentent une somme de 17.955 francs, qui jointe à celle de 6.320 francs d'achats faits par la Société, donne un total de 24.275 francs pour le mouvement de fonds de l'exposition de 1895.

HISTORIQUE DE LA SOCIÉTÉ LORRAINE DES AMIS DES ARTS

(SUITE)

TROISIÈME EXPOSITION (1835)

L'assemblée générale de 1834 n'avait élaboré son règlement que pour une année ; mais celle du 8 février 1835 chargea la commission nouvellement nommée de rédiger un projet de statuts définitifs et permanents. Cette mission fut rapidement remplie puisque huit jours après, le 15 février, une nouvelle assemblée discutait et adoptait les nouveaux statuts, qui ne diffèrent du reste de ceux de 1834 que par leur perpétuité et aussi par la modification suivante :

L'article 4 disait : « Une exposition de tableaux et autres objets d'art aura lieu à Nancy le 15 mai 1835, par les soins de la société.

Cette exposition se renouvellera de deux en deux ans à la même époque. »

Ainsi c'est à ce moment que fut décidée la bisannualité des expositions. Le motif de cette décision ne fut pas le désir de cumuler et d'accroître les ressources financières de la société pour chaque exposition, car l'article 5 disait : « Le montant des cotisations ne sera versé que pour les années où il y aura exposition. »

Il est probable que cette mesure fut inspirée par la difficulté révélée par l'expérience, de former, à peu près uniquement avec les œuvres des artistes du département de la Meurthe qui étaient presque les seuls exposants de fait, un salon annuel suffisamment fourni.

L'exposition de 1835 s'ouvrit à l'époque réglementaire : elle comprit 52 exposants et 153 numéros, savoir :

Huile................	29	exposants	et	85	numéros.
Aquarelles et dessins...	20	—		62	—
Sculpture............	1	—		3	—
Architecture.........	1	—		1	—
Arts industriels........	1	—		2	—
	52			153	

La critique signale parmi les meilleures œuvres exposées : *Les ruines au château d'Hyères*, de M. Rauch ; le *Pierre l'Ermite*, de M. Pierre ; *L'entrée du duc René*, les *Repasseuses*, de M. Thorelle : *Les raisins*, de M. Maggiolo.

La nomenclature des exposants diffère du reste peu de celle des années précédentes. La société fit l'acquisition de 24 œuvres, pour la somme de 3.037 francs.

Le compte rendu financier de l'année 1835 est le plus ancien dont nous ayions pu trouver la trace : il peut être intéressant de reproduire ici ce document qui permettra de juger par comparaison combien ont progressé depuis cette époque les recettes... et les dépenses !

Résumé du compte de la Société des Amis des Arts pour 1835.

RECETTES

370 actions à 10 fr. l'une...................	3.700 fr.
Vente de 580 livrets à 0 fr. 25 l'un.........	145
Recette totale...	3.845 fr.

DÉPENSES

Impressions, listes, lettres, quittances...	127 fr.	50
Frais d'exposition, menuisier, gardes, etc.	141	70
Port des objets exposés, affranchissement	38	80
Prix des objets achetés.....	3.037	»
Album pour les souscripteurs...	500	»
Dépense totale égale à la recette...	3.845 fr.	»

L'album signalé ci-dessus était donné à tous les sociétaires et contenait la reproduction par la gravure ou la lithographie d'une ou plusieurs des principales œuvres exposées.

(*A suivre.*) M.

ASSOCIATION DES ARTISTES LORRAINS

Nouvelles adhésions, depuis la publication de la dernière liste :

MM.

P. Vogt, Nancy.
J. Reinhart, Saint-Dié.
R. Humbert, Remiremont.
G. Serrier, Paris.
C. Peccatte, Baccarat.
V. Prillot, Nancy.
L. Henry-Baudot, Paris.
Paulin, Nancy.
de Sobirats, Nancy.
G. Vierling (Mlle), Nancy.
L. Iohmann, Nancy.
A. Kreyder, Paris.
F. Voulot, Epinal.
V. Garnier, Remiremont.
E. Gluck, Paris.
F. Gigout, Nancy.
C. Schuller, Paris.

Radiation votée à la séance du 7 novembre, M. Gilbert, Toul.

Le nombre actuel des membres de l'Association est de 170.

CHRONIQUE

M. Alfred Finot, sculpteur, élève de MM. Barrias, Bussière et Larcher, vient d'obtenir du Conseil municipal une subvention de 600 francs.

M. Jules Wielhorski, peintre, élève de MM. Bonnat et Larcher, reçu le premier au concours des Beaux-Arts, aura sa subvention portée à 900 francs par récente décision du Conseil municipal. Ces deux mesures libérales de notre municipalité ont été très approuvées par tous les artistes et amateurs lorrains.

❖ **M. Emile Toussaint**, notre compatriote, élève de l'École des Beaux-Arts, a encore obtenu cette année, au concours de composition décorative des trois arts réunis, la première médaille avec prime de 300 francs. Le sujet, modelé en loges, était le départ d'une rampe d'escalier monumental.

❖ **M. Jacques**, artiste peintre, 52, rue de Metz, a fait don au musée de Toul d'une toile de M. Descelles, portrait de Mlle Descelles.

❖ **L'église Notre-Dame-de-Saint-Dié**, monument historique, possédait une haute tour romane qui avait été rasée à la hauteur du second étage, après l'incendie de 1554 et qui n'a jamais été restaurée depuis. Cette tour va être prochainement rétablie, avec ses quatre étages et sa flèche de pierre, sur les plans de M. Ch. Schuler, architecte du Gouvernement.

LE CALVAIRE DE BRIEY, PAR LIGIER RICHIER

M. Léon Germain vient de signaler à la *Société des Lettres, Sciences et arts de Bar-le-Duc*, et de décrire une œuvre très importante de Ligier Richier, presque inconnue jusqu'à présent et entièrement inédite. C'est un groupe de six statues de grandeur naturelle, en chêne massif, disposées actuellement, sans grand souci de leur éclairage ou de leur conservation, dans la chapelle du cimetière de Briey : au centre le Christ en croix, accosté des deux larrons ; au bas, la Vierge et saint Jean debout ; enfin la Madeleine agenouillée. Le Christ et les deux larrons sont, sauf quelques détails, identiques à ceux de l'église Saint-Pierre de Bar-le-Duc, dont l'authenticité n'est pas douteuse. Ils nous parurent même supérieurs comme anatomie et mouvement. Le Christ n'a pas le moindre caractère commun avec celui du rétable d'Hattonchâtel ; mais sa tête est absolument la même que celle du crucifix de Saint-Mihiel, dont un moulage existe au musée de Nancy. La coiffure et le costume de la vierge sont identiques à ceux de la *Pieta* de Clermont-en-Argonne, de l'évanouissement de la Vierge à Saint-Mihiel et du sépulcre de la même église. Enfin la Madeleine a exactement le même corsage à crevés, les mêmes manchettes pendantes, les mêmes bijoux et la même draperie que celle du sépulcre de Saint-Mihiel. Mais nous préférons emprunter à M. Léon Germain la très exacte description de ces dernières figures, qu'a publiée l'*Espérance* du 15 novembre :

« Dans la Vierge et l'apôtre, le sculpteur a recherché le naturalisme d'une manière des plus intéressantes ; c'est sûrement une paysanne lorraine, une vieille femme de la ville ou des environs, qui a posé pour la mère de Jésus : Marie croise les bras ; ses doigts écartés serrent le haut du corps opposé avec une sorte de crispation douloureuse ; elle ramène ainsi sur sa poitrine les pans d'un ample manteau qui lui couvre toute la tête en encadrant le visage ; l'expression de ce visage est poignante ; les yeux, fatigués d'avoir versé des larmes, sont à demi fermés ; la bouche entr'ouverte indique une respiration haletante ; les contours inférieurs du nez et la lèvre supérieure sont gonflés, congestionnés par suite des pleurs.

« La manière dont l'artiste a traité saint Jean est aussi des plus curieuses. Il tient la tête droite, un peu portée en avant et garnie de cheveux longs ; le visage reflète un chagrin profond et concentré, la bouche serrée, les yeux à demi-clos. Suivant son habitude, Richier a vêtu l'apôtre d'une robe boutonnée sur le devant, avec un petit collet, et d'un manteau retenu par un gros nœud ; pourtant, ici, le manteau, passé sur l'épaule et l'arrière-bras droit, est noué, non sur l'épaule, mais sur la hanche gauche. La main droite, ouverte, les doigts écartés, se pose sur la poitrine ; la main gauche, cachée par le manteau, se trouve sur le ventre ; M. Save ne craint pas de penser que le sculpteur, atteignant ici un naturalisme très hardi, a voulu rappeler l'effet de douleur matérielle que, sur tout homme, une peine anormale, un violent chagrin, fait éprouver dans les entrailles : c'est le geste très pathétique de se soutenir le ventre, mais dont la vulgarité se rachète par le pli du manteau qui voile la main.

« La sixième statue représente Marie-Madeleine, tournée vers la gauche et agenouillée sur la jambe droite. Elle se penche en avant, tendant à demi les bras et joignant les mains, presque ouvertes, comme pour embrasser la croix ou les pieds de Jésus ; sa belle chevelure dénouée descend sur le dos ; un manteau très simple, passé sur le bras gauche, revient par derrière produire, sur la partie inférieure du corps, de grands plis ; une robe unie dessine artistement les formes de la pécheresse repentie ; un juste-au-corps à collet, autant qu'une médiocre photographie me permet de distinguer, descend en pointe au-dessous de la taille et se termine par une large dentelle ou pièce brodée ; les manches, retroussées aux poignets, sont très amples et serrées en trois ou quatre endroits, entre lesquelles elles forment des bouillons ; un bourrelet orne leur jonction avec le juste-au-corps, aux épaules.

« Puisse cette communication, conclut M. Léon Germain, diriger vers Briey quelques-uns de nos confrères compétents en statuaire et surtout photographes, qui nous rapporteraient de cet admirable Calvaire des reproductions réussies ». — S.

LE TOMBEAU DE JACQUES DE LORRAINE

ÉVÊQUE DE METZ (1239-1260)

La gravure qui accompagne cet article ne peut passer pour une œuvre artistique, ni pour un portrait sérieux du célèbre fils de Ferry II de Lorraine, qui fut le soixante-deuxième évêque de Metz. L'auteur

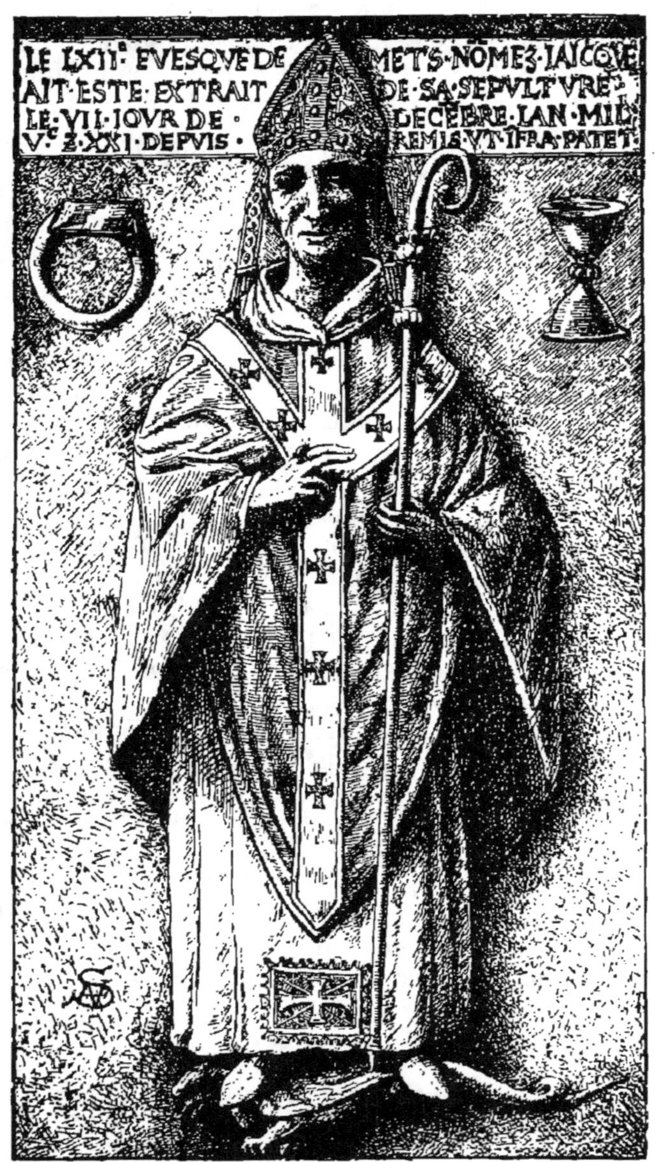

Effigie tumulaire de Jacques de Lorraine, évêque de Metz, 1260

de ce dessin, exécuté en 1521, n'a sans doute eu pour but que de donner une représentation approximative de l'effigie du prélat, sculptée en relief sur son tombeau. Il y a ajouté, en haut, une inscription qui rappelle la translation de ses cendres en 1521 et, au-dessous, un dessin de la bague et du calice trouvés dans sa tombe à cette époque ; mais la pose de l'évêque et la présence du dragon sous ses pieds indiquent bien que ce dessin reproduit la statue du XIIIe siècle couchée sur le tombeau de Jacques de Lorraine. C'était, dit le P. Benoit Picart, « un haut et superbe monument qui pourtant fut abattu lorsque cette chapelle (de Saint-Nicolas) fut rebâtie (en 1521), comme elle l'est aujourd'hui ». Et ce fut, dit Philippe Gérard, « le premier évesque devant l'autel Saint-Nicolas qui eult haulte tombe ».

L'auteur de notre dessin est un chanoine de Metz, nommé Arnould Drouet, qui fut chargé par le Chapitre, en 1521, lorsqu'on rebâtit le chœur et les transepts de la Cathédrale, de surveiller les fouilles qui avaient mis à jour les sépultures de plusieurs évêques du XIIe et du XIIIe siècle. Drouet consigna les remarques qu'il fit à cette occasion dans un manuscrit qui nous est resté (no 38 A de la bibliothèque municipale de Saint-Dié), et l'illustra de 76 dessins représentant les objets trouvés dans les tombes, les costumes et les inscriptions, ainsi que divers monuments du pays messin, le tout tracé à la plume, rehaussé de lavis, ou à la mine d'argent, d'une main assez experte et avec un grand souci de la vérité. Plusieurs de ces dessins ont été reproduits dans la belle monographie de la Cathédrale de Metz par M. Bégin, à qui cet album fut prêté.

Voici le texte qui accompagne cette figure, à la page 7 verso du manuscrit d'Arnould Drouet :

« Le viie jour de décembre mil vc xxi ait esté retiréz de sépulture
« le corps de Jaicq, lxije evesque de Mets, qui gessit emprès l'aultel
« Sainct-Nicolas. Lequel évesque fut extraict du sang roial, frère
« à Mathieu duc de Lorraine, enffans du conte Ferry de Lorraine.
« Devant son élection il estoit primixier de ladite église de Mets. Et
« tint le siège épiscopal par l'espaice de xxij ans, au temps du Pape
« Alexandre iiije, auquel temps régnoit Sainct Louys Roy de France,
« et aussy Sainct Pierre le Martyr. En la sépulture dudit évesque ont
« estés trouvez ledit évesque bien richement vestuz de drap de soye
« fourniz de plusieurs orfrois dor, sans entreprendre de la mistre
« comme ez aultres ornements.

« Item l'on y ait trouvé ung calice dargent dorrez avec la platine
« (patène) et peult estre estimé vij florins d'or.

« Item y ait estez trouvez ung anol dor là où il y ait ung saphir
« bien ample et matérielle qui peult valloir xxx florins et davantaige.

« Pareillement ait estez trouvéz une crosse épiscopale de cuuivre
« dorrez en laquelle y ait au-dessus ung gland dargent dorrez bien vielz
« et antiq.

« Nota que les ossemens dudit évesque sont de présent remis audit
« tombeau dudevantdit évesque Jaicq, comme cy après serait déclairé. »

Deux pages plus loin, l'auteur ajoute en effet ;

« Il est assavoir que le susdit évesque Jaicques et Philippe de « Florhanges et aussi l'évesque Errard de Erlanges, lxxiij[e] évesque « de Mets, sont à présent remis et inhumez ensembles en la chapelle « Sainct-Nicolas en la mesme sépulture dudit évesque Jaicques remis « le xij[e] jor de décembre 1521. Et ledit jour ait estez célébrée unne « haulte messe solennelle pour iceulx évesques. »

C'est à ce passage que correspond la dernière ligne de l'inscription au sommet de la gravure : « Depuis remis *ut infra patet* ».

Toutes ces indications sont confirmées par celles que donne Meurisse, dans son *Histoire de Metz*, et par tous les écrivains postérieurs. Meurisse ajoute que les ornements sacerdotaux, vêtements, bague, calice et crosse furent portés en la sacristie de la Cathédrale, où ils existaient encore de son temps. Mais Philippe Gérard dit que les vêtements brochés d'or furent « mis ensemble et brûlés en cendres » afin d'en retirer l'or fin.

Notre dessin donne d'utiles renseignements sur le costume épiscopal de Metz, au milieu du XIIIe siècle. On voit qu'il n'existe ici ni *pallium*, ni surhuméral, bien que M. Charles Abel ait attribué le premier de ces ornements aux prélats messins (*Mém. de la Soc. d'arché. de la Mos. T. IX, p. 53*). L'ornement pris par M. Abel pour un *pallium*, sur les sceaux d'Adalbéron et d'Herman, n'est, comme sur notre dessin, qu'un orfroi cousu sur la chasuble, mais d'une certaine raideur qui ne lui permet pas d'épouser ses plis, ce qui a pu faire croire qu'il en était détaché. Ici l'on voit très bien que sa pointe inférieure est adhérente à celle de la chasuble. De plus sa bande verticale remonte jusqu'au cou, ce qui est, croyons-nous, un exemple unique, puisque, sur tous les sceaux de cette époque, elle s'arrête à la bifurcation. Or, ce prolongement jusqu'au cou ne saurait convenir à un pallium.

Il est vrai qu'on trouva dans la tombe d'Etienne de Bar, 60e évêque de Metz (1121-1133) des restes d'un pallium attaché à la chasuble par trois épingles d'or ; mais notre manuscrit de Drouet l'explique ainsi (p. 14) : « Il est à noter que ledit évesque avoit tiltre d'archevesque « et de cardinal, ad cause de quoy il avoit privilège de user de paelle « (pallium) qu'est dignitez attribuée à archevesque, et que les trois « esplingues servoient pour attacher ledit paelle sur les deux espalles « et au pectoral ».

Le pallium n'appartenait donc pas par tradition à l'évêché de Metz. Notre dessin en est une nouvelle preuve.

La chasuble de Jacques de Lorraine, en pointe assez aigue, descend très bas. Elle est coloriée, sur le dessin de Drouet, en rouge foncé, avec l'orfroi blanc, semé de croisettes d'or et bordé d'un galon.

On ne voit ni tunique, ni étole par dessus l'aube qui est blanche et ornée au bas d'un orfroi rectangulaire ou d'une broderie portant une croix pattée. Il n'y a ni manipule, ni *sudarium*. La mitre a ses pointes terminées par des boutons dorés. Ses galons d'or sont enrichis de cabochons, tandis que le fond « couvert de différentes figures et représentations, » dit Meurisse, en décrivant la mitre trouvée dans la tombe, paraît être ici en étoffe rose brodée, portant deux pierreries à facettes. L'amict est blanc, sans ornements. La volute de la crosse se termine par une boule coloriée en bleu, sans doute le gland d'argent dont parle Drouet.

La bague et le calice recouvert de sa patène, qui se trouvent de chaque côté de la tête, sont ceux qu'on trouva dans la tombe, comme le dit le manuscrit.

Le dessin original a $0^{m},27$ de haut, sur $0^{m},15$ de large ; il est donc réduit ici à la moitié de ses dimensions.

Ce n'est point le lieu de donner une biographie de Jacques de Lorraine, nous reproduirons seulement ces quelques lignes de Vigneulles :

« Cellui fut noble de corps et de cueur ; car touttes les belles et « bonnes conditions qui doient estre en une prélat de sainncte église « estoient en luy parfaictement comprinses. Il estoit père de paix, « charitable, courtois, chaiste surtout... Il estoit tant bel de corps « et tant bien formé de face et de membres que toutte nature en « estoit honnorée et touttes créatures s'en donnoient merveille. »

Le président Bournon a recueilli, en effet, dans ses *Coupures*, l'histoire d'une fille de Metz si violemment éprise de Monseigneur Jacques qu'elle tenta de lui faire avaler un philtre pour le forcer à partager sa passion. Ses contemporains Richer, moine de Senones, et Errard, valet de chambre du duc Thiébaut Ier, racontent aussi, avec de curieux détails, l'aventure de la béguine Sybille de Marsal, où notre évêque semble jouer un rôle assez naïf. Mais les documents de Bournon et d'Errard sont-ils bien authentiques ?

Du moins les hauts faits et les vertus de ce prélat, consignés dans les *Chroniques* de Vigneulles et de Richer, font-ils de lui une des grandes figures du XIIIe siècle, bien digne de l'illustre maison de Lorraine qui, par lui, gouvernait alors l'important et riche évêché de Metz. — G. S.

Le gérant : MERCIER.

TABLE DE LA PREMIÈRE ANNÉE

DU

Bulletin des Sociétés Artistiques de l'Est

1895

Société des Amis des Arts, pages : 1-8-13-25-37-38-61-63-66-73-77-79-93-94-105-106-117.

Association des Artistes lorrains, pages : 8-10-20-22-27-47-52-67-69-79-81-106-118-121-133.

Société des Architectes de l'Est, 5-17-25-56-119-129.

Association des anciens Elèves de l'Ecole des Beaux-Arts, 11-12.

Adam, 13-16-17-21-25-66.
Adler, 111-128^1-128^2-131-132.
Alheim (d'), 111-128^2-132.
Alnot, 118.
André, 114.
Appian, 144.
Arbeit (E.), 9-111.
Arbeit (Mlle), 9-111.
Aubé, 29-47.
Aubry, 4.
Auburtin, 48.
Auguin, 33-34.
Bailly, 112.
Barbier (P.), 111-128^2-139.
Bardy, 100-115.
Barillot 51-111-128^2-132.
Barotte, 24-111-128^1-131-141-142-144.
Barrès, 114.
Bassot, 100.
Bazelaire (Mlle de), 9-111.
Beaudequin, 84.
Benner, 111-128^1-128^2-131-132.
Benoit-Godet, 71.
Berger, 8-140.
Berger-Levrault, 34-98.
Berr de Turique, 139.
Bertier, 13-16-17-21.
Bettanier, 139.
Beyerlé, 34.
Biet, 17-26-51.
Biva, 144.
Bliquez, 111.
Boeswilvald, 19.
Bourgon, 11-17-26-27-72-119.
Braconnot, 106.
Brisgand, 4.
Brispot, 111.
Bussière, 11-67-91-111-113.
Buteux, 111.
Butte, 15-117-118.
Caël (Mlle), 111.
Cailliot, 111.
Carl, 10-51-140.
Caumont (de), 107-117.
Cayon, 134.
Charbonnier (E.), 4-9-11-67-121-140.
Charbonnier (P.), 51-90-112-142.
Chatelain, 107.
Chenevier, 17-19-27-56-119
Chepfer, 4-10-24-67-121-140-142-144.
Chevalier, 85.
Chocarne-Moreau, 144.
Clodion, 132.
Collet, 111.
Comble (de la), 102.
Commerre, 58-59-60.
Couty (Mlle), 111.
Corda, 8.
Courteville (de), 14.
Couty, 17-27.
Cura (Mlle), 111.
Cifflé, 34.
Daimée, 24-111-128^2-132-142-144.
Daum, 4-30-67-90-111-128^1-128^2-130-131-132-139-143.
Defaux, 143.
Defrance, 112.
Delarue, 13-14.
Delsart (Mme), 111-132.
Demange (A.), 4-24-48-111.
Demange, 95-107-143.
Demoget, 17-26.
Déodor-Balbâtre, 32-42-70.
Desbleumortiers, 83-111-113-132.
Descelles, 4-48-111-128-131-147.
Desch, 4-70-109-111-143
Desgranges, 10-128^1-131-132.
Devilly, 70.
Didier-Pouget, 143.
Dingeon (Mme), 111.
Dombasle (de), 111.
Donzé, 111.
Drouet, 150.
Ecole des Beaux-Arts, 31-55-91-108-112.
Ensfelder, 9.
Everlé, 143.
Exposition de Nancy, 63-105-121.
Exposition de Remiremont 69-81-102-111-113-121-130.
Exposition de Saint-Dié, 9-22-30.
Exposition de Strasbourg, 35-45-46-49-50-68-97-120.
Exposition des Champs-Elysées, 47.
Exposition du Champ-de-Mars, 47.
Exposition de 1900, 114.
Exposition de Berlin, 34.
Expositions diverses, 27-28-47-48-140.
Favier, 94.
Finot, 4-91-111-143-146.
Fiqueneisel, 4.
Fournereau, 55.
Français, 9-30-47-48-83-111-128^2-132.
France, 9-111-128^2-132.
Franck, 27-100-115.
Friant, 8-12-22-24-29-38-47-48-87-108-111-139-140.
Fuchs, 70-91.
Gagliardini, 111-128^2-132.
Galland, 31.

Gallé, 109-139.
Ganier, 16-21-24-67.
Garnier, 111-132-146.
Gellé (Cl.), 44-52-113.
Genay, 5-17-19-29-146.
Géniol, 107.
Geoffroy (Mme), 52.
Gérard-Grandville, 97.
Gerdolle, 113.
Gérin, 144.
Germain (L.), 137-147-148.
Gérolseck (de), 10.
Gigout, 146.
Gilbert, 27-111-146.
Girardet, 32.
Girardin, 111.
Gluck, 111-128^2-132-146
Goepfert, 51-67-91.
Gœpp, 142.
Gomien, 107.
Gosserez, 10.
Goutière-Vernolle, 22-53-113.
Grandidier, 17.
Grandgérard, 27.
Grandville, 107-118.
Grasset, 30.
Gratia, 47-143-144.
Gridel, 21-111.
Grillon, 114.
Grillot, 119-141.
Gruber, 11-12-22-30-51-90-111-132-139-140-142-144.
Guerrier de Dumast, 106.
Guibal, 107-117-118.
Guingot, 30-111-128^1-131.
Guinot, 19.
Gutton, 17-19-26-27-57-119-130.
Haldat (de), 97-106.
Hannequin, 13.
Hardy, 5-18-19.
Hennet (Mlle), 107.
Henner, 111.
Henry-Baudot, 146.
Hestaux, 67-111-140.
Houdaille (Mlle), 111.
Hubert (Mlle), 111-128^1-131-142.
Huel, 27.
Humbert (L.), 111.
Humbert (R.), 111-146.
Isenbart, 141-142-144.
Iohmann, 146.
Iwill, 144.
Jacques, 107-147.
Jacquot, 29.
Japy, 111-128^2-132.
Jasson, 17-26-44-51-119.
Joly, 111.
Jouas, 4.
Jourd'huy (Mlle), 51.
Jullot, 111.
Karotsch, 142.
Keller et Guérin, 4.
Klein, 27.
Kreyder, 9-111-128^1-128^2-131-132-142-146.
Lamoureux, 97.
Lanternier, 29.
Laporte (Mme), 111-32.
Larcher, 16-17-21-67-91-142-146.
Larteau, 48-121-140-143
Latasse, 31-58.
Laurent, 106-107-112-129.
Leblanc (H.), 8.
Lecomte, 111.
Lepage-Bastien, 45-47.
Lepère, 30.
Lesseux (Mlle de), 111-128^2-132.
Lévy (G.), 29.
Lévy (H.), 47.
Lhôte, 111.
Licourt, 4-9-67-111-128^1-131-140-142-143.
Loiseau-Rousseau, 4.
Lombard, 67-111-142.
Lorrain, 144.
Lucas, 19.
Ludres (de), 27.
Luxer (de), 107.
Maas, 90.
Maclot, 51-91-111.
Mackiéwicz, 111-128^2-132.
Macron, 17-27.
Maggiolo, 145.
Majorelle 11-51-67-71-90-132.
Malfilâtre (Mme), 142.
Mallarmé, 25-81.
Maudres, 144.
Mansion, 107.
Marchal, 113.
Maréchal (Mme), 4-143-144.
Marlier (Mlle), 9-111-128^1-131-132.
Martignon, 51-91-111.
Martin, 19.
Marx-Roger, 16-17-21.
Mathis, 85.
Médard (F.) 17-18.
Médard (P.), 19-27.
Meixmoron (de), 48-66-94-142.
Meng, 111.
Mengin, 106.
Mercier, 13-17-25-81.
Metz (Mme de), 142.
Michel, 111.
Millot, 111-143.
Monchablon (J.), 52
Monchablon (X.), 111-128^2-129-132.
Montjoie (de), 107.
Monument Carnot, 53.
Monument de la Croix-de-Bourgogne, 133.
Monument Jeanne d'Arc, 30-48-71-72.
Monument Jules Ferry, 30-72
Monument de l'abbé Grégoire, 112.
Monument Mathieu de Dombasle, 113.
Moreau, 25.
Morize, 19.
Morot, 47-48-59-56-71-139.
Mougenot, 17-18-19-26-27-119-129.
Musée de peinture, 32-42-55-70.
Musée Lorrain, 31-34-55-70-84.
Musée d'Epinal, 110.
Musée de Lunéville, 71.
Musée de Toul, 12-52-90.
Musée de Saint-Dié, 71.
Musée du Louvre, 32-121.
Musées divers, 121-128.
Nathan, 53-70.
Neukomm (Mlle), 4-111-128^1-128^2-131-132.
Niderviller, 33-34-120.
Noirot, 111.
Normann, 143-144.
Ollone (d'), 139.
Paquin, 10.
Paulin, 146.
Peccatte, 10-111-146.
Peltier, 26.
Perrin, 111.
Perron, 19.
Petitgérard, 111.
Petitjean, 4-9-47-111-128^2-132-140-142-143-144.
Pétillion, 144.
Pfister, 135-138.
Picard, 111.

Pierre, 107-145.
Pillement, 91.
Ponscarme, 129.
Pouret, 109.
Prillot, 146.
Prouvé, 51-111.
Queuche, 10-21-27.
Quintard L.),25-66-111.
Quintard (Léopold).
Quinton, 143.
Racine (F.), 27.
Racine (P.), 28.
Rauch, 107-145.
Raulcourt (de), 107.
Recouvreur, 47.
Reinhart, 10-111-146
Renaudin,9-10-111-143-144.
Renauld, 24-111-142.
Richier(Ligier) 139-147.
Ricouard (Mlle), 111.
Riéder, 111.
Rigolot, 143-144.
Rinck, 107.
Ritleng, 45-46.
Rivot, 32-70.
Roche-Dumas (de la), 83-113.
Roche du Teilloy (de), 91.
Roger, 39
Rolland, 11-27.
Rondot, 1 4.
Ronga, 27.
Rosfelder, 27.
Rougieux, 17-19-26-27-91-139.
Roussel (E.), 16-69-111-140.
Roussel (L.), 113.
Rovel, 4-9-10-22-29-52-71-111-128¹-128²-131-132-143.
Roy (Mlle), 111.
Royer (H.), 4-29-32 52-70-111-128²-132-140-143.
Royer (C.), 19-125.
Saint-Dié, 85-115-126-140.
Saint-Germain (de),107.
Saïn, 4-52-112-144.
Saintin, 4.
Saladin, 19-111.
Salle, 25.
Save, 11-16-66-67 83-138-148.
Schiff, 4-9-10-91.
Schuler (C.), 16-17-21-26-27-67-72-147.
Schuler (Th.), 89.
Schuller, 4-146.
Séméladis (Mme), 111.
Sémélé, 8
Serrier, 111-146.
Simon, 9-111.
Singry, 107.
Sobirats (de), 14-15-146.
Sociétéd'archéologie lorraine, 29.
Société d'horticulture, 73-77-79-93.
Soc. philomatique vosgienne, 10-115.
Sorel, 114.
Soyer-Willemet, 97.
Steinheil, 98.
Stoeber, 114.
Stouls (Mlle), 111.
Tattegrain, 4-143.
Thierry, 141.
Thiry (Mlle), 111.
Thorelle, 107-145.
Toussaint, 29-147.
Tulpain (Mme), 111-132.
Vallet (Mme), 144.
Vautrin, 107.
Viart, 111.
Vieil-Aitre, 53.
Vierling, 4-67-83-128¹-131-139-140-142-143.
Vierling (Mlle),111-128¹-131-146.
Villain, 111.
Viteaux, 115-126.
Vogt, 146.
Voirin, 4-9-10-67-111-128¹-128-131-132-142-143.
Voulot, 52-111-143-146.
Waidmann, 111-128¹-128²-131-132-142.
Weiss, 9.
Weissemburger, 71.
Wielhorski, 4-91-109-142-146.
Wiéner (L.), 70-94.
Wiéner (R.), 21-30-67-111-140.
Willemin (Mlle), 8-111.
Wittmann, 4 111-128¹-128²-131-132.

BULLETIN

DES SOCIÉTÉS ARTISTIQUES

de l'Est

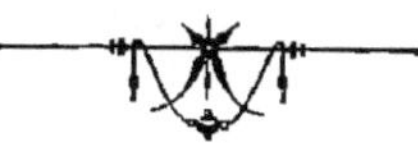

NANCY

IMPRIMERIE COOPÉRATIVE DE L'EST

51, rue Saint-Dizier, 51

—

1895

ANNONCES

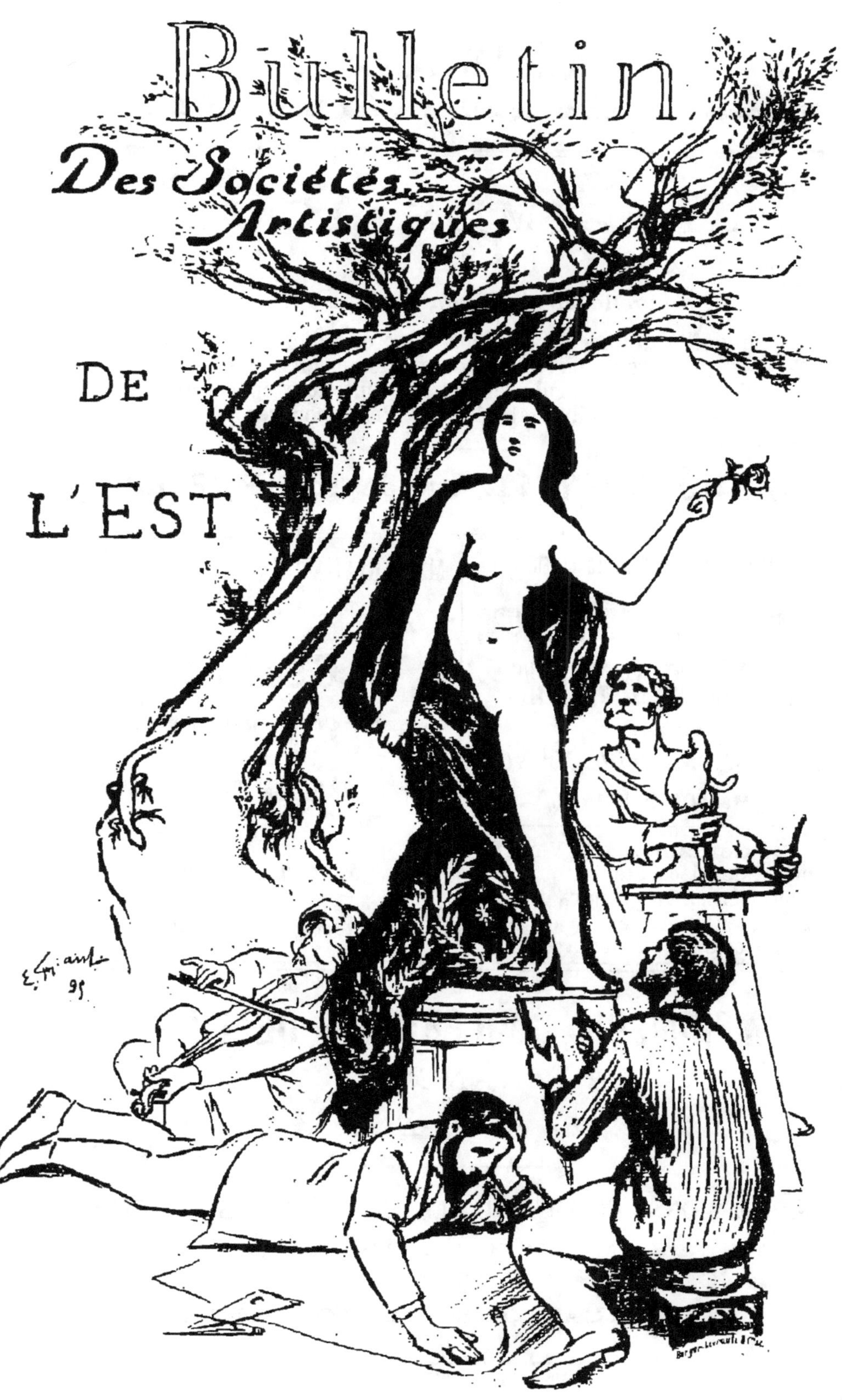
Bulletin
Des Sociétés
Artistiques
DE
L'EST

Nancy, imp. coopérative de l'Est.

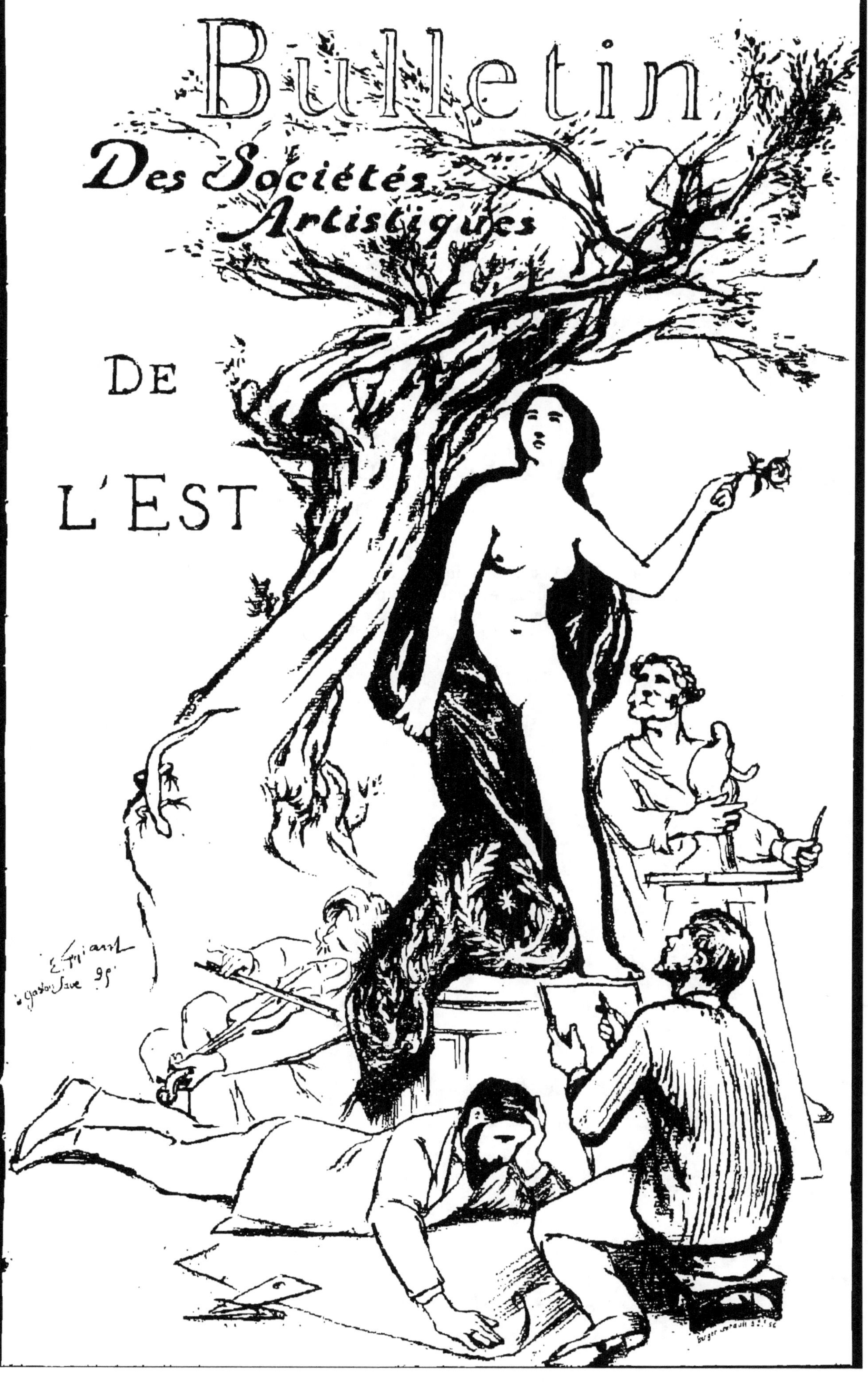
Bulletin
Des Sociétés Artistiques
DE
L'EST

CONVOCATION

Les Membres de l'Association amicale des anciens Elèves de l'École des Beaux-Arts, sont convoqués pour la réunion du Vendredi 8 mars, à 8 h. 1/2, salle réservée de la Grande-Brasserie.

ORDRE DU JOUR :

Communication du Président ; — Questions diverses.

Nancy, imp. coopérative de l'Est.

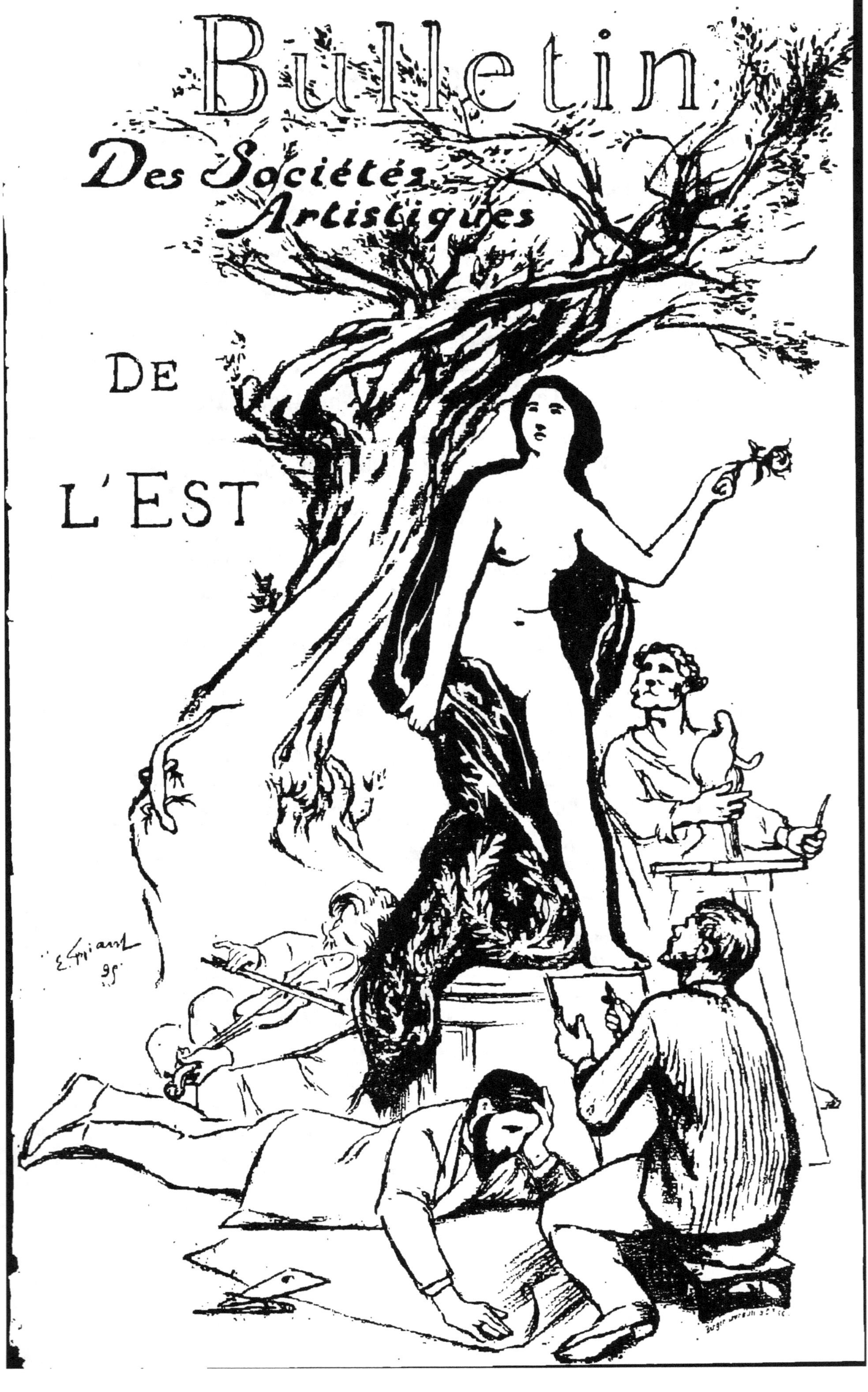
Bulletin
Des Sociétés Artistiques
DE
L'EST
E. Friant
95

CONVOCATIONS

Les membres du Comité de l'*Association des Artistes lorrains* sont convoqués pour le jeudi 18 avril, 8 h. 1/2. Élections d'un membre du Comité et d'un Président.

Les *Anciens Élèves de l'École des Beaux-Arts* sont convoqués pour le vendredi 12 avril, au local ordinaire, Grande Brasserie, rue des Dominicains, à 8 h. 1/2 du soir.

Nancy, imp. coopérative de l'Est.

ANNONCES

S'adresser à l'Administrateur : 1, place Saint-Jean, Nancy

Nancy, imp. coopérative de l'Est.

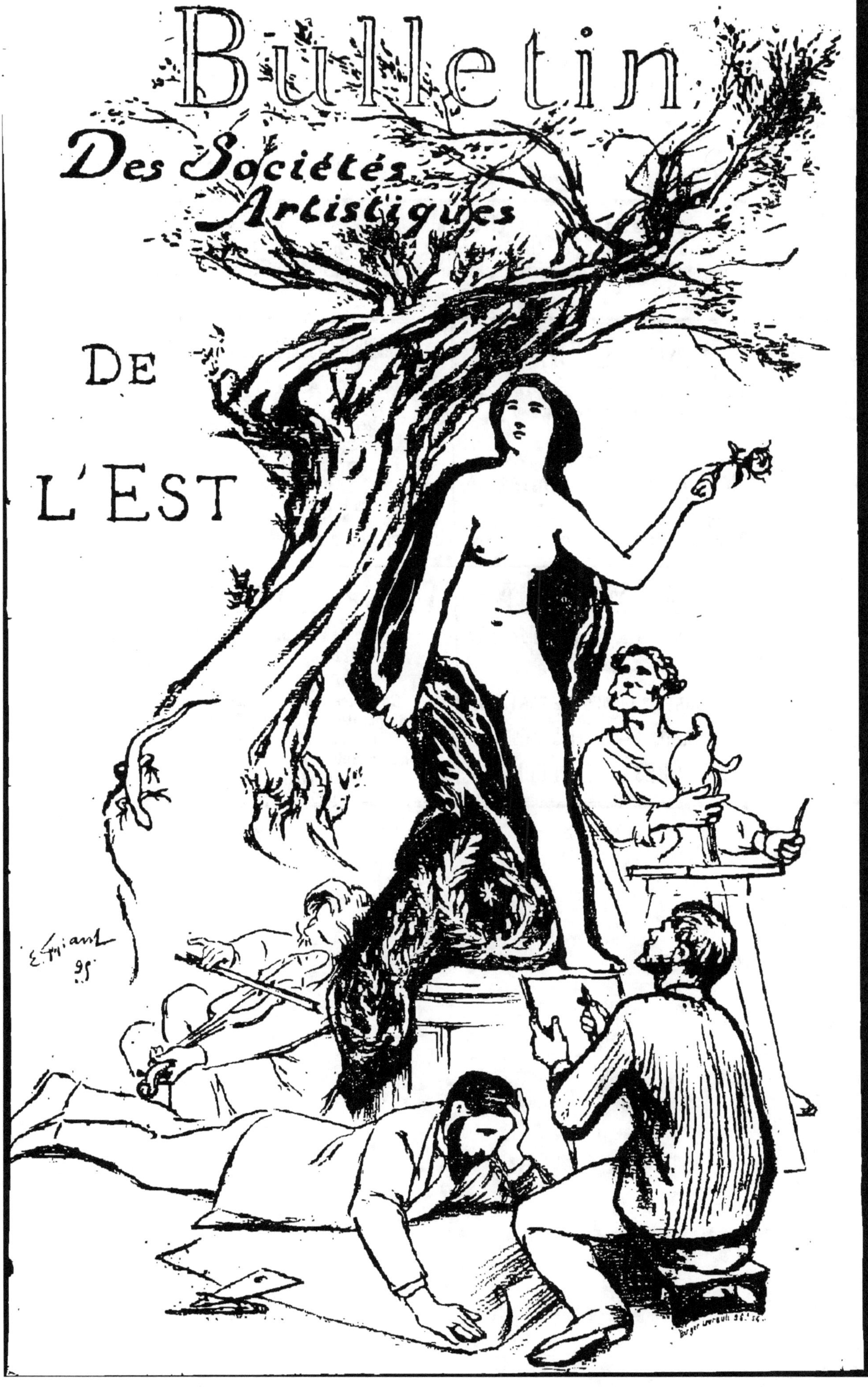
Bulletin
Des Sociétés Artistiques
DE
L'EST

Nancy, imp. coopérative de l'Est.

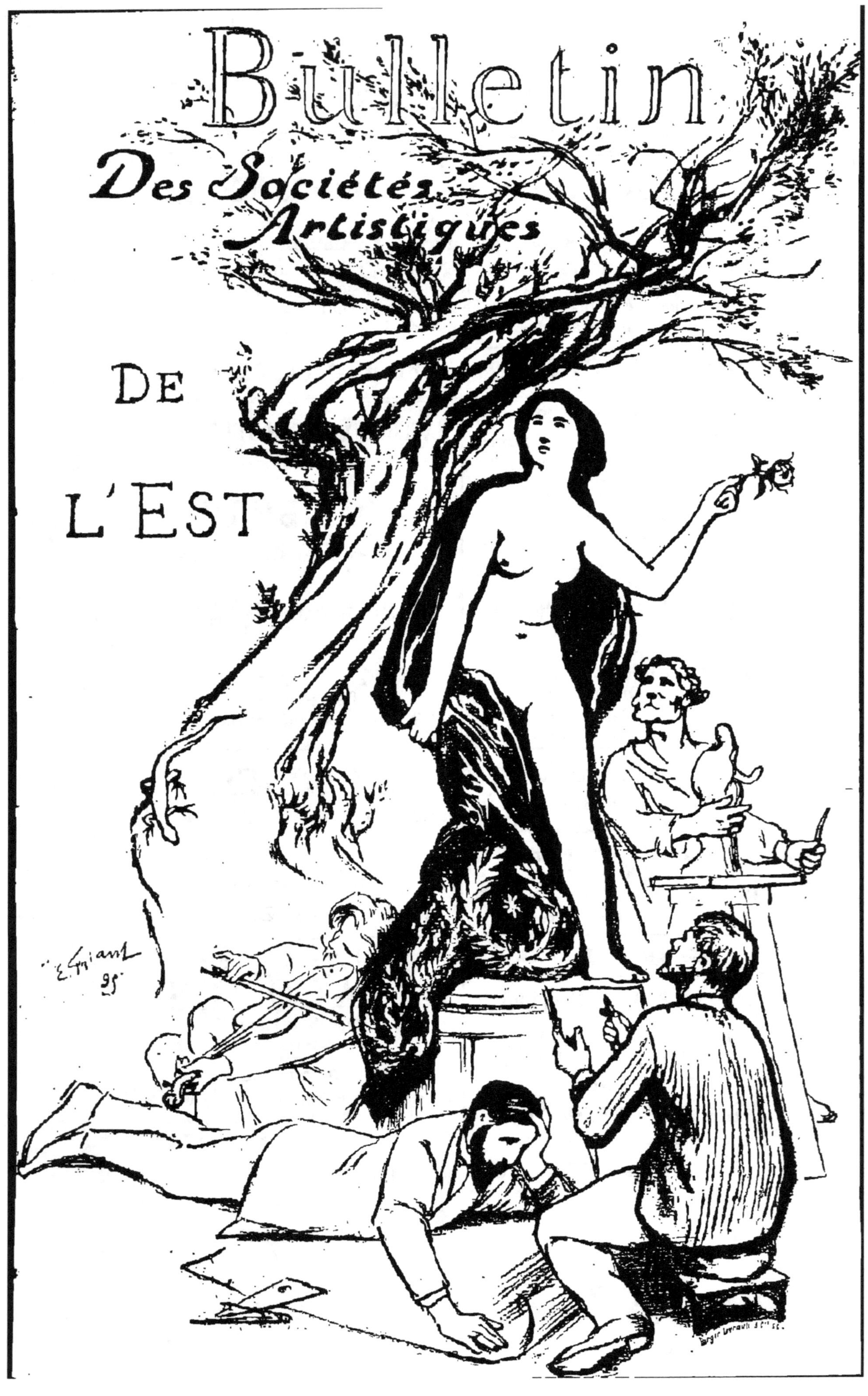
Bulletin
Des Sociétés Artistiques
DE
L'EST
E. Friant
95

Nancy, imp. coopérative de l'Est.

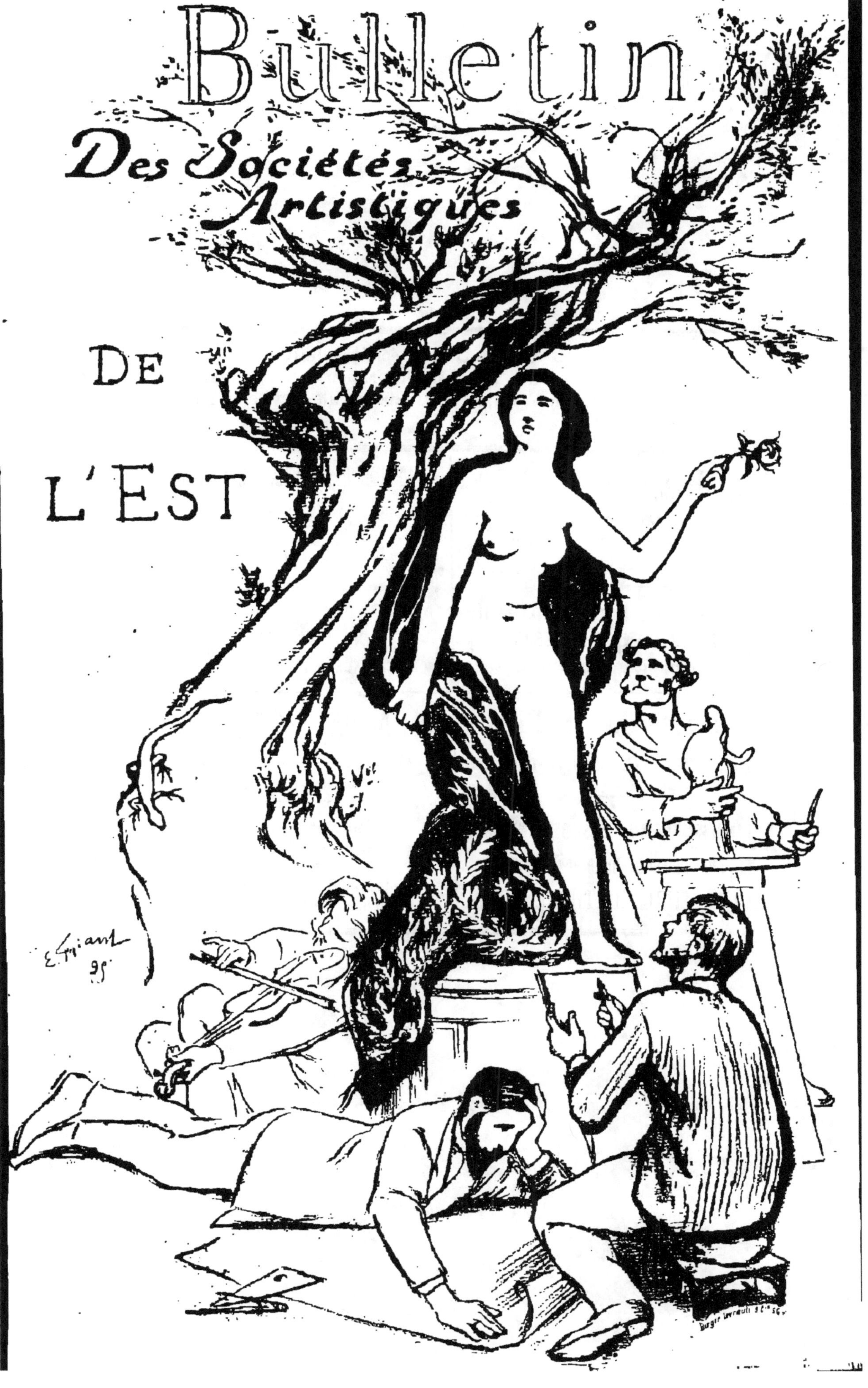
Bulletin
Des Sociétés Artistiques
DE
L'EST

On demande un **LOCAL** bien éclairé, de 10 mètres sur 12 au moins, pouvant servir d'atelier de décoration théâtrale, dans des combles plâtrés et mansardés, au centre de la ville. Écrire au bureau du *Bulletin*.

Nancy, imp. coopérative de l'Est.

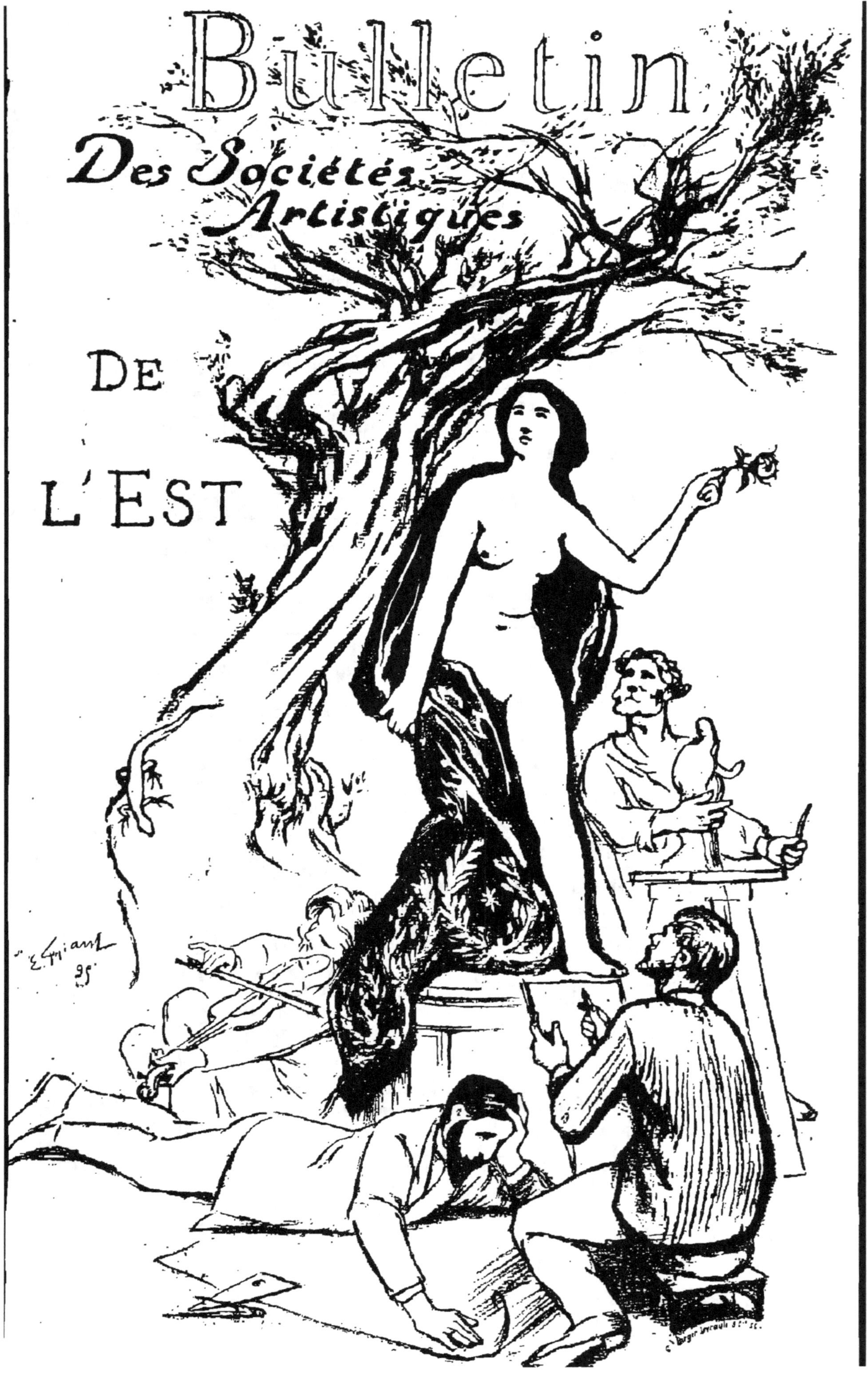
Bulletin
Des Sociétés Artistiques
DE
L'EST
E. Friant 95

Nancy, imp. coopérative de l'Est.

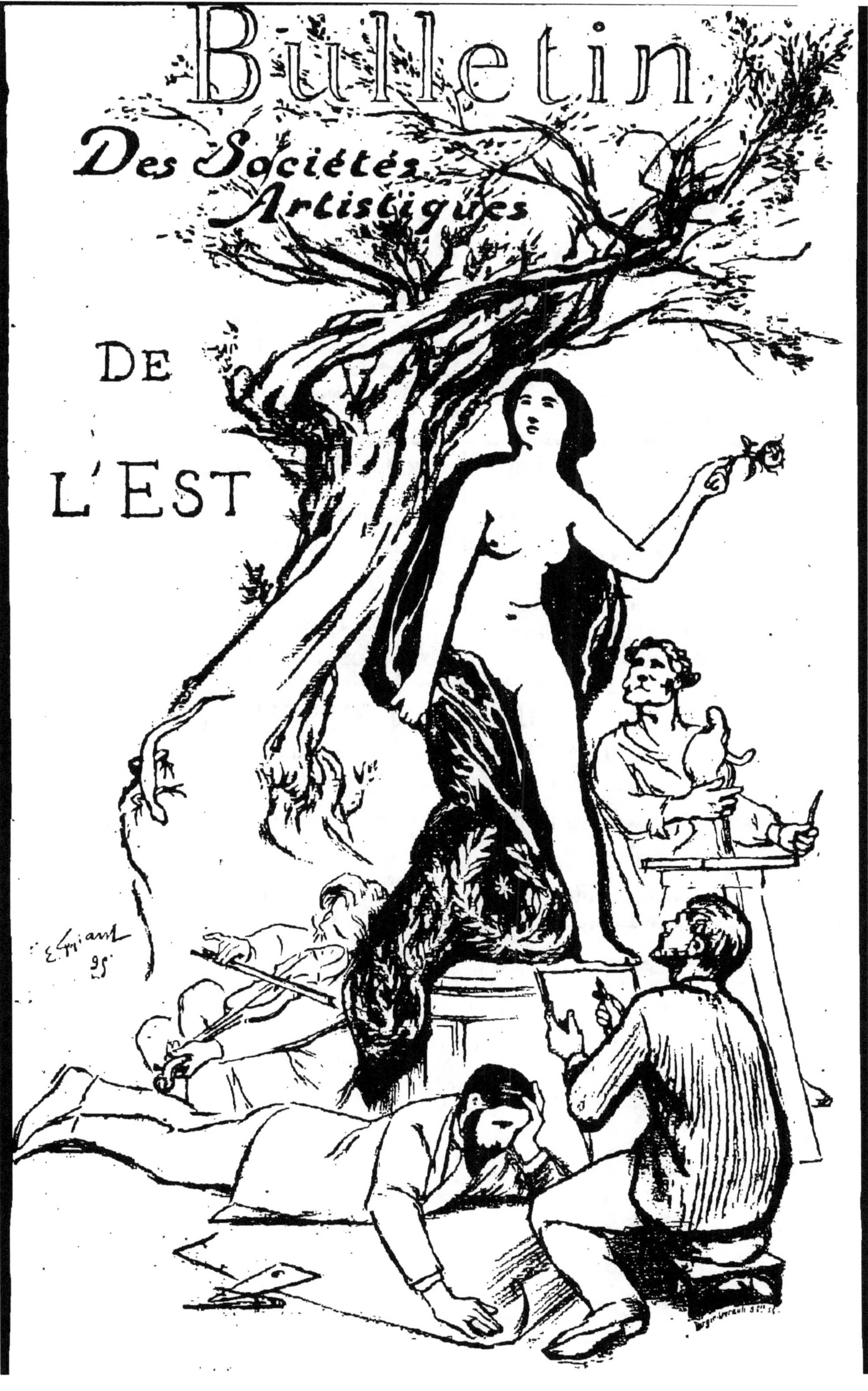
Bulletin
Des Sociétés Artistiques
DE
L'EST
E. Friant
95

Nancy, Imp. coopérative de l'Est.

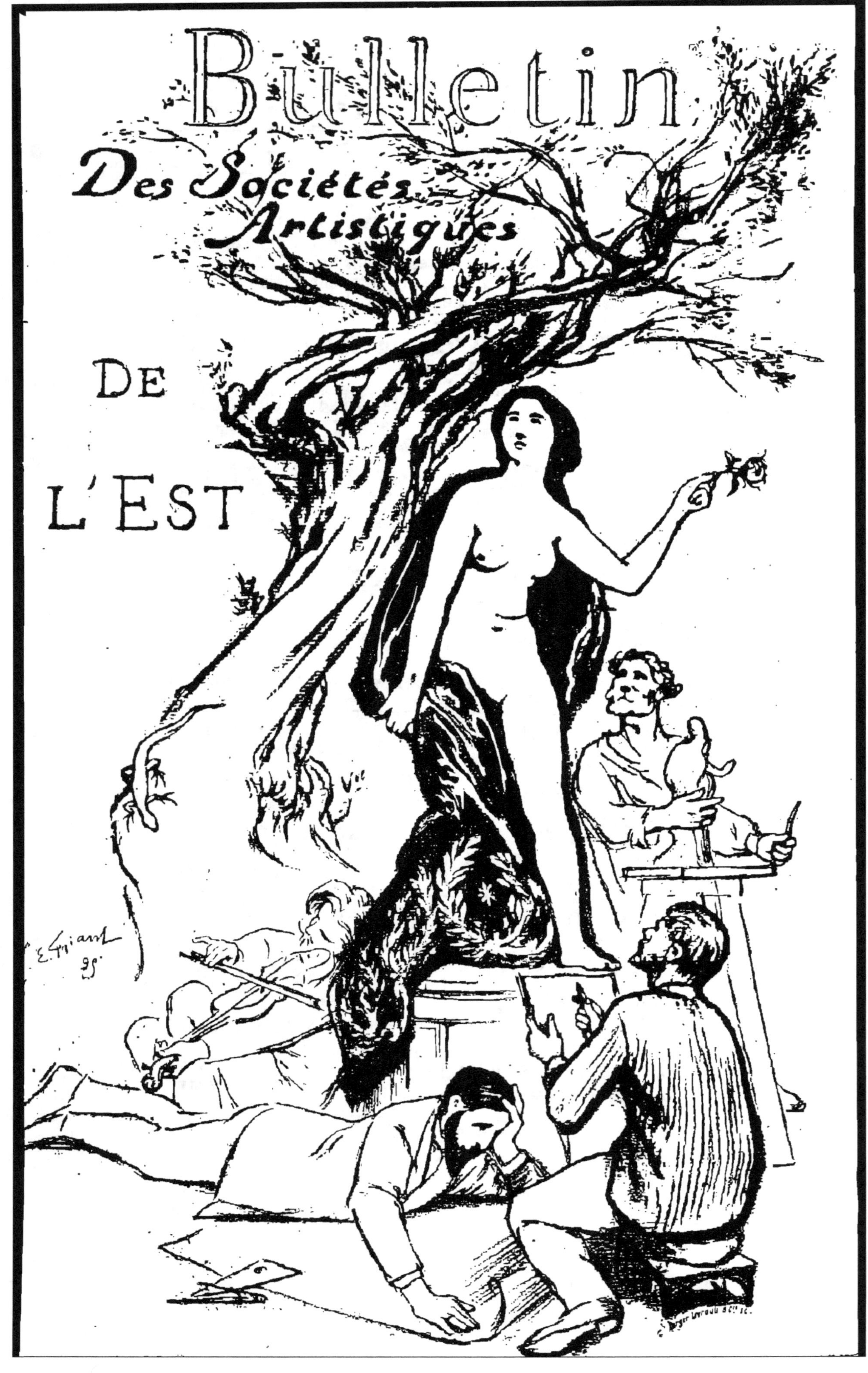
Bulletin
Des Sociétés Artistiques
DE
L'EST

ANNONCES

S'adresser à l'Administrateur : 1, place Saint-Jean, Nancy

Nancy, imp. cooperati.e de l'..t.

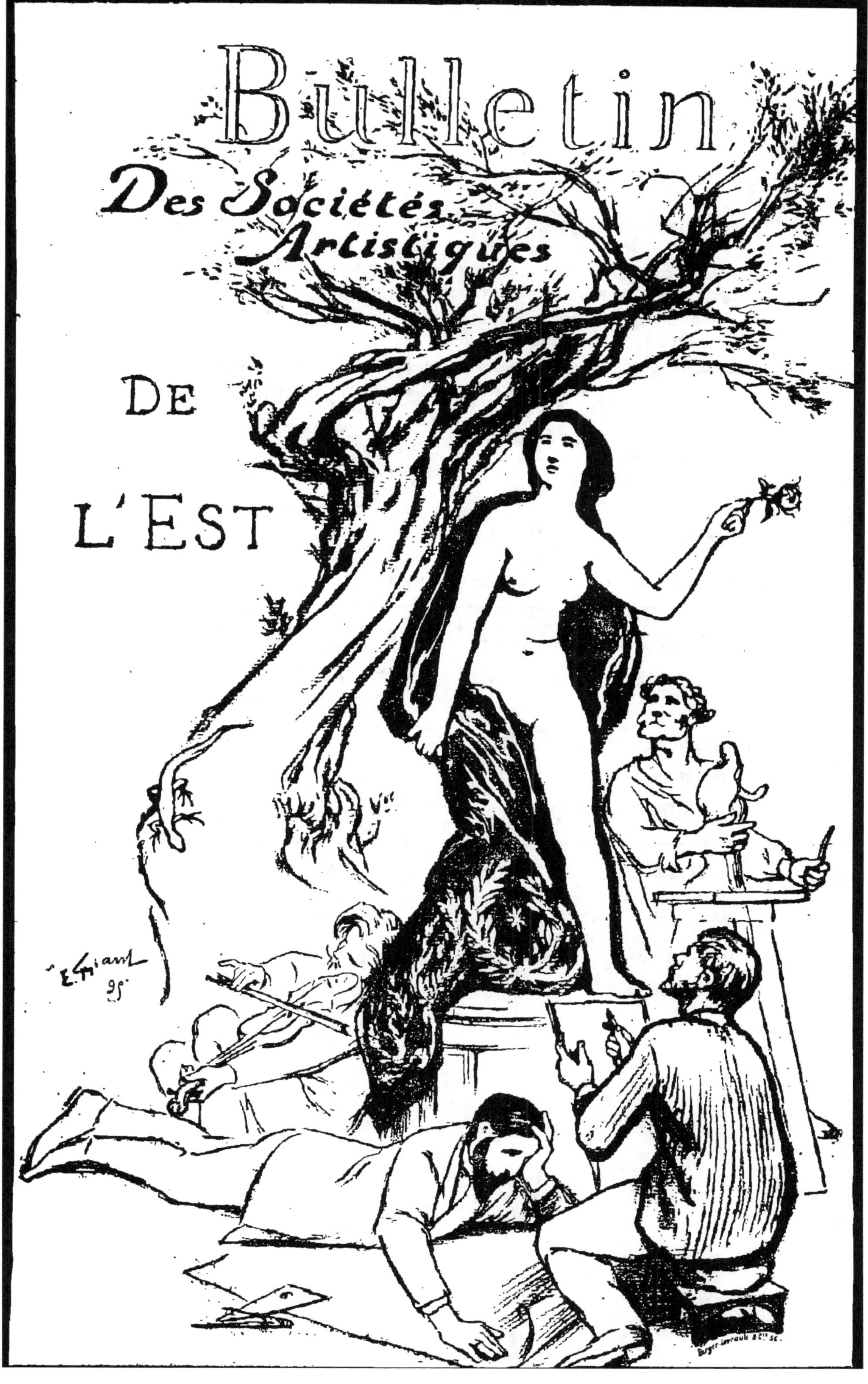
Bulletin
Des Sociétés Artistiques
DE
L'EST

Nancy, imp. coopérative de l'Est.

NANCY. — IMPRIMERIE COOPÉRATIVE DE L'EST.

www.ingramcontent.com/pod-product-compliance
Lightning Source LLC
LaVergne TN
LVHW082353160826
845678LV00008B/1830
9782329766355